하나님께 뜻을 정하는 사전 결정의 힘

미리 결정하라

미리 결정하라

지은이 | 크레이그 그로쉘
옮긴이 | 정성묵
초판 발행 | 2024. 4. 17.
3쇄 발행 | 2024. 8. 22.
등록번호 | 제1988-000080호
등록된 곳 | 서울특별시 용산구 서빙고로65길 38
발행처 | 사단법인 두란노서원
영업부 | 02) 2078-3333 FAX | 080-749-3705
출판부 | 02) 2078-3330

책값은 뒤표지에 있습니다.
ISBN 978-89-531-4826-0 03230

독자의 의견을 기다립니다.
tpress@duranno.com www.duranno.com

두란노서원은 바울 사도가 3차 전도 여행 때 에베소에서 성령 받은 제자들을 따로 세워 하나님의 말씀으로 양육
하던 장소입니다. 사도행전 19장 8-20절의 정신에 따라 첫째 목회자를 돕는 사역과 평신도를 훈련시키는 사역,
둘째 세계선교™와 문서선교단행본·잡지 사역, 셋째 예수문화 및 경배와 찬양 사역, 그리고 가정·상담 사역 등을 감
당하고 있습니다. 1980년 12월 22일에 창립된 두란노서원은 주님 오실 때까지 이 사역들을 계속할 것입니다.

THINK AHEAD

하나님께 뜻을 정하는 사전 결정의 힘

미리 결정하라

크레이그 그로쉘 지음
정성묵 옮김

두란노

추천의 말

자신이 계속해서 나쁜 선택을 하고 있음을 깨닫는 것은 중요하다. 자신의 의사 결정 패턴을 바꾸기 위해 의식적으로 노력하는 것은 더욱 중요하다. 이 책에서 저자는 성경적인 진리와 연구 내용, 자신의 경험을 버무려서 의사 결정 방식에 대해 더없이 유용한 청사진을 제시한다. 이 청사진만 있으면 하나님 계획을 따라가는 삶의 여행으로 첫걸음을 내딛기에 충분하다.
_ 존 맥스웰, 《리더십의 법칙 2.0》 저자

사전 결정은 더 좋은 삶의 길로 인도해 주는 GPS와 같다. 그로쉘 목사가 우리에게 인생의 방향을 조종해 주는 습관이라는 실로 귀한 선물을 주었다. 누구든지 이 습관을 통해 훨씬 더 견고한 땅 위로 걸을 수 있을 것이다. 강력히 추천한다.
_ 헨리 클라우드, 심리학자, 《NO라고 말할 줄 아는 그리스도인》 저자

대부분의 사람들은 열심히 일하거나 약간의 운이 따르거나 도움을 받으면 성공할 수 있다고 생각한다. 물론 다 맞는 말이지만, 그런 일들이 성공을 보장해 주지는 않는다. 장기적으로 성공을 보장해 주는 유일한 행동은 좋은 의사 결정 방식뿐이다. 누구나 좋은 결정을 천 번쯤 내리면 꿈꾸던 삶에 이를 수 있다. 따라서 성공의 열쇠는 훌륭한 결정을 내리고 나서 매일 그 결정대로 실천하는 것이다. 수십 년간 이 메시지대로 실천해 온 저자는 이 책에서 삶을 좋은 방향으로 형성해 줄 결정을 소개하고 그렇게 결정 내리는 법을 가르쳐 준다.
_ 도널드 밀러, 《재즈처럼 하나님은》 저자

나의 좋은 친구이자 목사인 크레이그 그로쉘이 새로 낸 이 책을 읽고 가슴이 벅차올랐다. 이 책은 하나님께 영광이 되는 삶으로 인도하는 일곱 가지 주요 결정 사항을 자세히 풀어 준다. 이는 단순한 책이 아니라 의미 있는 삶으로 안내하는 지침서다. 목적을 이루기를 간절히 원한다면, 반드시 이 책을 읽어야 한다.

_ 스티븐 퍼틱, 《죽도록 믿어라》 저자

우리 모두는 삶의 구덩이에 갇힐 때가 있다. 그로쉘 목사는 우리가 거기서 나올 수 있도록 줄을 던져 도와준다. 하나님은 우리에게 계획하고 상상하며 선택하고 변화할 힘을 주셨다. 우리는 하나님과 협력하기로 결심하고 그대로 행하기만 하면 된다.

_ 제니 앨런, 《당신의 머릿속에서 나오라》 저자

이 책은 심오하고 실용적이며, 깊고도 상세하다. 여태껏 좋은 의도와 좋은 행동 사이의 간격을 메우지 못했다면, 이 책은 바로 그런 당신을 위한 책이다. 그로쉘 목사는 생산성을 극대화하고 사람들에게 은혜를 베풀고 하나님을 영화롭게 하는 삶을 살도록 미리 결정하라고 촉구하는 동시에 우리가 그렇게 할 수 있도록 실질적인 도움을 제시한다.

_ 루이 기글리오, 《원수에게 자리를 내주지 말라》 저자

인생의 막다른 골목에 갇혀 빠져나올 방법을 모르면 답답할 수밖에 없다. 우리의 발목을 잡는 습관에서 벗어나 하나님이 원하시는 사람으로 성장해 갈 수 있는 길을 보여 주는 그로쉘 목사에게 감사하지 않을 수 없다.　　　　　_ 밥 고프, 《방해받지 않는 삶》 저자

《미리 결정하라》는 생각하는 방식을 재조정하고 일상적 습관을 개선하려는 사람이라면 누구나 당장 읽어야 할 책이다. 나의 지혜로운 친구 그로쉘 목사는 우리가 진정으로 원하는 삶과 그 삶을 얻는 법에 관해서 미리 생각하라고 촉구한다. 그는 우리가 그렇게 살 수 있도록 이끌어 주는 좋은 스승이다. 오늘 당장 이 책을 사라. 인생이 완전히 바뀔 것이다.　　　　　_ 리사 터커스트, 잠언31미니스트리즈(Proverbs 31 Ministries) 대표

매일 우리는 삶을 의미 있게 만들어 갈 기회를 얻는다. 《미리 결정하라》에서 내 친구 그로쉘 목사는 더 나은 습관을 기르고 훌륭한 결정을 내리는 법을 가르쳐 준다. 그의 지혜와 영향력, 예수님께 대한 사랑을 본받아서 하나님이 당신에게 주신 잠재력을 온전히 이루라. _ 팀 티보, 전 프로 운동선수, 팀티보재단(Tim Tebow Foundation) 설립자

온갖 선택할 일이 넘쳐나는 혼란스러운 세상에서 크레이그 그로쉘은 성경적이고 과학적으로 증명된 좋은 결정 방식을 보여 준다. 이 책에 소개된 원칙을 적용하면 열매 맺는 성공적인 삶을 영위할 수 있을 것이다. 나는 그야말로 처음부터 끝까지 이 책이 마음에 들었다. 통찰력 있고, 솔직하고, 유쾌하고, 실용적이며, 인생을 변화시키는 책이다. _ 크리스틴 케인, A21과 프로펠우먼(Propel Women) 설립자

20년 넘게 크레이그 그로쉘을 내 친구로 둘 수 있어서 얼마나 감사한지 모른다. 지금도 여전히 그는 내가 아는 정말 믿을 만하고 탁월한 지도자다. 이 책에서 크레이그는 우리의 핵심 가치에 맞게 선택하고 행동해서 훌륭한 결정을 내리기 위한 비결을 공개한다. 복음의 능력을, 더 건강한 습관을 기르는 법에 대한 연구에 접목시킨 이 책을 통해 그는 시간을 초월한 하나님의 진리를 우리 삶의 모든 영역에 적용하라고 촉구한다. 실용적이면서도 심오한 이 책이 당신의 삶을 바꿔 놓을 것이다. _ 크리스 호지스, 하이랜즈교회(Church of the Highlands) 담임목사

사업을 하든, 인생을 살든, 힘든 결정을 내려야 할 순간이 온다. 이 책에서 그로쉘 목사는 우리가 무엇을 왜 믿는지 알면 결정의 질이 엄청나게 높아진다는 증거를 제시한다. 미리 결정해 두면, 설령 실패의 고통은 겪을지언정 우유부단의 고통은 겪지 않는다. _ 데이브 램지, 《부자가 되는 비결》 저자

어릴 적 나는 성공과 평안 중 하나를 선택해야 한다고 생각했다. 타고난 재능을 잘 키워서 성공을 거두든가 평안을 누리든가 둘 중 하나만 가능하다고 생각했다. 하지만 그로쉘 목사는 이 생각이 얼마나 틀렸는지를 깨닫게 해 주었다. 우리는 10년 넘게 친구로 지냈다. 내 생각에는, 성과와 평안 사이에서 균형 잡는 일을 크레이그보다 더 잘하는 사람은 없는 것 같다. 그는 어떻게 이 균형을 잡는 것일까? 감사하게도, 그는 자신의 비결을 소개하는 책을 쓰고 있다. 때가 되면 "이 책이 크레이그 그로쉘의 최고 역작이다!"라는 말을 철회할지도 모른다. 그가 새로운 책을 낼 때마다 내가 이 말을 하는 것 같기 때문이다. 하지만 맞는 말이다. 이 책이 그의 최고 역작이다.

_ 존 에이커프, 《피니시》 저자

크레이그 그로쉘만큼 사전 결정의 힘에 관한 지혜와 통찰을 잘 설명하는 이는 없다. 이 책에서 그는 우리 안에서, 그리고 우리를 통해 하나님이 이루시려는 일을 모두 이룰 수 있게 해 주는 사전 결정의 힘을 가르친다. 그는 개인적인 경험, 성경적 진리, 과학적 연구 결과를 토대로 나쁜 결정의 악순환을 끊는 법을 알려 준다. 또한 훌륭한 결정을 내려 우리의 미래와 주변 세상을 근본적으로 바꿀 도구를 제공해 준다.

_ 얼 매클렐런, 쇼어라인시티교회(Shoreline City Church) 담임목사

"나무를 심을 최선의 때는 십 년 전이지만, 차선의 시간은 바로 지금이다"라는 중국 격언이 있다. 이 책에서 내 친구 그로쉘 목사는 십 년 전에 실천했으면 좋았을 도구를 제공해 준다. 그 도구는 바로 더 적극적이고 풍성한 삶으로 가기 위한 실용적인 단계들이다. 이것을 왜 진작 알지 못하고 실천하지 못했을까 후회하게 되는 깨달음의 순간들이 수없이 있을 것이다. 하지만 너무 아쉬워하지는 마라. 십 년 후에는 지금 이 책을 읽은 것에 감사하게 될 테니 말이다.

_ 레비 루스코, *Marvel at the Moon*(달에 놀라워하라) 저자

Contents

하나님께 뜻을 정하며

35,000.

7.

35,000은 우리의 삶을 형성해 가는 숫자다.

7은 우리의 삶을 되찾게 해 주는 숫자다.

이 숫자들을 설명하기 전에, 먼저 나의 의사 결정 방식이 얼마나 엉망이었는지를 보여 주는 이야기 하나를 소개하려 한다.

스파이더맨, 타자기, 공중전화

때는 1990년대 초였고, 나는 20대 초였다. 나는 갓 결혼해서 오클라호마시티 제일연합감리교회에서 전임 전도사로 사역하고 있었다. 아울러 나는 아직 신학교 학생이었다.

바로 앞 문단을 다시 읽어 보라. 내게 문제가 있다는 첫 번째 신호를 찾아보라. 갓 결혼한 전임 전도사? 그건 괜찮다. 갓 결혼한 신학생? 그것도 괜찮다. 하지만 갓 결혼한 전임 전도사에 신학생이라고? 나는 젊었고 하나님께 소명을 받았으며 세상과 맞서 싸울 준비가 돼 있었다. 그래서 내가 무적이라고 자신했다.

당시는 아직 개인용 컴퓨터가 보급되지 않던 시대였다. 몇몇 집에는 컴퓨터가 있었을지 모르지만, 우리 집에는 없었다. 그래서 나는 신학교 논문을 타자기로 쳤다. 40세 이하 독자라면 인터넷에서 '타자기'를 검색해 보라.

어느 날 밤, 나는 교회에서 정말 늦은 시간까지 논문을 15페이지 정도 타이핑했다. 이튿날 아침, 차로 90분 거리인 신학교에 가려고 일찍 일어났을 때, 갑자기 논문을 교회 사무실에 두고 왔다는 것을 깨달았다. '아뿔싸!' 교회 사무실에서 타이핑을 했기 때문에 사무실 책상 위에 놓인 논문이 세상에 있는 유일한 원고였다. 교회에 가서 그것을 가져오는 수밖에 없었다.

그래서 아침 6시에 차를 몰고 교회로 달렸다. 그때까지만 해도 아침 8시까지는 카드 키로 교회 문을 열지 못하게 프로그램 되어 있다는 사실을 생각지 못했다. 시도해 봤지만, 역시나 문은 열리지 않았고, 나는 무슨 수를 써서라도 논문을 가져가야 했다. 그때가 내가 앞으로 이어질 나쁜 결정들 중 첫 번째 결정을 한 순간이었다.

내 사무실은 웅장한 교회 건물의 3층에 있었다. 꽤 높은 위치였기 때문에 내 사무실 창문은 항상 열려 있었다. 내 사무실로 침입하기 위해 목숨을 걸고 위험천만하게 벽을 탈 만큼 어리석은 사람은 없을 테니까 말이다. 단 한 명, 나 자신만 빼고. 창문이 유일한 입구였기 때문에 나는 결국 벽을 타고 창문까지 올라가기로 마음먹었다.

그 후로 나 자신에 관해서 많은 것을 알게 되었다. 내게 어떤 능력이 있고 어떤 능력이 없는지를 꽤 파악하게 되었다. 하지만 그 순간에는 내가 스파이더맨인지 아닌지 알 수 없었다. 그것을 알아낼 때가 왔다.

알고 보니, 나는 정말로 벽을 탈 수 있었다! (느낌표를 붙인 것은 이것이 이 이야기 전체에서 나에 관해 유일하게 자랑할 수 있는 점이기 때문이다.) 조심스럽게 벽을 타고 올라가서 내 창문 앞까지 도달했다. 내 싸구려 구두를 벽에서 약간 튀어나온 작은 창틀에 아슬아슬하게 디뎠다. 왼손 손가락 끝으로는 건물의 벽돌 하나를 꽉 쥐었다. 조심스럽게 오른팔을 아래로 뻗어 창문을 들어 올려 보았다. 하지만 창문은 꿈쩍도 하지 않았다. 가만히 보니 창문이 안에서 잠겨 있었다.

그 순간, 내가 큰 곤란에 처했다는 사실을 알았다. 몸을 돌릴 수도 없고 아래로 내려갈 수도 없는 상황이었다. 나는 교회 3층 외벽에 발이 묶이고 말았다. 그야말로 기도 외에 다른 도리가 없는 상황이었다. 시간은 오전 6시 30분. 당시는 누구나 휴대폰을 사용하는 시기가 아니었기 때문에 누군가에게 전화를 걸어 도움을 요청할 길도 없었다. 내가 어떻게 했을까?

그냥 거기에 머물러 있었다. 아니, 머물러 있었다기보다는 구두의 끝부분을 창틀 위에 아슬아슬하게 걸치고 벽돌 틈 사이에 손가락을 낀 상태에서 억지로 버티고 있었다는 편이 더 정확하다. 나는 노래하기 시작했다. "오, 준비가 되었든 되지 않았든 버텨야 해. 싸울 수밖에 없으니 싸우며 살아야 해. 오, 반쯤은 왔어. 오, 기도로 살아가야 해."

30분쯤 뒤에, 길거리를 걷고 있는 남자가 보였다. 나는 미친 듯이 소리를 지르기 시작했다. "이봐요! 도와주세요! 위에요! 아니, 이쪽이요! 제가 보이나요? 3층에 매달린 남자요! 이봐요!" 마침내 그 남자가 나를 봤고, 자기가 도와주겠다고 소리를 쳤다. 어떻게? 그는 공중전화를 찾아야 했다. 30세 이하의 독자라면 인터넷에서 '공중전화'를 검색해 보길 바란다.

결국 그 남자가 공중전화를 찾아냈다는 것을 알 수 있었다. 곧 크레이그 그로쉘 전도사를 고풍스러운 교회 건물 3층 벽에서 지상으로 내리기 위해 소방차가 도착했기 때문이다.

자, 내가 이 이야기를 당신에게 왜 하고 있을까?

내가 형편없는 의사 결정자라는 사실을 말하기 위해서다.

그리고 이런 말을 하기 미안하지만 당신도 형편없는 의사 결정자일 수 있다. 우리 모두는 결정을 내릴 때 무척 서투른 모습을 보이곤 한다. 누구나 어리석은 결정을 내릴 수 있기 때문에 이것은 보통 큰일이 아니다.

우리가 내리는 결정의 질은 우리 삶의 질을 결정한다.

잠시 후에 결정의 중요성에 관해 이야기하겠지만, 방금 당신과 내가 형편없는 의사 결정자가 될 수 있다는 말을 했으니, 우리가 어리석은 결정을 내리는 이유를 먼저 설명하는 것이 마땅할 것 같다.

올바른 결정을 방해하는 세 가지 걸림돌

당신은 올바른 결정을 내리기를 원한다. 나도 마찬가지다. 나아가서, 당신은 대부분의 경우 올바른 결정을 내리고 있다고 믿고 싶을 것이다. 나도 마찬가지다. 하지만 우리는 전혀 그렇지 못하다. 자신을 솔직히 돌아보면 이 사실을 인정할 수밖에 없다. 그렇지 않은가? 증거는 다음과 같이 넘쳐난다.

- 우리는 적정량보다 많이 먹는다.
- 우리는 감당할 수 없는 비싼 물건을 구매한다.
- 우리는 시간을 허비한다.
- 우리는 해야 할 일을 뒤로 미룬다.
- 우리는 후회할 말을 한다.
- 우리는 하고 싶지 않은 것을 한다.
- 우리는 가장 사랑하는 사람들에게 상처를 준다.
- 우리는 하고 싶은 것을 하지 않는다.
- 우리는 건강한 음식을 먹거나 운동을 하거나 성경책을 읽거나 미래를 위해 돈을 저축하지 않는다.
- 우리는 충분히 기도하지 않는다. "사랑해"라는 말을 충분히 하지 않는다. 삶의 속도를 충분히 늦추지 않는다.

우리는 아주 형편없는 결정을 내리곤 한다. 심지어 사도 바울도 로마서 7장 19절에서 좋은 결정을 내리지 못할 때가 너무 많아서 답답하다고 더없이 솔직하게 인정했다. "내가 원하는 바 선은 행하지 아니하고 도리어 원하지 아니하는 바 악을 행하는도다." 이것이 모든 사람이 이 문제를 안고 있다는 결정적인 증거다.

나쁜 결정에 관한 이야기를 하자니, 바퀴벌레가 귀에 들어갔는데 그냥 물이 들어간 줄 알고서 3일 내내 계속해서 귀에 드라이기를 틀기만 했다는 남자의 이야기가 생각난다.[1] 아무쪼록 우리는 최소한 이 남자보다는 나아야 할 텐데 말이다.

자, 우리는 올바른 결정을 내리기 원하는데, 그런 결정을 내리지 못하도록 방해하는 걸림돌은 무엇일까?

걸림돌은 많다. 그것도 아주 많다.

하지만 여기서는 세 가지만 강조하고 싶다.

결정할 일이 지나치게 많다

나는 35,000이라는 숫자로 이 서문을 열었다. 자, 이제 그 숫자의 의미를 공개한다. 전문가들은 우리가 하루에 35,000개의 결정을 내린다고 추정한다.[2] 하루에 35,000개라니! 이는 우리가 매일 하루 종일 다음과 같은 결정을 내린다는 뜻이다.

- 알람의 스누즈(snooze) 버튼을 눌러 5분 더 잘 것인지
- 기도할 시간을 낼지
- 무슨 옷을 입을지
- 무슨 음식을 먹을지
- 운동을 하러 나갈지

- 소셜 미디어에 글을 올릴지, 올린다면 어떤 글을 올릴지, 어떤 글에 '좋아요'를 누를지
- 직장 동료를 속일지 말지
- 언제 이메일을 확인할지, 그 모든 이메일에 어떻게 답을 할지
- 오늘 밤 무엇을 할지, 그리고 이번 주말에 무엇을 할지

35,000가지 결정이라고 하면 처음에는 믿기지 않는다. 하지만 우리가 무의식적이고도 순간적으로 내리는 이런 결정들을 생각하면 그 엄청난 숫자가 납득이 된다. 한 가지는 분명하다. 우리가 내려야 할 결정은 끝이 없다.

이것이 결정이 그토록 버거울 수 있는 이유다. 너무도 많은 결정을 내려야 하기 때문에 우리의 의사 결정 근육은 피곤해진다. 인지 과학자들은 이것을 '의사 결정 피로'(decision fatigue)라고 부른다. 그들은 다음과 같은 사실을 발견했다.

결정의 양이 늘어날수록 결정의 질은 떨어진다.

한 그룹의 전문가들은 이런 설명을 내놓았다. "의사 결정 피로를 겪는 개인들은 손익 계산을 제대로 하지 못하고, 의사 결정 과정에서 수동적인 역할을 선호하며, 충동적이거나 비이성적인 선택을 자주 한다."[3]

이것은 우리가 일터에서 하루 종일 까다로운 문제에 관해 지혜로운 결정을 내리고 집에 와서는 밤에 폭식을 하고 멍하니 스크린을 응시하며 몇 시간이나 낭비하곤 하는 이유를 설명해 준다. 우리는 돈을 저축하기 위해 재정에 관한 지혜로운 선택을 계속하다가도 느닷없이 나중에 후회할

물건을 사는 결정을 내린다. 그러고 나서 가슴을 치며 생각한다. '어떻게 이렇게 어리석을 수가 있지? 내가 도대체 왜 그랬을까?'

답은 의사 결정 피로에 있다. 올바른 의사 결정의 첫 번째 걸림돌은 우리가 결정해야 할 일이 너무 많다는 사실이다. 뭔가 결정을 할 때 버거움을 느끼는가? 피곤한가?

두려움은 결정을 미루게 한다

우리는 아침에 오트밀과 요구르트 중 무엇을 먹을지 결정할 때는 걱정하지 않는다. 하지만 더 중대한 문제 앞에서는 그릇된 선택을 할까 봐 두려워하는 경우가 많다. 이 차를 사야 할까? 이 일자리 제의를 받아들여야 할까? 이사를 해야 할까?

'분석 마비'(analysis paralysis)란 말을 들어 본 적이 있는가? 자신이 선택할 수 있는 모든 경우의 수를 살펴보고 나서 그릇된 선택을 할지 모른다는 두려움에 얼어붙는 것을 말한다. 이 문제가 크리스천들에게는 더 심각하다. 우리는 하나님의 뜻까지 분간해야 하기 때문이다. 하나님의 계획을 놓칠지 모른다는 두려움까지 가세하니 "어떻게 하는 것이 옳은가?" 하는 질문이 더더욱 어려워진다. '하나님이 나를 위해 예비하신 완벽한 상황을 놓치면 어떻게 하지?', '내가 차선을 선택하는 것이라면?', '내가 이번에 하나님의 계획을 놓쳐서 내 삶을 본궤도로 다시 올리기까지 수년이 걸릴 수밖에 없다면?'

이런 두려움은 우리로 하여금 나쁜 선택을 하게 만들 수 있다. 때로는 확신이 서지 않아 아예 결정을 내리지 않을 수도 있다. 그렇게 하면 더 안전하게 느껴지기 때문이다. 하지만 다음 사실을 기억해야만 한다.

결정하지 않는 것도 결정이며,

그 때문에 우리는 앞으로 나아가지 못할 때가 많다.

자, 결정을 앞두고 두려워할 때가 얼마나 많은가? 결정을 내리지 않기로 결정할 때가 얼마나 많은가?

감정은 올바른 결정을 방해한다

칩 히스와 댄 히스는 《후회 없음》이라는 책에서 우리가 어리석고도 비이성적으로 행동하기 쉬운 생물학적 구조를 지니고 있다는 광범위한 연구 결과를 소개했다.[4] 그들은 우리의 감정이 올바른 결정의 큰 걸림돌일 수 있다는 사실을 설명한다.

우리의 감정이 논리를 압도할 수 있다. 우리 모두는 분명 이런 경험을 해 보았다. 우리는 자녀에게 고함을 지르고 싶지 않다. 그런데 자녀가 뭔가 어리석은 행동을 한다. 그때 우리의 논리는 "참을성을 발휘하라"라고 말한다. 하지만 감정은 전혀 다르게 말한다. "있는 힘껏 고함을 질러 버려." 그리고 감정이 논리를 지배한다.

다시는 되풀이하지 않겠노라 다짐한 죄가 있다. 그런데 어느 순간, 유혹이 문을 두드린다. 그때 우리의 논리는 "그렇게 행동하는 것은 건전하지 못하고, 하나님을 영화롭게 하지 못한다"라고 말한다. 하지만 우리의 감정은 "파티를 즐기자!"라고 말한다. 그리고 감정이 논리를 지배한다.

올바른 결정을 내리기 위해서는 미리 생각해야 한다. "이 선택의 결과는 무엇인가? 이 결정이 나를 어떤 길로 이끌 것인가?"라는 질문을 미리 던지고 고민해야 한다. 하지만 감정은 현재 순간에만 근시안적으로 초점을 맞추게 만든다.

흥미로운 사실은 우리가 중요하지 않은 결정(어떤 넷플릭스 드라마를 완주할까?)을 분석하는 데는 너무 많은 시간을 쓰는 반면, 중요한 결정(포르노를 봐야 할까?)은 일시적인 감정에 따라 내릴 때가 많다는 것이다. 창피하지만 개인적인 예를 들어 보겠다. 나는 아마존에서 물건을 구매하려고 몇 시간 동안이나 검색하고 고민해 본 적이 있다. 나는 평점 별 다섯 개를 받은 7달러짜리 물건과 평점 별 4.5개를 받은 6달러짜리 물건 중에서 몇 시간을 고심했다. 나는 현명한 선택을 위해서 4,328개의 리뷰를 모조리 완독했다. 하지만 중요한 결정에 대해서는 감정에 따라 즉흥적으로 판단할 때가 많다(이를테면 3층짜리 건물의 벽을 오를지 결정하는 것).

분명, 우리의 지혜로운 선택을 방해하는 힘들이 작용하고 있다.

자, 당신은 감정에 따른 결정을 하루에 몇 번이나 하는가?

잠시 멈춰서 자신을 돌아보자. 결정의 질은 삶의 질을 결정하기 때문에 올바른 선택을 방해하는 걸림돌을 이해해야만 한다.

사소한 결정들의 총합인 삶

삶은 우리가 내리는 결정들의 총합이라고 할 수 있다. 왜일까? 성공적인 삶은 중차대한 순간에 내린 몇 번의 큰 결정에 따라 이루어지는 것이 아니라 평범한 순간에 내린 수많은 결정에 따라 이루어지기 때문이다.

《아주 작은 습관의 힘》의 저자인 제임스 클리어는 이렇게 말했다. "우리가 내리는 모든 결정은 곧 우리가 어떤 사람이 되어 갈지를 결정하는 것이다." 이것이 우리가 미리 생각해야 하는 이유다. 별로 중요하지 않게 보이는 결정 하나하나가 사실은 극도로 중요하다. 우리의 결정이 그 결정 하나로만 끝나는 경우가 드물기 때문이다. 좋은 선택 하나마다 옳은 방향으로 가는 속도를 배가하고, 나쁜 선택 하나마다 그릇된 방향으로 가는 속도를 배가하는 경향이 있다는 것을 아는가?

필시 '이번 한 번만'이라는 생각으로 나쁜 결정을 내렸다가 나중에 그 결정이 당신을 그릇된 삶의 길로 이끌었다는 사실을 깨달은 적이 있을 것이다. 한 번 그런 선택을 하고 나니 같은 선택 혹은 비슷한 방향의 선택을 하기가 훨씬 쉬워졌을 것이고, 그런 식으로 나쁜 선택이 증식되었을 것이다.

삶에 별다른 영향을 미치지 않을 것처럼 보이는 좋은 선택을 했는데 알고 보니 전혀 그렇지 않은 경우도 있었을 것이다. 그 선택은 대수롭지 않아 보였지만 실제로는 매우 중요한 선택이었던 거다. 옳은 선택 하나가 복리 효과를 일으켰다. 정리하면, 다음과 같다.

우리가 내리는 결정이 우리를 형성해 간다.

오늘 우리가 내리는 결정은 우리가 내일 전할 이야기를 결정한다.

탁월한 기독교 사상가이자 작가인 C. S. 루이스는 《순전한 기독교》에서 이 점에 관해 이야기했다. "선과 악은 모두 복리로 증가한다. 이것이 당신과 내가 매일 내리는 작은 결정들이 그토록 무한한 중요성을 지니는 이유다. 오늘 지극히 작은 선행을 하면 몇 달 후 꿈에도 생각지 못했던 승리를 얻기 위한 전략적 요지를 점하게 된다. 오늘 사소해 보이는 정욕이나 분노에 빠지면, 평소 같으면 원수가 공격할 엄두도 내지 못하는 능선이나 선로나 교두보를 빼앗기게 된다."[5]

우리의 결정은 우리 삶의 방향을 결정하고,
우리 삶의 방향은 우리의 운명을 결정한다.

당신의 삶은 당신의 결정들이 정한 방향으로 가고 있다. 당신의 결정이 당신을 이끌어 가는 방향이 마음에 드는가? 당신의 인격과 삶의 현주소가 괜찮아 보이는가? 하나님이 당신이 가는 방향을 기뻐하실 것이라 생각하는가?

그렇지 않다면 당신의 삶을 되찾아야 할 때다. 어떻게 해야 할까?

사전 결정의 힘을 통해서 그렇게 할 수 있다.

사전 결정의 힘

'나중에' 할 것을 '지금' 결정해야 한다.

나중에 '할' 것을 지금 '결정해야' 한다.

단순하게 들릴지 모르지만 이것은 매우 심오한 영적 도구다. 이 도구를 잘 활용하면 미리 계획하고, 사람들을 사랑하고, 하나님을 영화롭게 하는 삶을 살 수 있다.

나중에 무엇을 할지 지금 결정하라.

결정해야 할 순간이 오면, 앞서 말한 세 가지 걸림돌로 인해 올바른 결정을 내리기 힘들다. 그러니 결정해야 할 순간이 올 때까지 기다릴 이유가 있을까?

나중에 무엇을 할지 지금 결정하도록 도와달라고 하나님께 기도하라.

하나님이 도우시면, 우리가 지금 할 수 있는 것은 전에 우리 자신의 힘으로 했던 것과 다를 수 있다. 우리는 이런 생각에 빠져 있다. '나는 항상 이 모양 이 꼴이었어. 항상 이런 일만 해 왔어. 나는 원래 이렇게 생겨 먹은 녀석이야.' 하지만 하나님은 이렇게 말씀하신다. "너희는 이전 일을 기억하지 말며 옛날 일을 생각하지 말라 보라 내가 새 일을 행하리니…"(사 43:18-19). 우리는 새로운 결정들을 내림으로써 하나님이 우리의 삶 속에서 행하기 원하시는 새 일에 협력할 수 있다. 우리는 새로운 결정을 내리고 그 결정을 하나님께 맡겨야 한다. 그러면 하나님은 어떻게 하시는가? "너의 행사를 여호와께 맡기라 그리하면 네가 경영하는 것이 이루어지리라"(잠 16:3).

나중에 할 것을 지금 결정하라. 성경 곳곳에 등장하는 믿음의 영웅들을 보라. 창세기 22장에서 하나님은 아브라함에게 아들 이삭을 제물로 바치라고 명령하셨다. 그런 결정을 바로 내릴 수 있는 사람은 세상에 없을 것이다. 하지만 아브라함은 그전에 미리 결정을 내렸다. "나의 하나님은 항상 믿을 만한 분이다. 그래서 하나님께서 내게 무엇을 하라고 명령하시든지 그대로 순종함으로써 그분께 영광을 돌릴 것이다." (감사하게도 하나님은 선한 노인 아브라함이 실제로 아들을 죽이지 않게 해 주셨다.)

룻기 1장에서 우리는 룻과 그의 동서 오르바, 시어머니 나오미를 볼수 있다. 당시는 힘든 시대였고 상황은 점점 더 나빠지고 있었다. 나오미는 삶이 좀 더 나아질까 싶어 고향 땅으로 돌아가기로 마음먹었다. 나오미는 며느리들에게 자신을 따라오지 말고 각자 더 나은 삶을 찾아 떠나라고 말했다. 그렇게 하는 것이 며느리들에게 가장 좋아 보이는 선택이었다. 그래서 오르바는 시어머니를 떠나기로 했다. 하지만 룻은 시어머니와 끝까지 함께하기로 미리 결정했다. "어머니께서 어디로 가시든 저도 함께 가겠습니다. 어머니께서 어디에 머무시든 저도 그곳에 머물겠습니다. 어머니의 하나님이 저의 하나님이 될 것입니다."

룻은 시어머니 나오미에게 헌신하기로 미리 결정했다.

다니엘도 빼놓을 수 없다. 다니엘과 친구들은 포로로 끌려가 낯선 외국 땅에서 살아야 했다. 타국의 사고와 식습관을 그들에게 주입하려는 정복자들의 시도가 계속 이어졌다. 하지만 다니엘은 왕의 음식을 먹는 것이 하나님을 욕되게 하는 것이라고 믿었다. 다니엘서 1장 8절은 이렇게 말한다. "다니엘은 뜻을 정하여…." 이 문장을 "다니엘은 미리 결정하여"라고 바꿀 수 있다. "다니엘은 뜻을 정하여 왕의 음식과 그가 마시는 포도주로 자기를 더럽히지 아니하리라 하고 자기를 더럽히지 아니하도록 환관장에게 구하니."

다니엘은 식당에 들어갈 때까지 기다리지 않았다. 막상 식당에 들어가면 최고급 토마호크 립아이 구이와 몰턴 초콜릿 라바 케이크의 유혹에 넘어가 자신의 가치관을 포기하게 될지도 몰랐다. 그래서 그는 미리 결정했다. "내 가치관은 사람이 아니라 하나님을 중심으로 결정된다. 내 선택들로 하나님을 영화롭게 할 것이다."

다니엘은 하나님께 헌신하기로 미리 결정했다.

하나님의 도우심으로 나중에 무엇을 할지 지금 결정하는 것은 결정의 순간이 오기 전에 행동 방침을 미리 정하는 것이다. 구체적으로 표현해 보면 다음과 같다.

나는 〔이런 상황〕을 마주하면 〔이런 행동〕을 하기로 미리 결정했다.

예를 들면 다음과 같다.

"걱정이 밀려오기 시작하면 베드로전서 5장 7절을 읽고 기도하면서 내 짐을 하나님께 맡길 것이다."

"50달러가 넘는 물건을 구매하고 싶은 유혹을 충동적으로 느낄 때는 최소한 3일은 참은 뒤에 구매 여부를 결정할 것이다."

"분노를 담은 이메일을 썼을 때는 하룻밤 자고 나서 '보내기' 버튼을 누를지 말지 결정할 것이다."

사전 결정에 관해서 지금까지 이야기한 모든 것을 적용하기 시작한 다면, 우리 삶에 어떤 긍정적인 변화가 찾아올까? 당장 세 가지 유익이 나타날 수 있다.

1) 미리 결정해 두면, 내려야 할 결정의 가짓수가 줄어든다

미리 결정해 두면, 결정해야 할 온갖 사안으로 인해 의사 결정 피로에 빠질 일이 없어진다. 스티브 잡스는 매일 같은 옷을 입은 것으로 유명하다. 그가 검정색 터틀넥, 리바이스 501s 청바지, 뉴발란스 스니커즈를 정말 좋아했던 것일까? 그렇지 않다. 다만 그는 매일 입을 옷을 고르는 데

에너지를 쓰지 않으면 그 에너지를 더 중요한 결정에 사용할 수 있다는 점을 알고 있었다.

억만장자 헤지펀드 매니저인 레이 달리오는 사전 결정에 관한《원칙 Principles》라는 책을 썼는데, 여기에서 그는 이렇게 말한다. "원칙이 없으면 인생이 우리에게 던지는 모든 상황에 개별적으로 반응해야만 한다. 마치 그 상황 하나하나를 우리가 난생처음 경험하는 것처럼 말이다." 계속해서 이렇게도 말한다. "원칙은 의사 결정을 단순화하는 동시에 개선하는 방식이다. … 그렇게 하면 우리가 내려야 할 결정의 숫자가 줄어들어 (나는 10만분의 1 정도로 줄어들 것으로 추정한다) 훨씬 더 나은 결정을 할 수 있게 된다."[6]

2) 미리 결정해 두면, 그릇된 결정을 할지 모른다는 두려움이 줄어든다

우리는 두려움에 쫓기거나 사로잡혀 그릇된 결정을 내릴 때가 많다. 우리가 두려워하는 데는 그럴 만한 이유가 있다. 실제로 결정해야 할 순간이 오면 옳은 결정을 내리기가 얼마나 어려운지 경험해 봐서 알기 때문이다.

하지만 미리 결정을 내려 두면 두려움이 줄어든다. 왜일까? 그때는 우리의 가치관에 따라 결정을 내리기 때문이다. 하나님과 우리 자신에게 가장 중요한 것이 무엇인지 사전에 정해 두면 언제라도 그 가치에 따라 결정을 내릴 수 있다. 이 책을 계속 읽어 나가면서 당신은 자신에게 무엇이 중요한지 분명히 알게 되리라 믿는다. 우리의 가치관이 분명해지면 결정이 훨씬 쉬워진다.

3) 미리 결정해 두면, 감정의 지배를 받지 않는다

우리는 지혜로운 삶, 하나님께 영광이 되는 삶을 살기를 원한다. 하지만 결정해야 할 순간이 오면 감정에 사로잡혀 옳은 길에서 벗어나곤 한다. 이것이 우리가 사전에 결정해 두어야 하는 이유다. 그렇게 되면 감정이 행동에 큰 영향을 미치지 못한다.

사전 결정이 우리가 원하는 것을 하기 위한 열쇠라는 점은 익히 증명된 사실이다. 뉴욕대학교 심리학 교수인 피터 골위처는 실제로 자신의 의도대로 행동하는 사람들을 조사해서 사전 결정의 효과를 분석한 94개 연구를 검토했다. 그 결과 그는 목표 설정은 성공을 보장해 주지 못한다는 결론을 내렸다. 목표 설정은 도중에 나타나는 장애물을 계산에 넣지 않기 때문이다. 그렇다면 무엇이 성공을 보장해 주었을까? 그런 장애물이 나타났을 때 무엇을 할지 미리 결정해 둔 것이 성공의 열쇠였다.[7]

또 다른 연구에서는 정형외과 수술 후 재활 치료 중인 368명을 두 그룹으로 나누었다. 한 그룹은 목표를 설정했다. 다른 그룹은 목표를 설정하는 것 외에도 그 목표를 달성하기 위해 무엇을 할지 미리 정했다. 결국, 두 번째 그룹만 실제로 목표를 달성했다.[8]

미리 결정해 두면, 논리가 감정을 지배할 수 있다.

어떤 사람이 될지 미리 결정하라

이제 여러분은 궁금해할지도 모르겠다. 그렇다면 무엇을 미리 결정해야 하는가? 결정해야 할 사항이 끝이 없어 보인다. 예를 들어, 스티브 잡스처럼 매일 똑같은 옷을 입어야 할까?

이 서문의 첫머리에서 나는 숫자 두 개를 제시했다. 35,000과 7이다. 앞서 나는 이렇게 말했다. "35,000은 우리의 삶을 형성해 가는 숫자다. 7은 우리의 삶을 되찾게 해 주는 숫자다." 35,000에 관해서는 자세히 설명했으니, 이제 7에 관해서 설명할 차례다.

이 책에서 나는 우리 모두가 미리 내려야 할 일곱 가지 결정 사항을 제시하고자 한다. 그것은 인생을 결정짓는 사안들이다. 여기에 다른 결정을 더할 수도 있겠지만 계속해서 이 책을 읽다 보면 이 일곱 가지 사전 결정이 왜 그토록 중요한지 이해하게 되리라 믿는다.

먼저 나에 대해서 조금 민망할 정도로 솔직히 털어놓고 싶다. 나는 예수님의 제자이자 목사지만 내 안에는 몇 가지 부정적인 특성이 있다.

- 나는 준비되어 있지 않다. 나는 영적으로 준비되어 있지 못할 때가 많다. 사탄은 내 영혼의 적이다. 놈은 기회가 있을 때마다 나를 공격한다. 그런 순간, 나는 경계를 풀곤 한다. 나는 하나님을 전심으로 사랑하며, 예수님 따르기를 진심으로 원한다. 하지만 실제로는 그렇게 하지 못할 때가 많다. 내 신앙심이 부족함을 깨달을 때가 너무도 많다.
- 나는 이기적이다. 이기적인 인간이고 싶지 않지만, 나는 이기적인 인간이다. 나는 주는 것보다 받는 것이 훨씬 더 쉽다. 모든 사람에게 예수님이 필요하다고 확신하기에, 하나님이 주신 사명을 충성스럽게 감당하리라 결심하기는 했다. 그러나 막상 현실에서는 이기적인 마음으로 그 사명에 임할 때가 너무도 많다. 그러다 보니 하나님 사랑의 복된 소식을 전하려는 열정에 불타기보다는 두려움을 느끼곤 한다.
- 나는 꾸준하지 못하다. 처음에는 옳은 방향으로 가기 시작하다가 경

로를 바꿔 그릇된 일을 행할 때도 많다. 그러다 상황이 힘들어지면 다 그만두고 포기하고 싶어진다. 그냥 발걸음을 돌리고 싶을 때도 많다.

이제 내 고백을 끝냈으니 묻고 싶다. 앞서 말한 내 문제들 중 공감 가는 부분이 있는가? 남 얘기 같지 않다고 느끼는가? 그렇다면 나처럼 당신도 이런 사람이고 싶지 않을 것이다. 이렇게 살고 싶지 않을 것이다.

미리 생각함으로써 당신의 삶을 되찾을 준비가 되었는가?

인생을 결정짓는 일곱 가지 사전 결정으로 그렇게 할 수 있다.

1. 나는 거룩함을 지킬 것이다.
2. 나는 하나님을 최우선으로 섬길 것이다.
3. 나는 하나님께 충성할 것이다.
4. 나는 선한 영향력을 발휘할 것이다.
5. 나는 힘껏 베풀 것이다.
6. 나는 꾸준히 노력할 것이다.
7. 나는 포기하지 않을 것이다.

어떤 사람이 될지 선택할 준비가 되었는가?

원하는 삶을 살 준비가 되었는가?

만족스러운 삶, 성공한 삶, 하나님께 영광이 되는 삶을 살 준비가 되었는가?

그렇다면 이렇게 하자!

미리 결정하자.

나의 결정 능력은 어떠한가?

1. 당신의 일상적인 의사 결정 능력에 대해 1에서 10까지 점수를 매겨 보라. 그렇게 점수를 매긴 이유를 설명해 보라.

2. 무언가를 결정할 때 두려움을 느끼는가? 주로 인생의 어떤 영역에서 결정을 내려야 할 때 두려운가?

3. 계속해서 의사 결정 피로를 유발하는 상황이 있는가? 어떤 요인들이 그 상황을 유발하고 있는가?(예를 들어, 결정해야 할 사안의 양, 기대감, 중요도에 따른 부담감)

4. 무언가를 결정할 때 버겁다고 느끼는가? 주로 인생의 어떤 영역에서 결정을 내려야 할 때 버거운가?

5. 결정을 내리지 못하거나 미루는 습관이 있는가? 전반적으로 그런가? 아니면 특정 상황에서 그런가?

6. 무언가를 결정할 때 감정적이 될 때가 있는가? 주로 인생의 어떤 영역에서 결정을 내려야 할 때 감정이 올라오는가?

7. 중요하지 않은 결정으로 고민하느라 정작 중요한 결정을 내리지 못할 때가 있는가? 삶의 어떤 영역에서 그런 일이 자주 벌어지는가?

1장

"슬기로운 자는 재앙을 보면 숨어 피하여도
어리석은 자들은 나가다가 해를 받느니라"
_ 잠언 27:12

---◆---

"나는 거룩함을 지킬 것이다"

유혹에 넘어가 죄짓지 않도록 철저히 준비하기로 미리 결정하다

1.

왜 자꾸
유혹에
넘어갈까

잠에서 깬 나는 거울 속의 내 모습을 보며 말했다. "꼴도 보기 싫어."

정말이다. 또다시 무너진, 거울 속의 인간이 꼴도 보기 싫었다. 계속해서 이렇게 살 수는 없었다. 유혹과 싸울 새로운 계획이 필요했다.

당신도 이런 경험이 있는가? 아마 있으리라 생각한다. 하지만 필시 당신은 이렇게 될 생각은 없었을 것이다. 당신은 중독에 빠질 생각이 아니었다. 자녀에게 심하게 굴 생각도 아니었다. 정신적 문제나 분노 조절 장애, 통제 욕구나 미움을 가진 사람이 되고 싶지는 않았다. 탐욕이나 원망을 품고 싶지도 않았다.

나는 재정적인 파탄이나 가정 파탄에 빠지기 위한 5개년 계획을 세운 사람을 단 한 명도 보지 못했다. 순간적으로 어리석은 결정을 내린 뒤에 그 일을 숨기고 그 일에 대해 거짓말을 하다가 가장 사랑하는 사람들의 신뢰를 잃어버리고 싶은 사람은 어디에도 없다.

인생을 망치고 싶은 사람은 어디에도 없다. 문제는 그렇게 되지 않기 위해서 계획을 세우지 않는다는 것이다. 사람들은 대부분 유혹이 찾아올 때 준비가 되어 있지 못하다. 내가 거울에 비친 나 자신을 혐오하기 전날 밤에 내게 그런 일이 벌어졌다. 유혹이 닥쳤고, 나는 준비되어 있지 않은 탓에 마귀에게 문을 열어 주고 말았다.

유혹의 순간들

"유혹의 속삭임"이라는 표현이 딱 맞다. 대개 유혹은 헤비메탈 그룹 메탈리카 콘서트에서처럼 목청껏 소리 지르지 않는다. 그보다는 커피숍 한쪽에서 연주하는 어쿠스틱 싱어송라이터에 더 가깝다. 은근히 유혹하는 목소리다. 당신은 혹시 이런 속삭임을 들은 적이 있는가? '유혹을 받았다면 이미 죄를 지은 거야. 그러니까 그냥 그렇게 해 버려!'

너무도 많은 그리스도인이 이런 거짓말에 넘어간다. 그래서 이 기회에 분명히 말하지만 유혹을 받는 것 자체는 죄가 아니다. 물론 유혹에 넘어가서 행동하는 것은 죄다. 하지만 유혹을 받는 것은 죄가 아니다. 그것은 당신이 인간이라는 증거다.

모든 사람이 유혹을 받는다. 예수님을 따른다고 해서 유혹이 전혀 없는 삶이 보장되지는 않는다. 예수님을 따르는 삶은 유혹을 상대로 전쟁을 선포하는 것이다.

예수님 자신도 이 땅에서 인간의 삶을 사실 때 유혹을 받으셨다. 마태복음 4장은 예수님이 광야에서 받으신 세 가지 유혹 곧 시험에 대해 자세히 기록한다. 그 유혹은 사탄이 직접 한 것이었다. 유혹이 다가올 때마다 예수님은 그것을 거부하고 죄를 짓지 않기로 선택하셨다. 이것이 히브리서 4장 15절에서 예수님이 "모든 일에 우리와 똑같이 시험을 받으신 이로되 죄는 없으시기" 때문에 우리의 약함에 공감하신다고 말하는 이유다.

유혹을 받았다는 이유로 죄책감을 느끼고 있는가? 길거리에서 조깅하고 있는 매력적인 이성에게 눈길을 주거나, 줌 회의에 15분 늦은 이유에 대해 상사에게 거짓말을 할까 고민하거나, 아이가 선물로 받은 할로윈 사탕을 뺏어 먹고 싶었다는 이유로 죄책감을 느끼는가? 그것은 거짓 죄책감이다. 유혹을 받는 것은 죄가 아니니 죄책감을 느낄 필요는 없다.

유혹의 속삭임은 계속된다.

'그냥 해 버려. 너는 그렇게 할 자격이 있어.'

'하나님은 너를 막지 않으셔.'

'누구도 네게 이래라 저래라 말할 권리가 없어.'

'딱 한 번 정도는 괜찮아.'

'아무도 모를 거야.'

유혹은 속삭인다. 그 속삭임에 넘어가면 그 실체를 놓치고 만다. 하지만 자세히 들여다보면 일관된 패턴이 드러난다.

1) 유혹은 대개 하나의 생각으로 시작된다. 그 생각은 눈으로 보는 것이나 누군가의 제안에 의해 생길 수 있다. 예를 들어, '늦게까지 정말 열심히 일했어. 그러니까 좀 즐겨도 괜찮아'라는 생각이 우리 마음을 파고들 수 있다.

2) 그다음 단계는 상상 속에서 이루어진다. 남은 초콜릿 케이크, 그 알약을 구해 줄 수 있는 친구, 보아서는 안 된다는 것을 알지만 너무 보고 싶은 동영상이 자꾸만 생각나기 시작한다.

3) 그다음에는 정당화를 한다. 그런 일을 해서는 안 된다는 것을 안다. 그래서 그 일을 해야만 하는 이유를 찾아낸다. '그렇게까지 나쁜 짓은 아니야. 세상에 완벽한 사람은 없어. 조금 즐긴다고 해서 무슨 큰 일이 생기겠어?'

4) 결국, 그렇게 하기로 선택한다. 딱 한 입만 먹고 말아야지(결국 다 먹게 된다). 딱 한 알만 먹자. 동영상 딱 하나만, 1-2분만 잠깐 보고 말자.

당신은 죄를 짓는다. 그리고 당신은 죄를 짓고 싶지 않다.

1, 2, 3단계는 모두 유혹의 순간들이다. 얼마든지 멈추고, 돌아서고, 거부하고, 옳은 결정을 내릴 수 있는 시간이다. 4단계 전까지는 죄가 이루어지지 않는다.

죄는 재미있다, 재미없어지기 전까지는

교회 설교에서는 이런 말을 좀처럼 들을 수 없겠지만, 죄는 대개 기분을 좋게 만든다. 그렇지 않은가? 죄는 재미있다. 죄짓는 것이 재미없다고 말한다면 둘 중 하나다.

1) 거짓말을 하고 있다.

2) 죄를 제대로 짓지 않았다.

죄는 재미있다. 재미없어지기 전까지는 말이다. 그리고 대개 그 재미는 오래가지 않는다. 내 친구는 이런 말을 자주 한다. "죄는 죽이는 기분을 선사하다가 진짜로 죽인다. 죄는 넋을 잃게 만들다가 진짜로 목숨을 잃게 만든다."

죄는 만족을 약속하지만 결국에는 우리가 가장 원하는 것을 앗아간다. 왜일까? 우리는 죄를 지을 때마다 하나님의 최선을 놓치기 때문이다. 죄를 선택하는 것은 최선보다 못한 삶을 선택하는 것이다. 최선이 아닌 삶을 일부러 선택할 사람은 아무도 없다. 하지만 죄의 제품 설명서에는 그런 내용이 언급되어 있지 않기 때문에 우리는 아무것도 모르고 그런 삶을 선택한다.

우리는 하나님을 사랑하기 때문에 죄를 짓고 싶지 않다. 우리는 죄가 하나님의 마음을 아프게 한다는 것을 잘 알고 있다. 죄란, 하나님을 배신하고 간음하는 것과 같다고 성경은 분명히 말한다. 죄는 하나님을 기만하고, 그분의 사랑에서 돌아서고, 그분이 아니라 다른 것을 선택하는 것이다. 죄는 하나님의 마음을 상하게 하든 말든 상관없이 우리 자신을 사랑하기로 선택하는 것이다. 그리고 죄는 분명 하나님의 마음을 상하게 한다. 죄는 우리를 하나님에게서 분리시켜 죽음으로 인도한다.

"오직 각 사람이 시험을 받는 것은 자기 욕심에 끌려 미혹됨이니 욕심이 잉태한즉 죄를 낳고 죄가 장성한즉 사망을 낳느니라"(약 1:14-15). 이것은 잉태의 비유다. 즉 유혹은 죄를 잉태하고, 결국 죽음을 낳는 씨앗이다. 죽음은 분리를 의미한다. 죄를 지으면 하나님이 우리에게 원하시는 것으로부터 분리된다. 죄책감과 수치심에 빠져, 우리가 누려야 할 마땅한 평강과 기쁨을 빼앗긴다. 죄를 지으면 하나님에게서 분리되고 그분과의 친밀함을 잃는다.

이 정도면 유혹을 심각하게 여겨야 마땅하다. 처음부터 죄를 지으려고 마음먹는 사람은 거의 없다. 그럼에도 우리는 결국 죄를 짓는다. 왜일까? 한 가지 이유는 '양자택일의 오류'(either-or fallacy, '거짓 딜레마' 혹은 '거짓 이분법'의 오류) 때문이다. 이것이 우리가 그토록 형편없는 의사 결정자인 이유 중 하나다. 우리는 오직 두 가지 선택 사항만 보기 때문에 어리석은 선택을 할 때가 많다.

- 선택 사항 A: 유혹에 맞서 싸운다.
- 선택 사항 B: 유혹에 굴복한다.

우리에게는 하나님 덕분에 더 좋은 선택지가 있다. 하지만 많은 그리스도인들이 이를 간과하고 있다.

- 선택 사항 C: 유혹을 피하기로 미리 결정한다.

하나님의 도우심으로 우리는 유혹을 피하기로 미리 마음먹는 지혜를 발휘할 수 있다. 우리와 사람들을 망치는 것에서 최대한 멀리 떨어지기로 미리 결정할 수 있다.

나는 준비할 것이다.

우리는 그렇게 할 수 있다. 바로 내가 그 일의 살아 있는 증거다. 내가 거울 속에서 나를 노려보는 남자를 왜 그토록 혐오했는지, 그리고 그 뒤로 어떤 일이 있었는지를 들어 보라.

대학생 시절 나는 술과 파티를 즐기며 난잡하게 살았다. 그러다 예수님을 만나고 하나님의 무조건적인 사랑을 이해하게 되면서 큰 은혜를 누렸다. 그때부터 더 이상 죄를 짓고 싶지 않았다. 술을 끊어야만 한다는 것을 알았고 예수님의 능력으로 술을 끊었다. 그 뒤로 술을 한 모금도 입에 대지 않았다. 어느 날, 친구들과 장거리 자동차 여행을 떠나기 전까지는….

파티가 벌어지자 여자애들이 나를 보고 말했다. "너, 톰 크루즈 닮았어." 그 말에 저절로 어깨에 힘이 들어갔다. 영화 〈탑건〉의 주제곡이 귓가를 맴돌고, 웃통을 드러낸 채 비치 발리볼을 하는 내 모습을 상상했다. 이 여자애들은 맥주를 마시고 있었다. 그래서 나도 맥주 한 잔을 들이켰다. 그리고 또 한 잔. 다시 또 한 잔. 그러고 나서 이튿날 아침에 눈을 떠서 나 자신을 향한 역겨움에 몸서리를 쳤다. 내가 생각만큼 강하지 않다는 사실을 뼈저리게 깨달았다. 나는 생각보다 훨씬 더 나약한 존재였다.

나는 만취해서 추한 꼴을 보일 생각이 추호도 없었다. 하지만 나는 그러지 않기 위한 계획을 세우지도 않았다. 그때가 내가 술을 마신 마지막 날이었다. 그것은 내가 더 강해졌기 때문이 아니라 준비를 했기 때문이다.

2.
유혹을
쉽게 이길 수 있다는
위험한 착각

인정해야 한다. 나는 준비되어 있지 못했다.

그 외의 수만 가지 시나리오에 대해서는 철저히 고민하고 대비책을 세워 놓았다. 밤도둑이 우리 집에 침입하는 일에 대해서는 준비되어 있다. (나는 항상 침대 바로 옆에 쌍절곤을 놓고 잔다. 그러니 감히 우리 집에 몰래 들어올 생각은 꿈에도 하지 마라!) 우리 집 문을 두드리는 판매원에 대해서도 준비되어 있다. (집에 없는 척하는 방법은 항상 통한다.) 쿠키를 파는 걸스카우트를 만나면 어떻게 해야 할지도 미리 다 생각해 놓았다. (재빨리 몸을 돌려 최대한 빨리 달린다.)

나는 이 모든 시나리오에 대해 준비되어 있다. 하지만 살쾡이에 대해서는 전혀 준비를 하지 못했다. 아무 생각 없이 집 앞에 있다가 거대한 짐승과 딱 마주쳤다. 좋다. 살쾡이는 '그렇게까지' 크지도 않고, 볼품없이 작은 꼬리를 갖고 있다. 하지만 녀석이 바로 코앞에서 나를 노려보며 으르렁거리면 거대한 짐승처럼 보인다. 정말이다!

이 거대하고 무시무시한 맹수가 약 5미터 앞에서 나를 정면으로 노려보고 있었다. 어떻게 해야 할지 알 수가 없었다. 계속해서 같이 노려보면 녀석이 발톱으로 내 얼굴을 할퀼 것만 같았다. 그렇다고 몸을 돌려서 도망치면 등이 난도질을 당할 것 같았다. 나무 위로 올라가면 나무에 온몸이 긁힐 것 같았다.

어떤 식으로든 할퀴을 당하는 것은 피할 수 없어 보였다. 바지에 오줌을 싸기 직전, 이런 생각이 들었다. '어차피 당할 바에야 이판사판이다.' 그래서 나도 같이 으르렁거렸다. 최대한 사자처럼 으르렁거렸더니 하나님의 은혜로 녀석이 몸을 돌려 도망쳤다. 나는 톰 크루즈를 닮은 내 얼굴을 지켜 낸 것에 대해 하나님께 감사드렸다.

나는 살쾡이를 맞닥뜨릴 준비가 되어 있지 못했다. 하지만 다행히도 무사히 도망칠 수 있었다. 그런데 유혹 앞에서는 이렇게 무사하기가 거의 불가능하다.

당신이 처음 유혹에 굴복했던 때를 생각해 보라. 이제 마지막으로 유혹에 굴복했던 때를 돌아보라. 첫 번째 경우는 부모를 속인 것일 수 있다. 가장 최근의 경우는 배우자를 속인 것일 수 있다. 그 두 경우 사이에서 당신은 47,340번은 유혹에 넘어갔을 것이다. (이것은 대충 추정한 숫자다. 기분 나쁘게 생각하지 마라. 나는 훨씬 더 많은 유혹에 넘어갔으니까.)

이 모든 경우의 공통점은 무엇인가? 그 유혹에 대해서 준비가 되어 있지 못했다는 것이다. 예수님은 말씀하셨다. "시험에 들지 않게 깨어 기도하라 마음에는 원이로되 육신이 약하도다"(마 26:41).

"깨어 있으라. 기도하라." 예수님은 우리의 약함을 영적으로 인지하고 있으라고 가르치신다. 사도 바울은 "깨어 믿음에 굳게 서서 남자답게 강건하라"라고 권면한다(고전 16:13). 이제 그렇게 하기로 마음을 먹을 때다. 미리 생각하고 준비해야 한다. 왜일까?

우리의 영적인 적, 사탄

우리를 공격하는 영적인 적이 있다.

이 문장을 다시 읽어 보라. 이것은 보통 심각한 상황이 아니기 때문이다. 우리는 마귀라는 개념을 무시하거나 사탄을 빨간 옷을 입은 가상의 캐릭터로 희화화한다.

하지만 마귀는 실재한다. 그리고 그 마귀가 우리를 공격하고 있다. 베드로는 이렇게 경고한다. "근신하라 깨어라 너희 대적 마귀가 우는 사자같이 두루 다니며 삼킬 자를 찾나니"(벧전 5:8). (내 번역은 이렇다. "근신하라. 깨어라. 너희 대적 마귀가 연쇄 살인마 살쾡이처럼 두루 다니며 할퀴어 죽일 자를 찾나니.") 요한복음 10장 10절에서 예수님은 마귀가 하나님께 중요한 모든 것을 "도둑질하고 죽이고 멸망시키려" 한다고 말씀하셨다.

우리는 하나님께 중요한 존재다. 그래서 마귀는 우리를 멸망시키려고 한다. 우리의 영적인 적은 전략적으로 싸운다. 놈은 우리를 연구한다. 놈은 우리의 약점을 안다. 놈은 우리가 약해질 때 그 약점을 공격하기 위해 계획을 세운다. 따라서 우리는 깨어 기도해야 한다. "이는 우리로 사탄에게 속지 않게 하려 함이라 우리는 그 계책을 알지 못하는 바가 아니로라"(고후 2:11). 대부분의 사람들은 죄를 피할 계획을 세우지 않는다. 하지만 우리는 '대부분의 사람들'이 아니다. 우리는 "마귀의 간계를 능히 대적하기 위하여" 준비하기로 미리 결정해야 한다(엡 6:11).

우리의 최악의 적은 우리 자신이다

이런 말을 해서 미안하지만, 당신은 당신이 생각하는 것보다 훨씬 더 죄를 짓기 쉬운 사람이다. 당신을 정죄하려는 것으로 생각할까 봐 말하자면, 나 역시 마찬가지다. 우리는 스스로 생각하는 것보다 더 심하게 방황하며 하나님께 등 돌리기가 쉬운 존재들이다. 물론 우리는 그렇게 생각하기 싫어한다. "만일 우리가 죄가 없다고 말하면 스스로 속이고 또 진리가 우리 속에 있지 아니할 것이요"(요일 1:8). 이것이 우리가 자기 자신에 대해서 거짓말을 해서는 안 되는 이유다. 스스로를 속이면 유혹에 덜 대비할 테고, 그러면 위험에 더 취약해지기 때문이다.

앞서 다룬 유혹의 과정에 대한 야고보의 설명을 기억하는가? 거기서 야고보는 이렇게 말한다. "오직 각 사람이 시험을 받는 것은…." 이다음 내용이 기억나는가? 한번 추측해 보자. "오직 각 사람이 시험을 받는 것은 사탄이 악한 거짓말을 하기 때문이다." 혹은 "오직 각 사람이 시험을 받는 것은 불경한 세상 속에 살면서 그 안의 온갖 악을 접하기 때문이다." 틀렸다. 야고보는 이렇게 말한다. "오직 각 사람이 시험을 받는 것은 자기 욕심에 끌려 미혹됨이니"(약 1:14).

우리는 스스로 생각하는 것보다 더 죄를 짓기 쉬운 사람이다. 우리는 스스로 생각하는 것만큼 강하지 못하다. 우리는 자신의 실제 능력보다 더 많은 것을 감당할 수 있다고 착각하는 경향이 있다. 그러나 그것은 위험한 착각이다. 이것이 성경에서 우리에게 경고하는 이유다. "교만은 패망의 선봉이요 거만한 마음은 넘어짐의 앞잡이니라"(잠 16:18). "그런즉 선 줄로 생각하는 자는 넘어질까 조심하라"(고전 10:12).

연구에 따르면, 사람들은 자신이 유혹을 뿌리칠 수 있다고 과대평가한다. 이것을 전문 용어로 "절제 편향"(restraint bias)이라고 한다.[9] 우리는 충동적인 결정과 행동을 생각만큼 잘 통제할 수 없다.

누군가가 집에서 맛깔스럽게 구운 초콜릿 케이크를 사무실로 가져오면 우리는 이렇게 생각한다. '안 돼! 다이어트를 망칠 수 없어. 먹지 않겠어!' 처음 그 케이크 옆을 지나갈 때는 그 생각대로 행동한다. 그 케이크 옆을 두 번째로 지나갈 때는 조금 잘라서 맛만 본다. 세 번째 지나갈 때는 케이크를 집어서 입에 마구 쑤셔 넣는다.

어떤 일이 벌어진 것인가? 우리 자신이 실제보다 더 강하다고 생각한 것이다. 이런 교만으로 인해 우리 자신의 유한한 의지력에 의존하게 되었고, 결국 넘어졌다. 그렇다면 우리는 왜 유혹과의 싸움에서 자신의 능력을 과대평가하는 것일까?

우리는 유혹과 싸우는 데 필요한 에너지를 이해하지 못한다. 유혹과 싸우는 일은 피곤하다. 우리의 의지력을 관장하는 뇌의 부분은 다른 책임들도 맡고 있다. 그 부분은 스트레스를 다루고, 감정을 통제하고, 결정을 내리는 일도 담당한다. 서문에서 언급했듯이 의사 결정 근육은 과도하게 사용하면 피로해진다. 그 의미는 다음과 같다.

우리의 의지력은 점점 약해지고 소진될 것이다.

이것은 우리가 짜증스러운 동료들에게 퍼붓고 싶은 말을 잘 참았다가도 집에만 가면 배우자에게 고함을 지르는 이유를 설명해 준다. 이것은 일터에서는 힘들어도 종일 열심히 일하다가 일단 집에만 들어가면 아무것도 하지 않는 사람의 마음을 설명해 준다. 그것은 그의 의지력이 점점 약해지기 때문이다. 절제력은 유한한 자원이다. 사용할수록 줄어든다.

우리는 스스로 생각하는 것보다 더 죄를 짓기 쉬운 사람이다. 스스로 생각하는 것만큼 강하지 못하다. 그래서 우리는 준비해야 한다. 유혹의 순간이 올 때까지 준비를 미루지 말아야 한다.

명심하라! 유혹의 순간에는 위험이 가득하다. 준비되지 않은 채로 그 순간을 맞이하면 잘해 낼 수 없다. 따라서 유혹이 공격해 올 때 잘 막아 낼 수 있도록 세 가지 사전 결정을 내려야 한다.

3.

넘지 말아야 할
선을 분명히
정한다면

"마이클 조던" 하면 무엇이 생각나느냐고 물으면, 당신은 분명 "농구"라고 답할 것이다. "워렌 버핏"이라고 하면, '돈'을 떠올릴 것이다. "헬렌 미렌"이라고 하면, '영화'나 '연기'를 떠올릴 것이다.

자, 이제 내가 "삼손"이라고 말하면 무엇이 떠오르는가?

답은 분명해 보인다. "뻔하지. 그는 성경의 영웅이야. 엄청난 힘을 가진 인물이었지. 그 놀라운 머리카락. 용감무쌍한 행동으로 하나님을 섬기고 백성을 보호했던 영웅."

하지만 그것은 답이 아니다. 사실 삼손은 성경의 영웅이 아니다. 오히려 그는 경종을 울리는 이야기의 주인공이다. 그는 무엇을 하지 말아야 할지를 보여 주는 사례다. 삼손은 자신이 지켜야 할 선을 엉뚱한 곳에 잘

못 놓았기 때문이다.

삼손의 이야기는 부모가 그를 하나님께 바치고 하나님이 그를 축복하시는 것으로 시작한다. 삼손은 어마어마한 힘을 지녔고, 백성의 잘못을 지적하고 바로잡은 강한 리더였다. 그러다 그의 삶은 본궤도에서 이탈하고 말았다.

삼손은 블레셋 사람 들릴라와 사랑에 빠졌다. 들릴라는 삼손에게 엄청난 힘의 비밀을 알려 달라고 졸랐다. 그러자 삼손은 자신을 활줄로 묶을 수 있다고 거짓말을 했다. 들릴라는 사람들을 불러 삼손을 활줄로 묶었지만 삼손은 너무도 쉽게 줄을 끊어 버렸다.

들릴라는 삼손이 자신을 놀렸다고 투덜거리며 진실을 알려 달라고 졸랐다. "삼손, 이럴 거면 이제 그만 헤어져요!" 그러자 삼손은 새 밧줄로 자신을 묶을 수 있다며 또다시 장난을 쳤다. 들릴라는 블레셋 사람들을 불러 삼손을 밧줄로 묶었지만 소용이 없었다.

들릴라는 다시 화를 냈다. "설마 나를 의심하는 거예요?" 삼손은 자신의 머리카락을 베틀의 날실에 섞어 짜면 힘을 잃는다는 말로 들릴라를 달랬다. 그래서 그가 잠든 사이에 들릴라는 그렇게 했지만 이번에도 소용없었다. 그러나 결국 그는 들릴라의 집요함에 백기를 들고 말았다. 그럴듯하게 둘러댈 말이 더 이상은 생각나지 않았다. 이 강한 남자는 곧 자신의 약점인 인격적 흠을 드러내고 만다.

마침내 삼손은 들릴라에게 진실을 말하고 말았다. 자신의 머리카락을 잘라서는 안 된다는 비밀을 누설한 것이다. 그러자 들릴라는 삼손이 곤히 잠든 사이에 블레셋 최고의 이발사를 불러 삼손의 머리카락을 모두 밀어 버렸다. 삼손이 깨어나자 병사들은 그를 붙잡아 두 눈을 빼고 더러운 감방에 처넣었다.

눈이 먼 삼손은 족쇄를 찬 채 감방에 앉아서 필시 이렇게 물었을 것이다. "내가 어쩌다 이렇게 되었지?"

당신도 이런 생각을 해 본 적이 있는가? "내가 어쩌다 이렇게 되었지?" 이것이 내가 장거리 자동차 여행 후 아침에 깨어 거울 속의 나를 보며 던졌던 질문이다. 우리는 삶이 기대했던 것과 정반대로 흐를 때 이런 질문을 던진다. "내가 어쩌다 이렇게 되었지?"

삼손을 위한 해법은 우리를 위한 해법이기도 하다. 해법은 죄 가까이에 있는 선을 죄에서 멀리 옮기는 것이다. 삼손의 이야기를 다시 생각해 보라. 삼손은 왜 굳이 블레셋 여인에게 흥미를 느꼈을까? 하나님은 그분의 백성이 다른 종교를 가진 이들과 결혼하는 것을 금하셨다. 블레셋인들은 단순히 다른 종교를 가진 자들이 아니라 이스라엘 신앙의 적들이었다. 삼손에게 묻고 싶다. 그런 그들에게 머리카락에 관한 비밀을 왜 털어놓았느냐고 말이다.

삼손은 자신이 지닌 막강한 힘의 비결이 머리카락을 깎지 않는 것이라는 사실을 잘 알고 있었다. 그런데 자기 민족의 적인 블레셋 사람 들릴라가 자신의 힘을 빼앗는 법을 물어 보자 비밀을 털어놓고 말았다.

삼손은 지켜야 할 선("다른 종교를 가진 사람과 결혼하지 말 것"과 "머리카락을 자르지 말 것")이 있음을 알았다. 그러나 그는 그 선에 최대한 가까이 다가갔고, 유혹의 순간이 찾아오자 이기지 못하고 결국 선을 넘어 버렸다.

당신이 가장 최근에 유혹에 굴복했던 순간들을 돌아보라. 필시 선에 너무 가까이 다가간 것이 사건의 발단이었을 것이다. 나처럼 말이다. 나는 그 파티에 가지 말았어야 했다. 하지만 나는 가고 말았다. 갔더라도 그 여자애들의 말에 귀를 기울이지 말았어야 했다. 그다음에는 그 맥주의 첫 잔을 마시지 말았어야 했다. 나는 선에 바짝 다가가서 결국 넘어갔고, 그때부터 걷잡을 수 없이 망가졌다.

자신의 삶을 망치려고 계획하는 사람은 거의 없다. 하지만 그렇게 하지 않기 위해서 계획을 세우는 사람은 더 적다. 다시 말하지만, 우리는 생각만큼 유혹에 강하지 못하다. 우리는 부주의하게 살지 말고, 유혹의 순간에 대비해야 한다. 죄 가까이에 있는 선을 안전한 곳으로 옮기기로 미리 결정해야 한다.

하나님이 우리 삶에 두신 경계선

지금 내 아내인 에이미와 처음 사귀기 시작했을 때, 나는 예수님을 믿은 지 얼마 되지 않은 그리스도인이었다. 에이미와 사귀기 전에는 예수님을 믿지 않아서 이성을 만날 때 육체적인 관계의 선을 지키지 않았다. 하지만 그리스도인이 되고 나서 내 몸으로 하나님을 영화롭게 하고 결혼할 때까지 육체적 관계를 하면 안 된다는 사실을 곧 배우게 되었다. 그런데 에이미와 무엇을 하지 말아야 하는지는 알았지만, 무엇을 할 수 있는지는 알 수 없었다.

나는 존경하는 그리스도인을 찾아가 물었다. "브라운 선생님, 제가 에이미와 무엇을 할 수 있는 건가요?" 나는 그가 대답하기 쉽도록 예를 들어 주었다. "그러니까 뭐든 가능한 걸 다 말해 주세요. 예를 들어, 그녀를 만져도 되나요? 그렇다면 어디를 만져도 될까요? 구체적으로 말해 주세요. 자세히 알고 싶어요. 머리카락 냄새를 맡아도 되나요? 머리카락 냄새 정도는 말아도 괜찮겠죠? 내가 해도 되는 것을 다 알려 주세요."

나는 선을 찾고 있었다. 옳고 그름 사이의 선. 용인되는 것과 용인되지 않는 것 사이의 선. 하나님이 괜찮다고 하시는 것과 그렇지 않은 것 사이의 선. 나는 죄는 짓고 싶지 않았지만, 동시에 그 선에 최대한 가까이 다가가고 싶었다. 우리 모두 그렇지 않은가? 그런데 우리는 진짜 위험이 확실히 보이는 상황에서는 절대 그렇게 하지 않는다.

생각해 보라. 의사가 수술을 하려고 하는데 이렇게 묻는 사람은 없다. "내 동맥을 잘라서 피가 쏟아지면 안 되겠지만, 내 동맥에 얼마나 가까이까지 칼을 댈 수 있나요?"

내가 조종사 자격증을 따기 위해 공부할 때 이런 생각을 해 본 적은 없다. '비행기가 추락하지 않을 정도로만, 가장 가까운 공항까지 가기 위해 필요한 최소한의 연료는 얼마일까?' 600미터 높이의 탑을 보면서 이런 궁금증을 가져 본 적도 없다. '저 탑에 부딪히면 안 되겠지만, 얼마나 가까이까지 날아갈 수 있을까?' 위험이 분명하게 보이는 상황이라면 우리는 선에서 최대한 멀리 떨어진다.

하지만 죄의 위험은 대개 숨겨져 있다. 그것은 물고기가 수면 바로 아래에 떠다니는 통통한 미끼를 보는 것과도 같다. 맛있어 보인다! 물고기 눈에 보이지 않는 것은 미끼 속에 숨은 바늘이다. 그 바늘은 녀석을 죽음으로 이끌 것이다.

우리 눈에는 더할 나위 없이 좋아 보인다. 그러나 우리 눈에 보이지 않는 것이 우리를 멸망시킨다. 죄의 위험은 숨겨져 있지만 엄연히 존재한다. 죄의 위험은 숨겨져서 보이지 않기 때문에, 우리는 금지된 선에 가까이 다가가면서도 전혀 불안해하지 않는다.

나는 브라운 선생님과 이야기를 나누고 에이미와 데이트를 하기 시작한 뒤로, 선에 가까이 다가가면 결국 그 선을 넘게 된다는 사실을 곧 깨달았다. 내가 무슨 말을 하는지 잘 알 것이다. 너무 늦은 시간 단 둘만 있는 곳에서 사랑의 노래가 계속해서 흘러나올 때 흐릿해지는 선. 유혹의 순간, 그 선을 넘지 않고는 배길 수 없다. 에이미의 머리칼 냄새는 너무 좋아서 도무지 거부할 수 없었다.

이 원칙은 데이트에만 적용되지 않는다. 이 원칙은 나에게만 적용되지 않는다. 이것은 나에게만 해당되는 이야기가 아니다. 어떤 유혹이든, 어떤 죄이든, 금지된 선에 가까이 다가가면 누구나 위험에 빠진다.

그래서 어떻게 해야 하는가?

미리 결정해야 한다. 선에서 멀어지기로.

우리는 우리를 공격하는 영적인 적이 있다는 사실을 안다. 우리가 생각만큼 강하지 않다는 것도 안다. 따라서 우리는 선에 가까이 다가가는 것이 아니라 선을 멀리 옮겨야 한다. 옳지 않은 것인데 유혹이 느껴진다면 아예 가까이 가지도 말아야 한다. 유혹으로부터 멀어지기 위해 선을 죄로부터 먼 곳에 두기로 미리 결정해야 한다.

오늘 그 유혹의 싹을 완전히 제거할 힘이 있는데,

왜 내일까지 기다려서 그 유혹을 뿌리치려고 하는가?

스스로에게 물으라. "선을 넘어가지 않기 위해 무엇을 할 수 있을까? 유혹을 받을 수 없는 상황, 최소한 쉽게 유혹에 넘어가지 않을 상황을 어떻게 만들 수 있을까?"

혹시 아마존에서 돈을 쓰는 은사를 지니고 있는가? '지금 구매하기' 버튼을 클릭하는 기술이 정말 뛰어나고, 그 버튼을 클릭할 때 하나님의 영광을 느끼는가? 문제는 너무 많은 돈을 쓴다는 것이다. 당신은 책 몇 권, 셔츠 하나, 두루마리 휴지 36팩, 에어프라이어, 김밥 마는 도구, 요추 베개, 구아락(Guac-Lock), 보바 펫(Boba Fett) 백팩, 부리토 담요, 라면 수프 그림이 있는 옷을 샀다. 돈을 너무 많이 쓰고 나서 이런 생각을 한다. '이제 다른 것은 더 사지 않겠어. 절대!' 하지만 또 산다. 이 습관을 어떻게 버릴 수 있을까?

선을 다시 정해야 한다. 예를 들어, 매달 쓰는 돈의 한계를 정하거나 물건을 주문하기 전에 최소한 일주일은 기다리기로 결정해야 한다. 이 방법이 통하지 않으면 믿을 만한 친구에게 당신의 비밀번호를 바꾸게 하는 방법도 고려해 보라. 그러면 친구가 허락하기 전까지는 그 마법의 '지금 구매하기' 버튼을 누를 수 없다. 그렇게 선을 옮기면 효과는 확실하다.

혹시 소셜 미디어에 너무 많은 시간을 허비하는 것이 문제인가? 인터넷을 하루에 네다섯 시간씩 하는가? 물론 온라인상에는 재미있는 친구들이 있다. 하지만 다른 사람의 삶을 구경하는 것을 그만두고 자기 자신의 삶을 살아야 한다. 온라인에서 너무 많은 시간을 허비하지 않겠노라 다짐하고 또 다짐해 보지만 매일 결과는 똑같다. 스크롤. 좋아요. 스크롤. 댓글. 더블 클릭. 스크롤. 자, 어떻게 해야 할까? 유혹의 순간에 자신의 의지력을 의존하는 습관을 멈추라. 그 대신, 선을 다시 정하라. 설정에 들어가서 당신을 유혹하는 앱을 선택하라. 시간 설정 기능이 있다면 매일 30분으로 시간 한계를 설정하라.

결혼하지 않았다면 클럽에 갈 때마다 만취해서 하룻밤 관계를 즐기는 것이 문제일 수 있다. 다음날 아침에 눈을 뜨면 깊은 수치심에 다시는 그런 짓을 하지 않겠노라 다짐한다. '앞으로는 클럽에 가도 만취하지 않고 아무 여자와 하룻밤 관계를 맺지 않겠어!' 하지만 어둠이 깔리면 또 밖으로 나가고 똑같은 일이 되풀이된다. 영화 〈사랑의 블랙홀〉과 〈더 행오버〉 같은 자기 파괴적인 상황이 괴롭게 반복된다. 선을 다시 정해야 한다. 아예 클럽에 가지 말아야 한다.

스포츠 도박이나 온라인 도박, 복권에 중독되었는가? 그로 인해 퇴직금까지 다 쓰고 신용카드 빚을 감당할 수 없는 지경에 이르렀는가? 매번 이번이 마지막이라고 다짐한다. 어떻게 해야 이 악순환을 끝낼 수 있을까?

혼자서 문제를 해결하려고 하지 말아야 한다. 도움을 구함으로써 선을 다시 정해야 한다. 혼자 힘으로는 그 유혹을 감당할 수 없다. 따라서 아예 유혹의 자리에 가지 말아야 한다. 선을 다시 정하기로 미리 결정해야 한다.

혹시 위의 문장들을 읽고서 이런 생각을 하고 있는가? '물론 그렇게 하면 되겠지. 하지만 답답해서 어떻게 살아? 친구가 허락할 때까지 물건 하나도 마음대로 살 수 없다고? 소셜 미디어 이용 시간을 제한한다고? 클럽에 아예 가지 않는다고? 복권을 단 한 장도 사지 말라고? 그렇게 살면 무슨 재미야? 규칙이 너무 많잖아.'

그렇지 않다. 물론 순간적인 쾌락은 놓칠 수 있다. 하지만 (빚과 숙취는 물론이고) 죄책감과 후회에서 벗어날 수 있다. 건전한 재정 상태, 생산성, 온전한 삶을 유지할 수 있다. 수치심 속에서 살 필요가 없다. 건강한 삶을 되찾을 수 있다.

기차가 철로 위에서 더없이 빠르고 멀리까지 달릴 수 있는 것처럼 하나님은 우리가 그분의 뜻 안에서 자유롭게 살도록 창조하셨다. 건널목을 획 지나가는 기차를 보며 이렇게 말하는 사람은 아무도 없다. "안타깝군. 저런 강력한 기계가 저 철로에 묶여 있으니 얼마나 낭비야?" 기차는 철로 위에서 자유를 만끽한다. 기차는 철로 위에서 자기가 가진 힘을 최대로 발휘하고 목적을 이루도록 설계되었다. 하나님의 계획 안에 있는 우리의 삶도 그와 같다.

나는 시편 16편 6절에 기록된 다윗의 글을 자주 읽는다. "내게 줄로 재어 준 구역은 아름다운 곳에 있음이여 나의 기업이 실로 아름답도다." 하나님이 내 삶 속에 두신 선들. 그분께 불순종하여 형편없는 삶을 살지 않도록 막아 주는 경계선들은 나를 옭아매는 제약이 아니다. 그 선들은 나를 제한하는 것들이 아니다. 오히려 그 선들은 나를 자유롭게 하는 것들이다. 이제 선을 다시 정해야 할 때다.

4.

죄로 인한
최악의 시나리오
예상하기

앞서 우리는 우리에게 속삭이는 마귀에 관한 이야기를 했다. 우리가
죄를 짓기 전에 마귀가 주로 이런 말을 한다는 사실을 눈치챘는가?

"이봐, 남들도 다 그렇게 해."
"그렇게 나쁜 짓은 아니야."
"별것 아니야."

우리가 뭔가 그릇된 행동을 하기 전에 우리의 영적 원수는 그 죄로
인한 결과를 축소해서 보여 준다. 하지만 유혹에 굴복한 뒤에는 마귀가 우
리의 죄책감과 수치심을 일으켜 우리 죄의 결과를 더 크게 확대한다.

"어떻게 그런 끔찍한 짓을 저지를 수가 있지?"

"이제 하나님은 너를 사랑하시지 않을 거야."

"이제 사람들은 너를 믿지 않을 거야"

"너는 무가치하고 형편없는 인간이야."

솔로몬은 잠언 27장 12절에서 매우 실질적인 지혜를 제시한다. 이것은 내가 1장 첫머리에서 소개한 구절이다. "슬기로운 자는 재앙을 보면 숨어 피하여도 어리석은 자들은 나가다가 해를 받느니라." 지혜는 마귀가 거짓말쟁이며 항상 우리를 공격하고 있다고 말한다. 따라서 우리는 유혹을 예상하고서 잠언의 경고를 마음에 새기기로 미리 결정해야 한다.

예를 들어, 나는 결혼할 때 아내에게 충실하기로 하나님 앞에서 서약했다. 하지만 온갖 종류의 유혹들이 다가와 배우자에 대한 신의를 저버리게 하려 한다. 인터넷으로 인해 전에 없이 만연해진 정욕의 함정이 있다. 이성에 대한 끌림이나 공감대의 함정이 있다. 너무도 많은 사람들이 이런 유혹에 넘어가 그들의 가정과 삶이 파탄 났다는 사실을 우리는 잘 알고 있다. 이런 일은 너무 자주 일어나서 피하기가 어렵고 심지어 불가능하다고 느껴질 수 있다. 그래서 우리는 어떻게 해야 하는가?

죄의 대가를 확대해서 생각해야 한다. 그리고 이렇게 물어야 한다. "무엇이 잘못될 수 있을까? 최악의 시나리오를 생각해 보자. 그런 일이 실제로 일어나면 어떡하지?"

선을 넘어간 다윗

사무엘하 11장에서 우리는 다윗 왕이 왕궁의 지붕 위에서 무엇을 하고 있었는지를 볼 수 있다. 그는 왜 지붕에 올라갔을까? 그는 부하들과 함께 전장에서 적들과 싸우고 있어야 했다. 하지만 그는 집에 머물기로 결정했다. 혼자서. 이것이 그가 왕궁에 있었던 이유다. 하지만 지붕에는 왜 올라갔을까?

지붕 위에서 다윗은 한 아리따운 여성이 목욕하는 장면을 볼 수 있었다. 다윗이 전에도 이 '웹사이트'를 즐겼는지 궁금하다. 아마도 그는 왕궁 지붕 위에 존재하는 죄의 선에 관해서 알았을 것이고, 금지된 선에 가까이 다가가는("신선한 바람 좀 쐬어야겠어. 바람 쐬기에는 지붕 위가 제일 좋지.") 대신, 선에서 멀어질("다시는 지붕 위로 올라가지 않겠어.") 기회가 있었을 것이다.

하지만 다윗은 그 선을 무시해 버렸다. 그는 지붕 위로 올라가 밧세바를 보고 생각했다. '저 여자에게 술이나 한 잔 하자고 할까? 내 초대를 거절하지는 못하겠지. 나는 왕이니까 말이야. 그리고 저 여자도 좋아할 거야.'

유혹을 받는 순간, 다윗은 어떻게 했어야 할까? 이것은 잘못된 질문이다. 이제 우리는 유혹을 이기기 위해서는 유혹을 받는 순간에 조치를 취하는 것이 아니라 그 순간이 오기 전에 미리 조치를 취해야 함을 알고 있다. 다시 말하지만, 오늘 그 유혹의 싹을 완전히 제거할 힘이 있는데, 왜 내일까지 미루어서 그 유혹을 뿌리치려고 하는가?

자, 다윗은 아드레날린과 도파민과 노르에피네프린이 마구 분비되어 유혹을 뿌리치기가 거의 불가능해지기 전에 어떻게 했어야 할까? 그는 죄의 대가를 심각하게 고려해야 했다. 유혹을 받는 순간, 그는 아마도 이렇게 생각했을 것이다. '저 여인을 초대하고 싶어. 그냥 이야기만 나눌 거야. 둘 다 무료함을 달래고, 좋지 뭐. 저 여자도 남편이 전쟁터에 나가 있으니 외로울 거야. 저 여인을 쳐다보기만 해도 좋을 것 같아. 저 여인도 왕의 손님으로 초대를 받으면 가문의 영광으로 여기겠지. 잠깐 같이 노는 것으로 끝이야. 불미스러운 일은 없을 거야.'

하지만 유혹을 받기 전에 그는 자신에게 이렇게 물을 수도 있었다. "무엇이 잘못될 수 있을까? 최악의 시나리오를 생각해 보자. 그런 일이 실제로 일어나면 어떡하지?" 그랬다면 다음과 같은 사실을 깨달았을지도 모른다.

- 남의 아내인 밧세바와 육체적 관계를 맺게 될 수도 있다.
- 내가 밧세바의 삶을 망가뜨릴 수도 있다.
- 밧세바가 임신을 할 수도 있다.
- 내가 밧세바의 무고한 남편을 죽여 불륜 사실을 은폐하려고 할 수도 있다.
- 내 신하가 나의 죄를 보고 하나님께 대한 나의 헌신에 의문을 제기할 수도 있다.
- 내 군대의 장수들에게 이 사실을 들켜 나는 국가 지도자로서 신망을 잃을 수도 있다.
- 오랫동안 죄책감에 시달리고, 하나님에게서 분리된 기분을 느낄 수도 있다.
- 아기가 죽을 수도 있다.
- 내 다른 자식들이 반역을 일으킬지도 모른다.

- 앞으로 오랫동안 내 가문에 비극의 그림자가 드리울 수 있다.
- 이 이야기가 역사에 기록되어 내 수치가 만천하에 드러나고 이 일이 내 유산의 일부가 될 수 있다.

다윗은 최악의 시나리오를 고려하지 않았던 것이 분명하다. 그는 그 시나리오를 고려했어야 했다. 왜냐하면 그 시나리오가 실제로 일어났기 때문이다. 다윗이 죄로 인해 치르게 될 대가를 심각하게 고려하기로 미리 결정했다면 애초에 지붕 위에 올라가 어슬렁거리지 않았을 것이다. 혹은 밧세바를 우연히 봤더라도 얼른 고개를 돌렸을 것이다.

죄로 인한 최악의 시나리오

나는 다윗처럼 실수하고 싶지 않다. 그래서 나는 최악의 시나리오를 생각한다. 예전에 내가 다니던 교회의 목사님은 민수기 32장 23절을 인용해서 내게 이렇게 말씀하셨다. "크레이그, 자네가 죄를 지으면 그것은 하나님께 죄를 짓는 거라네. 그리고 죄가 반드시 자네를 찾아낼 줄 알아야 해."

목사님 말이 옳았다. 그래서 이제 나는 나에게 이렇게 묻는다. "무엇이 잘못될 수 있을까? 최악의 시나리오를 생각해 보자. 그런 일이 실제로 일어나면 어떡하지? 내가 아내에 대한 신의를 저버리면 어떤 일이 생길까?" 이것은 생각만으로도 힘든 일이다. 종이에 타이핑하기는 더더욱 괴롭다. 그래도 계속해 보겠다.

- 하나님의 마음을 아프게 할 것이다.
- 가장 친한 친구이자 평생 내 곁을 지키며 내게 과분한 사랑을 쏟아 준 여인의 신뢰와 존경을 잃을 것이다.
- 내 여섯 자녀, 그 아이들의 배우자들, 내 손주들은 더 이상 나를 하나님의 사람으로 존경하지 않을 것이다.
- 나를 목사로서 신뢰하던 수많은 사람들이 더 이상 나를 존경하지 않을 것이다. 나는 한순간의 어리석음 때문에, 그들이 예수님을 향해 더 성장하도록 돕기 위해 사용해야 할 나의 신뢰성과 영적 권위를 잃을 것이다.
- 5분간 지은 죄가, 예수님을 따르며 살아온 내 평생을 망칠 수 있다.

따라서 나는 죄로 인한 최악의 시나리오를 생각하기로 미리 결정했다. 이런 사전 결정은 내가 지붕에 올라가지 않도록 해 준다. 당신은 어떤가? 무엇이 잘못될 수 있는지 스스로 돌아보았는가? 실제로 많은 일이 잘못될 것이기 때문이다. 당신이 금지된 선에 너무 가까이 다가가고, 결국 유혹에 넘어가 무너질 때 벌어질 수 있는 최악의 상황은 무엇인가?

- 죄가 드러날 것이다. 죄는 언제나 만천하에 드러나게 되어 있다.
- 평판, 사역, 온전한 삶을 잃게 된다.
- 직장이나 사랑하는 사람을 잃을 수 있다.
- 재정이나 가정이 파탄 날 수 있다.
- 자녀가 분노할 수 있다.
- 배우자가 떠날 수 있다.

- 계속해서 죄를 지으면, 당신을 위한 하나님의 뜻을 놓칠 수 있다.

유혹의 목소리는 이런 것을 귀띔해 주지 않고 우리를 기만한다. 하지만 이것은 엄연한 사실이다. 우리가 죄를 방치하면 유혹은 결국 이런 상황으로 우리를 이끈다.

하지만 우리는 그렇게 하지 않을 것이다.

우리는 사전 결정의 힘으로 이에 대비할 것이다.

우리는 선을 다시 정할 것이다.

우리는 최악의 시나리오를 생각할 것이다.

그리고 우리는 피할 길을 마련할 것이다.

5.

유혹을 피할
비상구
마련하기

우리는 피할 길을 준비해야 한다.

1897년 한 잡지에 셜록 홈즈 소설의 저자인 아서 코난 도일 경에 관한 이야기가 소개되었다. 코난 도일은 털어서 먼지 안 나는 사람은 없다는 이론을 시험하려고 한 교회의 존경받는 부주교에게 익명의 전보를 보냈다. "모든 것이 발각되었소. 속히 도망치시오." 부주교는 그날로 사라졌고, 이후로 아무도 그에 관한 소식을 들은 사람이 없다고 한다.[10]

이것이 실화든 아니든, 요지는 분명하다. 역사 내내 수많은 사람들이 자신의 죄가 발각된 후에, 혹은 죄를 폭로하겠다는 협박을 받고 나서 도망쳤다. 하지만 그들과 달리 우리는 죄로부터 도망쳐야 한다. 우리는 유혹을 받을 때 어떻게 도망칠지 사전에 결정해 두어야 한다.

성경을 보면, 요셉은 그렇게 했다. 형들은 요셉을 노예로 팔았고, 그로 인해 요셉은 바로의 친위대장인 보디발의 집에서 일을 하게 되었다. 창세기 39장을 보면 요셉은 용모가 빼어나고 아름다웠다(6절). 그랬기 때문에 성경은 이렇게 말한다. "그 후에 그의 주인의 아내가 요셉에게 눈짓하다가 동침하기를 청하니"(7절). 보디발의 아내가 요셉에게 수작을 걸었다. 보디발의 아내는 작전을 짜지도 않고 다짜고짜 들이댔다. "나랑 자자!"

요셉이 그 유혹에 굴복하기가 얼마나 쉬웠을지 상상해 보라. 다윗의 상황과 달리, 보디발의 아내는 이 일을 쉽게 숨길 수 있었다. 그리고 다음과 같이 생각하며 요셉도 자기가 죄짓는 것을 정당화할 수 있었다.

> "나는 아무런 잘못도 안 했는데 형들이 나를 노예로 팔았어. 이렇게 억울한 상황이니 조금은 즐겨도 괜찮아."
>
> "여긴 내 고향도 아니고 지금은 나 혼자야. 아무도 이 일을 모를 거야."
>
> "저 여자가 먼저 추파를 던졌어. 그러니까 그냥 해 버릴까?"
>
> "하나님은 내가 원하는 대로 해 주시지 않았어. 그런데 내가 왜 하나님이 원하시는 대로 해야 해?"

나는 항상 우리 아이들에게 힘들다는 핑계로 불순종을 정당화하지 말라고 말한다. 하지만 그렇게 하기가 쉽지 않은가? 당신도 그렇게 한 적이 있는가? "배우자가 나를 만족시켜 주지 않아. 다른 곳에서라도 즐거움을 찾아야겠어." "사장이 정당한 월급을 주지 않아. 그러니 회삿돈을 조금만 내 주머니에 따로 챙겨야겠어."

요셉도 보디발 아내의 요구에 응하는 것을 정당화할 수 있었다. 하지만 그는 자신의 삶으로 하나님께 영광을 돌리기로 이미 결정한 상태였다. 그래서 여주인이 추파를 보내자 단호하게 거절했다. 요셉은 그녀의 남편과 하나님께 죄를 지을 수 없다고 딱 잘라 말했다. 그는 유혹의 순간이 오기 전에 죄의 결과를 미리 예상했다. 그는 여주인의 머리칼 냄새 맡는 죄를 피하기 위해 이미 선을 다시 정한 상태였다.

요셉은 유혹을 뿌리쳤다. 그래서 어떻게 되었을까? 그가 같은 유혹을 다시는 받지 않았을까? 전혀 아니다. 보디발의 아내는 매일같이 수작을 걸었다. 날마다 추파를 던졌다. 매일같이 마귀가 우리를 공격하는 것처럼 말이다. 원수가 끊임없이 우리를 공격하고 있기 때문에 우리는 준비를 해야 한다. 하나님의 도우심으로 도망갈 계획을 해야 한다.

요셉은 그렇게 했다. 그가 유혹을 뿌리칠 만큼 강했다고 생각하기 쉽다. 전혀 그렇지 않다. 명심하라. 우리 중 누구도 그렇게 강하지 못하다.

요셉은 강하지 못했다. 다만 준비가 되어 있었다. 요셉은 도망을 계획할 만큼 지혜로웠다.

하루는 보디발의 아내가 또다시 요셉에게 접근했는데, 이번에는 말로 유혹하는 대신 그의 옷을 잡아 찢으려고 시도했다. 그래서 요셉이 어떻게 했을까? 이렇게 생각했을까? '이번에는 어쩔 수 없이 유혹에 넘어가게 될 것 같아.' 전혀 아니다. 그는 몸을 돌려 달아났다. 그는 자신의 옷을 버린 채 집 밖으로 도망쳤다. 그는 좋은 옷을 갖는 것보다 좋은 평판을 유지하는 편이 더 낫다는 것을 알았다. 그는 평생 하나님께 영광을 돌리며 사는 것이 잠깐 쾌락을 즐기는 것보다 낫다는 것을 알았다.

그래서 그는 미리 결정했다. "그녀가 나를 붙잡으면, 나는 도망친다."

도망쳐야 한다

우리도 요셉처럼 해야 한다. 유혹을 받으면 그냥 넘어가는 것 외에 달리 선택할 길이 없어 보일 때가 많다. 우리는 너무 약하고, 유혹은 너무 강해 보인다. 자신이 한없이 약하게 느껴질 때 다음의 진리를 기억하라. "… 하나님은 미쁘사 너희가 감당하지 못할 시험당함을 허락하지 아니하시고 시험당할 즈음에 또한 피할 길을 내사 너희로 능히 감당하게 하시느니라"(고전 10:13). NASB 성경은 이 구절에서 "도망"(escape)이란 표현을 사용한다. "시험을 당할 즈음에 또한 도망칠 길을 내사."

하나님은 우리에게 피할 길을 주신다. 우리는 그 길로 도망쳐야 한다. 성경은 이렇게 말한다. "음행을 피하라…"(고전 6:18). "또한 너는 청년의 정욕을 피하고 주를 깨끗한 마음으로 부르는 자들과 함께 의와 믿음과 사랑과 화평을 따르라"(딤후 2:22). 우리는 싸우기만 하는 것이 아니라 도망치기도 해야 한다. 단, 무턱대고 도망쳐서는 곤란하다. 나중에 닥칠 모든 유혹에 대비해서 탈출로를 미리 정해 두어야 한다.

다음번에 영화관에 가거든 영화가 시작하기 직전에 불이 다 꺼져서 깜깜해지는 순간을 놓치지 마라. 영화관 어딘가에 '비상구'라고 적힌 작은 사각형 표지판이 빛나는 것을 볼 수 있을 것이다. 평소에 우리는 그 표지판에 별로 신경 쓰지 않지만 위기 상황이 생겼을 때 그 표지판 쪽으로 가야 무사히 빠져나갈 수 있다.

갑자기 앞이 깜깜해지는 상황이 닥칠 때 하나님은 우리가 무사히 빠져나갈 수 있는 비상구를 보여 주겠노라 약속하신다. 미리 결정해 두는 삶이란 불이 꺼지기 전에 하나님의 표지판을 찾아 두는 것과 같다.

킬러 초콜릿의 공격

당신이 건강한 식습관을 기르려 한다고 해 보자. 찬장을 여니 큼지막한 초콜릿 봉지가 보인다. 어떻게 할 것인가?

1) 재빨리 포장지를 까서 먹는다. (초콜릿은 언제나 맛있다.)
2) 봉지를 열어 초콜릿을 모조리 공중에 던진 다음 눈을 감고 입을 크게 벌린 채 초콜릿이 하나라도 입 안으로 들어오면 그것을 먹는 것이 하나님의 뜻이라 여긴다.
3) 미리 정한 탈출로로 도망친다.

나는 3번만이 효과적인 계획이라고 말하고 싶다. 자, 당신에게 묻고 싶다. 초콜릿의 유혹에서 도망치기 위한 탈출 계획을 갖고 있는가? (내게는 초콜릿이 진짜 심한 유혹이다. 슈퍼맨에게는 크립토나이트가 있다. 나의 크립토나이트는 초콜릿이다.)

먹지 말아야 할 것을 자꾸 먹게 된다면, 이제 어떻게 해야 할지 사전에 결정해야 한다. 나는 도움을 구하기로 미리 결정했다. 그런 유혹을 받을 때 내가 정한 탈출구는, 내 친구에게 전화를 거는 것이다. 나는 죄가 어둠 속에서 가장 잘 자란다는 사실을 안다. 그래서 나는 죄를 빛 가운데로 끄집어낸다. 죄는 노출되면 힘의 상당 부분을 잃는다. 그래서 나는 누군가에게 전화를 건다. 그 사람은 나를 위해 기도해 주고, 내가 그 초콜릿을 어떻게 했는지 나중에 다시 물어봐 준다.

혹시 이런 생각을 하고 있는가? '정말인가? 초콜릿을 먹지 않기 위해서 그렇게까지 해야 하는가?' 그렇다. 남들은 별일 아니라고 말해도 나는 내 건강에 진심이기 때문에 탈출구를 미리 정했다.

우리가 유혹을 받을 때, 언제나 신실하신 하나님은 우리가 감당할 수 있는 수준 이상의 시험을 받게 하시지 않는다. 그리고 하나님은 매번 탈출구를 주신다. 그러니 미리 결정하라.

- 유혹을 완전히 피하기 위해 선을 다시 정하라.
- 유혹이 힘을 잃도록 최악의 시나리오를 생각하라.
- 유혹이 닥칠 때 정확히 어떻게 피해야 할지 탈출로를 짜 놓으라.

자기 인생을 망치고 싶은 사람은 아무도 없지만 많은 사람이 인생을 망치고 있다. 그런 사람들은 자기 인생을 망치지 않기 위한 계획을 세우지 않기 때문이다. 따라서 우리는 인생을 망치지 않기 위한 길을 미리 결정해야 한다.

6.
취약점을 인정하고
하나님께로
피하다

우리의 영적인 적은 비효과적으로, 혹은 아무렇게나 공격하지 않는다. 놈은 우리의 가장 약한 부위를 치기 위한 전략적 계획을 세운다. 그렇기 때문에 우리는 자신의 가장 약한 부분을 알아야 한다. 당신은 어떤 부분에서 가장 취약한가?

당신은 어떤 죄를 정당화하고 있는가?

교만인가?

돈에서 안정을 찾거나 돈다발이 주는 사치스러운 삶을 사랑해서 금전적인 영역에서 타협하고 있는가?

자신을 실제보다 더 낫게 보이고 싶어 거짓말을 하는가?

누군가를 나쁜 사람으로 보이게 하고 자신은 좋은 사람으로 보이게 하려고, 그 사람에 관해 험담을 하는가?

정죄하는가? 지나치게 비판적인가?

마음속에 원망과 원한을 품고 있는가?

어떤 무리에 들어가기 위해 정직함을 버렸는가?

성적 유혹에 굴복하고 있는가?

하나님에 대해서 믿음이 없는가? 한때는 하나님을 향한 열정으로 타올랐지만 지금은 미지근한가?

약점이 무엇이든 준비해야 한다. 우리의 적은 준비가 되어 있기 때문이다. 놈은 우리의 가장 약한 부분을 공격할 준비가 되어 있다. 아직 준비되지 않았다면 놈은 반드시 준비할 것이다. 이미 준비되어 있다면 다시 한번 더 철저히 준비할 것이다. 보디발의 아내처럼 놈은 끊임없이 우리를 공격할 것이다.

그러니 준비하라.

앞서 말했듯이 나는 평생 아내에 대한 신의를 지키며 살겠노라 결심했다. 하지만 배우자에 대한 신의를 끝까지 지키지 못한 사람들이 내 주변에도 있다. 그들을 보면서 나는 절대 유혹에 넘어가지 않으리라 자신할 수 없음을 깨달았다. 그래서 내가 어떻게 했을까?

나는 선을 다시 정했다. 나를 유혹할 소지가 있는 것들 혹은 내가 유혹을 받고 있다는 인상을 줄 수 있는 것들을 제거하기로 사전에 결정했다. 구체적으로 나는 이렇게 결심했다.

나는 절대 여성과 단 둘이 있지 않는다. (어떤 이들은 지나치다고 비판한다. 마음대로 생각해도 좋다. 내 아내는 이것을 좋게 여기고, 내게는 그것이 가장 중요하다.)

나는 혼자 여행하지 않는다.

노트북과 휴대폰까지 나의 모든 전자 기기는 잠금 설정이 되어 있지 않아서 아무나 볼 수 있다. 나는 성인 콘텐츠를 차단했다. 꽤 많은 사람이 내 비밀번호들을 알고 있어서 내가 무엇을 봤는지 확인할 수 있다. 나는 SNS나 문자, 이메일로 쓴 모든 글을 공개한다. 나는 앱을 다운로드할 수 없다. 정말이다. 나 외에 다른 사람이 대신 해 주어야 한다. 때로 답답하기는 하다. 한번은 아들과 여행하면서 열기구(hot-air balloon)를 빌리려고 했다. 하지만 검색어에 '핫'(hot)이 들어가서 빌릴 수가 없었다. 하지만 어떤 순간에 내 삶을 망치느니 열기구 체험을 포기하는 편을 선택하겠다.

나는 준비되어 있다. 나는 마귀가 공격해 올 것이라는 사실을 안다. 나는 내가 생각하는 것보다 더 죄를 짓기 쉬운 사람이고, 스스로 생각하는 것만큼 강하지 않다는 것을 잘 알고 있다. 그래서 오늘 유혹의 싹을 제거할 힘이 내게 있는데 군이 미루어 나중에 유혹을 뿌리치려고 하지 않을 것이다.

마귀가 우리를 공격할 것이다. 마귀가 우리의 기쁨과 평안을 앗아 가고, 우리의 부부 관계와 친구 관계를 무너뜨리고, 우리의 평판과 믿음의 증언을 훼손하려고 할 것이다.

그러니 깨어서 기도하라. 경계하라. 우리는 자신이 생각하는 것만큼 강하지 않다. 2장으로 넘어가기 전에 잠시 멈추고 지금까지 다룬 내용을 마음 깊이 새기기 바란다. 다음 질문을 자신에게 던지라. 그리고 용기를 내서 솔직히 답하기를 바란다.

- 나는 어느 부분에서 약한가?
- 나는 어느 부분에서 공격을 당하기 쉬운가?

- 남들이 알면 낯 뜨거울 만한 짓을 하고 있는가?
- 나는 어느 영역에서 금지된 선에 너무 가까이 접근해 있는가?
- 내가 지금의 방향으로 계속해서 가면 일어날 수 있는 최악의 상황은 무엇인가?

명심하라. 우리는 솔직해지는 만큼만 강해질 수 있다.

자, 진실의 순간이다.

마귀의 공격에 어떻게 맞설 것인가?

선을 다시 정하기로 미리 결정하라.

최악의 시나리오를 생각하라.

피할 길을 마련하라.

그리고 지금 이 순간 당신에게 피할 길을 주시는 하나님께 감사하라.

나는 거룩함을 지키고 있는가?

1. 삶의 어떤 영역에서 유혹이 계속해서 당신을 죄로 이끌고 있는가?

2. 우리는 사탄을 진짜 적으로 심각하게 여겨야 한다. 당신은 사탄을 이해하기 위해서 문화(사람들이 하는 말), 교단(교회가 하는 말), 성경의 시각(성경이 하는 말) 중 어떤 것을 채택하고 있는가?

3. 당신의 삶에서, 자신의 의지를 과신해서 오히려 유혹을 피하지 못하고 있는 영역이 있는가?

4. 지금까지 당신이 답한 것으로 볼 때 당신이 금지된 선에 너무 가까이 가 있는 영역은 어디인가? 당신의 삶이 망가지지 않도록 그 선을 어떻게 다시 정해야 할까?

5. 죄의 대가를 확대해서 생각하는 법을 배웠으니 이제 그 유혹을 피할 수 있는 길을 구체적으로 만들어 보라.

6. 모든 유혹이나 죄에 대해 다음 세 단계를 지속적인 습관으로 삼으라.

   • 선을 다시 정하라. 선을 올바로 정하기 위한 구체적인 행동 단계를 적으라.

   • 죄의 대가를 확대해서 생각하라. 최악의 시나리오를 써 보라.

   • 피할 길을 마련하라. 죄의 유혹을 피하기 위한 단계를 적으라.

2장

"그들이 사도의 가르침을 받아 서로 교제하고
떡을 떼며 오로지 기도하기를 힘쓰니라"
_ 사도행전 2:42

◆

"나는 하나님을
최우선으로 섬길 것이다"

내게 전부를 주신 하나님께 의지를 가지고 헌신하기로 미리 결정하다

1.

나는
풀타임 제자인가,
파트타임 제자인가

우리 부부가 결혼하고 처음 산 집은 1910년에 지어진 정말 작은 집이었다. 집 전체에 벽장이 단 두 개밖에 없었는데, 그것도 크기가 신발 상자만큼 작았다. 벽장에 셔츠와 바지 몇 벌을 걸고 나면 끝이었다. 더 이상의 공간이 없었다. 벽장 바닥에 신발 두세 켤레를 놓으니 꽉 찼다. 커다란 개 사료 봉지, 보드게임, 사진 앨범, VHS 테이프(당시는 1990년대 초였다), 롤러블레이드(역시 1990년대), 변기 압축기, 겨울 옷가지들은 어떻게 했을까?

문제없었다. 이 작은 집에는 작은 지하실이 있었다. 우리는 그 공간을 모든 것을 보관하는 창고로 사용했다. 이 방법은 잘 통했다. 그곳에서 처음 폭우를 맞이하기 전까지는 말이다.

우리는 저녁에 밖에 나갔다가 폭우를 뚫고 조심스럽게 운전해서 무사히 집으로 돌아왔다. 그런데 집 안에 들어가 보니 지하실에 물이 1미터 높이까지 차 있었다. 부동산 중개업소에서는 그 집의 지하실이 1년에 몇 번씩 물에 잠긴다는 사실을 우리에게 말해 주지 않았다. 우리는 물 위로 둥둥 떠다니는 개 사료와 보드게임, 사진 앨범, 롤러블레이드를 보고 입을 다물지 못했다.

물속에 들어가니 물이 허리까지 찼다. 변기 압축기가 내 옆으로 떠내려 왔다. 그것을 집어서 물을 퍼낼까 생각했지만 어디서부터 시작해야 할지 몰랐다. 그때 몇 발자국 떨어진 안전한 곳에서 나를 지켜보던 아내는 전에 살던 주인이 지하실에 배출 펌프를 두고 갔다는 사실을 상기시켜 주었다. 나는 한참 손을 더듬어 펌프를 찾아냈다. 그것을 물 밖으로 꺼내 배출구가 어디에 있는지 살폈다. 그때 바로 머리 위의 서까래에서 대롱거리는 연장 코드가 눈에 들어왔다. 어떻게든 배출 펌프를 가동시켜야 했고, 그러기 위해서는 전력이 필요했다. 여전히 허리까지 물이 찬 상태이니 위험하다는 것을 알았지만 전원을 연결하지 않고서는 달리 방법이 없었다.

무조건 해야 한다는 생각이 들었다. '재빨리, 정말 빨리 꽂으면 감전되지 않을 거야.' 나는 재빨리 기도를 드리고 나서 펌프 코드의 철심 두 개를 연장 코드의 두 구멍에 밀어 넣었다.

선이 연결되자 전기가 통했다. 전기가 통했음을 내가 안 이유는 수십억 개 전자가 내 몸을 통과했기 때문이다. 엄청난 전기가 코드를 통해 내 몸 속으로 들어왔다. 무지막지한 충격이 내 뇌의 언어중추에서 오랫동안 사용하지 않은 단어(아주 나쁜 단어)가 저장되어 있던 특정한 뉴런을 자극한 것이 분명하다.

몇 천 분의 1초 뒤, 엄청난 전류가 내 안에 있던 더러운 말을 내 입 밖으로 밀어냈다. 불행히도 그 말은 한 번만 나오고 끝이 아니었다. 내 몸을 통과하는 엄청난 볼트의 전기 때문인지 모르겠지만 마치 드라마 한 편이 방영되는 시간처럼 느껴질 만큼 그 말은 긴 시간 동안 계속해서 반복되었다.

나는 고개를 들어, 경악으로 일그러진 아내의 표정을 보았다. 목사 남편이 모든 나쁜 말의 뿌리가 되는 말을 동네가 떠나가라 큰소리로 외치고 있으니 놀랄 만도 했다. 나는 아내의 얼굴에서 두려움도 보았다. 아내는 내가 죽기 전에 그 말을 마지막으로 내뱉은 것이라 생각했던 것이 분명하다.

파트타임 제자

보다시피 우리 집에는 부동산 중개업소가 인정하지 않았던 문제가 표면 아래에 숨어 있었다. 그리고 내 안에는 내가 인정하지 않은 문제가 표면 아래에 숨어 있었다.

내가 뱉은 나쁜 말은 진짜 문제가 아니었다. 그것은 내면에 숨은 진짜 문제가 겉으로 드러난 증상이었을 뿐이다. 우리 집 지하실과 마찬가지로, 내 안의 깊은 곳에는 내 마음에 스며든 뭔가가 있었다. 그것을 빨리 다루지 않자 곧 범람해서 더 큰 문제를 일으켰다. 그 충격적인 순간에 나는 정신이 번쩍 들었다. 하나님을 향한 나의 헌신이 그냥 시늉에 불과했다는 사실을 깨달았다.

예수님의 제자로서 우리는 그분을 우선시해야 한다는 것을 안다. 친구의 인스타그램 프로필에서 "하나님이 첫 번째"라는 문구를 본 적이 있을 것이다. 하지만 이 말은 단순히 SNS에 올리기에 좋은 표현이 아니라 성경에 나온 개념이다. 이 말은 그냥 성경에 나오는 개념 정도가 아니라 중심 주제다. 마태복음만 봐도, 이 주제에 관한 예수님 말씀이 다음과 같이 많다.

"한 사람이 두 주인을 섬기지 못할 것이니 혹 이를 미워하고 저를 사랑하거나 혹 이를 중히 여기고 저를 경히 여김이라 너희가 하나님과 재물을 겸하여 섬기지 못하느니라"(마 6:24).

"그런즉 너희는 먼저 그의 나라와 그의 의를 구하라 그리하면 이 모든 것을 너희에게 더하시리라"(마 6:33).

"예수께서 이르시되 네 마음을 다하고 목숨을 다하고 뜻을 다하여 주 너의 하나님을 사랑하라 하셨으니"(마 22:37).

"아버지나 어머니를 나보다 더 사랑하는 자는 내게 합당하지 아니하고 아들이나 딸을 나보다 더 사랑하는 자도 내게 합당하지 아니하며 또 자기 십자가를 지고 나를 따르지 않는 자도 내게 합당하지 아니하니라"(마 10:37-38).

왜 하나님을 첫 번째로 삼아야 할까? 그것은 마치 자동차의 경우와 같다. 자동차 제조업체는 연료 탱크에 기름을 넣으라고 말한다. 우리는 여기에 토를 달지 않는다. "도대체 왜 그러는 거야? 왜 자꾸만 연료 탱크에 기름을 넣으라고 고집을 부리는 거야?" 우리는 그렇게 말하지 않는다. 우리는 그것이 자동차가 작동하는 방식이라는 점을 이해한다.

'우리'가 제대로 작동하기 위한 방식은 하나님을 삶의 중심에 모시는 것이다. 하나님을 첫 번째로 삼고 그분을 중심으로 살아야 한다. 그렇지 않으면 항상 공허함을 느끼게 된다. 계속해서 새로운 뭔가를 찾게 된다.

하나님을 첫 번째로 삼지 않으면 나머지 모든 것이 제대로 작동하지 않는다. 셔츠를 입다가 잘못해서 첫 번째 단추를 두 번째 단춧구멍에 끼운 적이 있는가? 계속해서 단추를 끼우다 마지막에 가서 "이런, 다 틀렸어"라고 깨닫게 된다. 셔츠 입는 일을 완전히 망쳐 버린다. 왜일까? 첫 단추를 두 번째 단춧구멍에 끼우면 계속해서 나머지 단추가 엉뚱한 구멍에 들어간다. 마찬가지로, 하나님을 첫 번째로 삼지 않고 다른 뭔가를 가장 높은 곳에 두면 모든 것이 잘못된다. 결국 엉망이 된 삶을 보며 왜 그렇게 되었는지 모르겠다며 머리를 긁적인다.

하나님을 첫 번째로 삼지 않으면 다른 뭔가를 첫 번째로 삼게 된다. 하지만 다른 어떤 것도 우리 삶의 가장 중요한 자리가 주는 압박을 감당해 낼 수 없다.

- 일을 가장 중요한 것으로 삼으면, 일은 반드시 우리를 실망시킬 것이다.
- 가정을 가장 중요한 것으로 삼으면, 가정이 흔들릴 것이다.
- 자녀와 그들의 성공을 최우선시하면 그들은 그 기대의 무게에 힘들어할 것이며, 아마도 당신을 실망시킬 것이다.
- 행복을 최우선시하면 평생 불만족에 시달릴 것이다. 하나님 없이는 결코 참되고 오래 가는 행복을 얻을 수 없기 때문이다.

하나님 외에 다른 어떤 것에게도 첫 번째 자리는 너무 부담되는 자리다. 하나님은 이것을 아신다. 그래서 우리에게 그분을 첫 번째 자리에 두라고 말씀하신다.

그런데 나는 하나님을 첫 번째로 삼지 않았다. 나는 그리스도인이고 목사였다. 하지만 어쩌다 보니 예수님을 좇는 데 충성스럽게 헌신하기보다 의무적일 때가 많았다. 성경책을 읽지만 설교를 준비하기 위해서만 읽었다. 기도는 했지만 주로 교회 예배 때 하는 대표 기도 정도였다.

내가 전기가 흐르는 물에 허리까지 빠져 있을 때 하나님은 그릇된 방향으로 가는 내 삶을 멈추게 해 줄 뭔가를 깨우쳐 주셨다. 하나님이 내 귀에 들리게 말씀하시지는 않았지만 내 마음에 들려온 소리는 귀에 들리는 소리보다 더 크게 느껴졌다. 하나님은 내게 다음과 같은 사실을 알려 주셨다.

나는 풀타임 목회자이지만 예수님의 파트타임 제자였다.

나는 예수님께 헌신하는 대신, 사람들의 비위를 맞추고 그들에게 '영적'인 사람이자 '좋은 목사'로 보이는 데 더 신경을 썼다. 나는 '내가' 원하는 것을 하는 데만 열을 올렸다. 하지만 예수님께 온전히 헌신하지는 않았다. 여기서 잠시 여러분도 자신을 돌아보며 다음 질문에 솔직히 답해 보기를 바란다.

당신은 예수님을 충성스럽고도 열정적으로 좇고 있는가?

당신은 예수님을 첫 번째로 삼고 있는가? 전심으로 그분을 따르고 있는가? 아니면 예전의 나와 비슷한가?

당신이 풀타임 엄마인 동시에 예수님의 파트타임 제자라는 사실을 깨닫게 되었는가? 혹은 풀타임 학생이지만 예수님께는 부분적으로만 헌신하는 파트타임 제자인가? 자신의 사업이나 운동, 유튜브 채널 관리, 요즘 유행하는 별난 스타일의 외모에는 더없이 신경을 쓰지만 정작 우리를 온전히 사랑하시는 분께는 헌신하지 않고 있을 수 있다.

정직하게 자신을 돌아보니, 당신이 예전만큼 하나님께 헌신하지 않고, 그분과 가깝지 않고, 그분과 친밀하지 않다는 사실을 깨달았는가? 혹은 당신이 그분의 임재, 지속적인 인도하심, 초자연적인 능력을 느끼면서 그분과 진정으로 친밀히 동행한 적이 애초에 없었다는 사실을 인정할 수밖에 없는가?

우리는 하나님께 온전히 헌신하기를 원한다. 하지만 그것이 왜 그토록 힘들까?

생각해 보면 답은 분명하다. 누구도 우연히 예수님과 가까워질 수는 없다. 그렇지 않은가? 이렇게 말하는 사람을 본 적이 있는가?

- 영적으로 성장할 생각이 없었는데 어쩌다 보니 요즘 영적으로 전에 없이 성장했다.
- 갑자기 하나님 말씀이 이해되고 그분의 임재를 경험하고 있는데, 어찌된 영문인지 모르겠다.
- 내 일만 열심히 했는데 갑자기 영적인 능력과 그리스도에 대한 믿음이 충만해졌다.

우연히 예수님과 친밀해지는 일은 없다. 따라서 우리는 미리 예수님께 온전히 헌신하기로 결정하기로 선택해야 한다.

나는 하나님을 최우선으로 섬길 것이다.

하나님이 어떤 분이시며 나를 위해 어떤 일을 하셨는지를 생각하면, 나는 그분을 위해서 무슨 일이든 하고 무엇이든 기꺼이 포기할 수밖에 없다.

하나님이 첫 번째다. 하나님이 우리 삶의 첫 번째 자리에 앉으시는 것이 마땅하다. 하나님은 하나님이시기 때문이다. 하나님이 어떤 분이신지를 알면 그분을 첫 번째로 삼을 수밖에 없다.

나는 하나님께 헌신할 것이다.

2.

돈과
시간과 마음을
어디에 쓰는가

내가 어릴 적에 우리 가족은 이사를 자주 다녔다. 새로 이사한 곳에서 나는 멋진 친구이고 싶었다. 멋진 친구가 되려면 멋진 친구들과 어울려야 한다. 그래서 나는 새로운 학교에 가면 마치 탐정처럼, 멋진 친구의 조건에 맞는 아이가 누구인지 그 단서를 찾아다녔다.

6학년 때는 "너희 집에 아타리(Atari) 게임기 있어?"라고 물었다. 상대방이 그렇다고 대답하면 정말 중요한 그다음 질문을 던졌다. "친구, 무슨 게임 좋아해?" 나는 '피트폴!'(Pitfall!)이나 '동키콩'(Donkey Kong), '아스테로이즈'(Asteroids)라는 답을 듣고 싶었다. 그런데 "그게 뭐야? 미즈 팩맨(Ms. Pack-Man)은 어때?"라고 대답하면 아웃이었다. 미즈 팩맨의 머리카락에는 나비 머리핀이 달려 있었다! 미즈 팩맨을 좋아한다는 것은 멋진 아이가 아니라는 단서였다.

중학교 2학년 때는 좋아하는 밴드에 따라 멋진 친구인지 아닌지가 갈렸다. 건즈 앤 로지스(Guns N' Roses)의 "정글에 온 걸 환영해, 친구. 너는 멋지니까 우린 친구가 될 거야"를 좋아한다면 당연히 멋진 친구였다. 하지만 바나나라마(Bananarama)의 팬이라면 그 아이는 멋지지 않다는 확실한 증거였다. 좋은 밴드는 과일 이름으로 밴드 이름을 짓지 않으니까 말이다! 이것이 내가 상대방이 멋진 사람인지를 판단한 방식이었다.

그렇다면 우리가 예수님께 헌신하고 있는지 알 수 있는 단서는 무엇일까?

헌신하지 않았다는 증거

하나님께 진정으로 헌신하지 않는 사람들은 하나님에 대해 자주 생각하지 않으며, 뭔가 필요할 때만 하나님을 찾는 경향이 있다. 그들에게 하나님은 일종의 패스트푸드 드라이브스루 식당이다. 그러니까 평소에는 신경도 안 쓰다가, 필요할 때 눈앞에 있으면 좋은 것이다. 잠깐 차를 세우고 자기 원하는 것을 재빨리 주문할 수 있어서 좋다. 하지만 주문한 음식을 받은 뒤에는 휑하니 가 버리고 나서 다시 필요해질 때까지는 전혀 생각하지 않는다. 하나님을 첫 번째로 삼지 않는 이들은 다음과 같이 한다.

- 하나님께 인정받는 것보다 사람들에게 인정받기를 더 열망한다.
- 예수님께 충성하는 것보다 사람들을 기쁘게 하는 것이 우선순위다.
- 예수님이 필요한 사람들에게, 자신이 믿고 있는 예수님을 좀처럼 전

하지 않는다.

- (사람들에게 혹시 베풀더라도) 여유가 있을 때만 베푼다.
- 뭐든 자신이 원하는 대로 하고 나서, 자신의 죄를 합리화한다.
- 문제가 생길 때만 하나님을 찾는다.
- 영원에 비하면 이생은 겨우 75-80년밖에 안 된다는 것을 알면서도 천국보다 이생에 더 신경을 쓴다.

그들은 세상 사람들과 별반 다르지 않다. 그들은 세상 사람들과 같은 음악을 듣고, 같은 영화를 보고, 같은 언어를 사용하고, 같은 도덕관념을 품고, 같은 방식으로 자녀를 키우고 배우자를 대한다.

헌신했다는 증거

내가 어릴 때는 상대방이 멋진 녀석이라는 증거를 확인하고 싶었다. 당신에게는 하나님께 헌신하고 있다는 증거가 있는가?

1) 마음이 어디에 있는가

하루 종일 무엇을 반복적으로 생각하는가? 우리가 더 많이 생각하는 것들이 있다. 축구 게임일 수도 있고 주식 시장일 수도 있다. 최근 인기 드라마일 수도 있고 복권에 당첨되는 꿈일 수도 있다. 왜 그런 걸 자주 생각할까? 뭔가에 열정을 품으면 자꾸만 그것을 생각하게 되어 있다. 바울은 모든 제자에게 "위의 것을 생각하고 땅의 것을 생각하지 말라"라고 권면한다(골 3:2). 자, 당신은 하루에 하나님에 관한 생각을 얼마나 자주 하는가?

2) 돈을 어디에 쓰는가

우리는 관심 있는 것에 돈을 쓴다. 예수님은 이렇게 말씀하셨다. "네 보물 있는 그곳에는 네 마음도 있느니라"(마 6:21). 돈을 사용하는 모습을 보면 무엇을 우선시하는지가 드러난다. 옷에 돈을 많이 쓰면 패션에 열정적인 사람이다. 콘서트 관람에 돈을 많이 쓰면 라이브 음악을 사랑하는 사람이다. 드라마 〈하이스쿨 뮤지컬〉이나 뉴 키즈 온 더 블록(New Kids on the Block) 피규어 컬렉션에 많은 돈을 쓴다면 괴짜다. 자, 당신은 하나님께 얼마나 많은 돈을 쓰는가? 헌금에 인색해서 하나님 나라에 투자하지 않는 것은 삶 속에서 하나님이 진정으로 첫 번째가 아니라는 증거다.

3) 어떻게 결정하는가

당신이 다른 회사에서 입사 제의를 받았다고 해 보자. 그 직장에 들어가면 다른 도시로 이사해야 한다. 어떤 기준에 따라 결정하겠는가? 대부분의 사람들은 연봉과 생활 여건을 고려할 것이다. 하지만 하나님께 헌신한 사람들은 그분의 뜻을 추구한다. 그들은 어디에서 사는 것이 하나님이 원하시는 바이며 어떤 곳에서 하나님 나라를 위해 가장 큰 영향을 미칠 수 있을지를 분별하려고 노력한다. 당신이 아직 미혼이라면 누구와 결혼할 것인가? 독실한 그리스도인 청년이라면, 매력적인 외모와 유머 감각과 좋은 성격을 가진 사람을 원하면서도 그가 하나님을 첫 번째로 삼는 사람인지를 가장 중요하게 살핀다.

로마서 12장 2절에서 바울은 옳은 마음가짐으로 결정을 내리라고 가르친다. "너희는 이 세대를 본받지 말고 오직 마음을 새롭게 함으로 변화를 받아 하나님의 선하시고 기뻐하시고 온전하신 뜻이 무엇인지 분별하도록 하라."

4) 시간을 어떻게 사용하는가

내 아내가 나의 전부요 세상에서 가장 중요한 사람이라고 말하면서도 내가 사실상 아내와 함께 보내는 시간이 별로 없다면? 그런 나를 보며 당신은 혼란스러울 것이다. '아내를 소중히 여긴다면 당연히 함께 많은 시간을 보내야 하는 것 아닌가?' 맞는 말이다.

하나님을 소중히 여기는 사람은 그분과 시간을 함께한다. 그들은 하나님의 임재를 갈망한다. 그래서 기도하고 성경을 읽고 예배하는 시간을 중요하게 여긴다. 또한 하나님이 기뻐하시는 것들에 시간을 투자한다. 그들은 사람들을 돌보고, 교회에서 봉사하고, 다른 이들에게 복을 나눠 주려 한다.

우리가 받은 시간을 어떻게 사용할지에 관해서도 바울에게 배울 수 있다. "그런즉 너희가 어떻게 행할지를 자세히 주의하여 지혜 없는 자같이 하지 말고 오직 지혜 있는 자같이 하여 세월을 아끼라 때가 악하니라 그러므로 어리석은 자가 되지 말고 오직 주의 뜻이 무엇인가 이해하라"(엡 5:15-17).

5) 무슨 일에 마음이 아픈가

하나님께 헌신하면 그분의 마음을 닮아 간다. 그래서 하나님이 마음 아파하시는 것에 함께 아픔을 느낀다. 자신의 죄에 대해서도 슬퍼하게 된다. 자기 자신의 고통뿐 아니라 자신에게 상처를 준 사람의 고통도 느끼기 때문에 그를 빨리 용서한다. 가난한 사람들에게 관심을 갖고, 버림받은 사람들을 불쌍히 여기며, 불의가 사라지기를 갈망한다.

마태복음 25장 34-40절에서 예수님은 심판에 대해 가르치시면서 이를 심판의 기준으로 제시하신다.

> 그때에 임금이 그 오른편에 있는 자들에게 이르시되 내 아버지께 복 받을 자들이여 나아와 창세로부터 너희를 위하여 예비된 나라를 상속받으라 내가 주릴 때에 너희가 먹을 것을 주었고 목마를 때에 마시게 하였고 나그네 되었을 때에 영접하였고 헐벗었을 때에 옷을 입혔고 병들었을 때에 돌보았고 옥에 갇혔을 때에 와서 보았느니라 이에 의인들이 대답하여 이르되 주여 우리가 어느 때에 주께서 주리신 것을 보고 음식을 대접하였으며 목마르신 것을 보고 마시게 하였나이까 어느 때에 나그네 되신 것을 보고 영접하였으며 헐벗으신 것을 보고 옷 입혔나이까 어느 때에 병드신 것이나 옥에 갇히신 것을 보고 가서 뵈었나이까 하리니 임금이 대답하여 이르시되 내가 진실로 너희에게 이르노니 너희가 여기 내 형제 중에 지극히 작은 자 하나에게 한 것이 곧 내게 한 것이니라 하시고

예수님은 우리가 선행으로 천국에 간다고 말씀하시지는 않지만 그분과 친밀하면 그분이 계신 곳과 그곳에 있는 사람들을 섬긴다고 말씀하신다. 하나님과 친밀한 사람들은 가난한 사람들을 먹이고 나그네들을 돌보고 재소자들을 방문한다. 그들은 이런 일을 쉬지 않고 한다. 마음이 하나

님의 마음과 일치되지 않고서는 이런 사역을 오랫동안 꾸준히 할 수 없다.

하나님께 헌신하고 싶다면?

우리가 하나님께 헌신하지 않는다면 어떻게 될까? 성장하지 못한다. 하나님을 온전히 경험하지 못하고, 하나님이 원하시는 삶을 누리지 못한다. 공허함 속에 살면서도 무엇이 문제인지 몰라 답답해진다.

우리가 하나님께 헌신하면 어떻게 될까? 목적의식과 영적 확신이 커지고 예수님을 점점 더 닮아 간다. 삶이 완벽하지는 않지만, 우리가 완벽하신 하나님께 완벽한 사랑을 받고 있으며 완벽한 곳에서 그분과 함께 살 것이라는 확신을 얻는다. 하나님을 믿고 늘 그분을 생각하면서 그분이 주시는 완벽한 평안을 누린다.

지금은 하나님께 헌신하고 있지 않지만, 이제는 헌신하고 싶다면?

그렇게 할 수 있다. 좋은 소식이 있다. 사전 결정을 내려야 하지만 그 결정대로 사는 것은 우리 자신의 힘에 달려 있지 않다.

3.

예수님께
연결되어
그분 안에서 살기

내가 물이 허리까지 찬 지하실에서 필요한 것을 찾았다고 했던 이야기를 기억하는가? 그것은 배출 펌프였다. 하지만 배출 펌프를 찾는 것만으로는 충분하지 않았다. 그것을 전원에 연결해야 했다. 마침내 전원에 연결하자 기계가 작동했다.

우리는 하나님께 헌신해야 한다. 하지만 그것만으로는 충분하지 않다. 그 헌신을 전원에 연결해야 한다. 그래야 효과가 있다.

예수님은 포도나무, 우리는 가지

앞서 말했듯이 하나님을 향한 온전한 헌신은 저절로 이루어지지 않는다. 이것이 우리가 다음과 같이 하기로 미리 결정해야 하는 이유다.

나는 하나님을 먼저 구할 것이다.

앞서 마태복음 6장 33절을 언급했지만 여기서는 "먼저 그의 나라와 그의 의를 구하"면, 그렇게 하면 "이 모든 것을 너희에게 더하시리라"라는 예수님의 약속을 강조하고 싶다. "이 모든 것"은 무엇일까? 이 구절 직전에서 예수님은 먹고 마시고 입을 것에 대해 걱정하지 말라고 말씀하신다. 우리가 하나님 뜻에 집중하면 하나님이 우리에게 필요한 모든 것을 주실 것이라고 말씀하신다. 하나님을 추구하면 하나님은 우리에게 변화할 힘을 제공해 주신다.

그래서 나는 내가 가진 모든 것으로 예수님을 추구할 것이다.

이런 결정을 내리면 예수님과 연결된 상태에서 살아갈 수 있게 된다.

이것이 예수님이 "수고하고 무거운 짐 진 자들아 다 내게로 오라"(마 11:28)라고 말씀하시는 이유다. 예수님은 "와서, 더 열심히 노력해"라거나 "더는 실패하지 마"라고 말씀하시지 않는다. 예수님은 "나의 멍에를 메고 내게 배우라"라고 말씀하신다(마 11:29). 예수님은 "네가 원하는 삶은 나와 연결될 때 가능하다. 그러니 내게 오라"라고 말씀하신다.

또한 예수님은 말씀하신다. "누구든지 목마르거든 내게로 와서 마시라"(요 7:37). 이번에도 우리는 예수님께로 가야 한다. 그분께 가면 어떤 일이 벌어질까? 예수님은 "그 배에서 생수의 강이 흘러나오리라"(요 7:38)라고 말씀하신다. 내 안에 전기가 흘렀던 것처럼, 우리는 우리 안에서 흐르는 예수님의 능력을 가질 수 있다. 그 방법은 예수님께 나아가는 것이다.

예수님은 요한복음 15장 5절에서 이 점을 분명히 밝히신다. "나는 포도나무요 너희는 가지라 그가 내 안에, 내가 그 안에 거하면 사람이 열매를 많이 맺나니 나를 떠나서는 너희가 아무것도 할 수 없음이라."

예수님은 자신이 포도나무라고 말씀하셨다. 그리고 우리는 가지다. 포도나무는 땅에서 자란다. 가지는 포도나무에서 자라며 포도나무와 하나로 연결되어 있다. 가지가 포도나무에 연결된 상태를 유지하면 필요한 영양분을 공급받아 열매를 맺는다. 포도나무에 연결되어 있지 않은 가지는 아무것도 할 수 없다. 영양분을 공급받을 수 없다. 따라서 열매를 맺지 못한다. 포도나무에서 단절된 가지는 죽은 가지다. 심지어 가지도 아니다. 막대기에 불과하다.

예수님은 "내 안에 거하면"이라고 말씀하신다. "내 안에." 예수님은 우리에게 그분께 연결되고, 더 나아가 그분 안에서 살라고 말씀하신다. "거하다"는 헬라어 단어 '메노'(meno)를 번역한 것이다. 곧 그 안에 산다는 뜻이다. 우리가 친구 집을 방문하더라도, 우리가 사는 곳은 우리 집이다.

예수님은 그분 안에서 살라고 말씀하신다. 그분 안에 거하라고 하신다. 또한 "내가 그 안에 거하면"이라고 말씀하신다. 여기서 예수님은 우리 안에 살기를 청하고 계신다. 예수님은 우리에게 깊고도 친밀하고도 지속적인 연결을 제시하고 계신다. "거하다"라는 단어는 요한복음 15장에서 열한 번 등장한다. 예수님은 제자들에게 그분과 연결된 상태를 유지하고 그분 안에 지속적으로 거하라고 열한 번이나 말씀하신다.

그러나 대부분의 그리스도인들이 그렇게 하지 않는다. 그들의 삶에서는 예수님과의 연결과 그분 안에 거함을 찾아볼 수 없다. 이것을 시간의 관점에서 생각해 볼 수 있다. 우리의 삶은 시간으로 이루어져 있다. 따라서 일주일 단위로 생각해 보자. 매주 우리에게는 168시간이 있다.

일반적인 일주일 168시간

뭔가에 헌신했다면 그것에 시간을 투자한다. 그렇지 않은가?

자, 당신은 한 주의 168시간을 보통 어떻게 사용하는가? 대부분은 이 시간의 3분의 1을 잠자는 데 사용한다. 그리고 일터나 학교에서 또 다른 3분의 1을 사용한다. 그러면 여유 시간이 약 56시간 정도 남는다. 당신은 이 시간을 어떻게 사용하는가? 주로 페이스북이나 인스타그램, 틱톡, 엑스를 하는가? 소셜 미디어 사용자들은 보통 일주일에 열일곱 시간을 온라인에서 보낸다. (잠시 생각해 보라. 일주일에 무려 열일곱 시간이나 된다.)

그러면 이제 약 39시간이 남는다. 39시간이면 꽤 많지 않은가? 당신은 자녀들을 여기저기 차로 데려다준다. 약 7일마다 자동차에 기름을 넣고, 약 7년에 한 번씩 하는 자동차 내부 청소를 해야 한다. 장을 보고, 요리를 하고, 먹고 나서 설거지를 해야 한다. 잔디를 깎아야 한다. 운동을 해야 한다. 친구들과 어울려야 한다. 좋아하는 드라마도 봐야 한다.

이 모든 것을 하려면…. 잠깐, 계산기를 두드려 보자. 약 38시간이 필요하다. 이제 39에서 38을 빼면 남는 시간은, 한 시간이다.

당신은 그 시간에 무엇을 하는가? 음, 우리는 그리스도인이다. 그래서 그 시간을 하나님께 드린다. 물론 일주일에 한 시간보다 훨씬 많은 시간을 하나님께 드리는 그리스도인들도 있다. 하지만 하나님께 그 시간조차 드리지 않는 그리스도인(혹은 자칭 그리스도인)도 있다. 당연한 사실을 말해 보겠다. 삶의 어떤 영역에 일주일에 한 시간만 투자한다면 그 영역에서 성장할 수 없다. 혹은 많이 성장할 수 없다.

- 일주일에 한 시간밖에 운동하지 않으면 건강이 좋아질 수 없다.
- 일주일에 한 시간만 배우자와 함께하면 행복한 가정을 꾸릴 수 없다.
- 일주일에 한 시간만 공부하면 A학점을 받을 수 없다. 졸업을 하지 못할 수도 있다.

하나님께 일주일에 한두 시간만 드리는 사람은 하나님에 대해서 많이 생각할 수도 없고, 같은 죄를 계속 짓게 되고, 남들의 이목에 너무 신경을 쓰고, 돈을 움켜쥐고, 미지근한 신앙생활을 할 수밖에 없다. 따라서 자신에게 다음 질문을 해 봐야 한다.

- 나는 진정으로 하나님께 헌신했는가?
- 나는 하나님을 첫 번째 자리에 모시고 있는가?
- 하나님을 첫 번째 자리의 근처에라도 모시고 있는가?

예수님께 온전히 헌신한 삶을 살기 원하는가? 그 삶은 우연히 이루어지지 않는다. 더 깊은 연결이 필요하다. 그래야 예수님께 더 헌신하기 위한 능력을 얻을 수 있다. 예수님은 포도나무이고, 우리는 포도나무의 가지다. 그러니 포도나무에 붙어 있으라.

예수님께 붙어 있으라

예수님은 우리가 가지라면(예수님께 연결되어 헌신하고 있다면) 열매를 많이 맺는다고 말씀하신다. 갈라디아서 5장 22-23절에 따르면 성령의 열매에는 "사랑과 희락과 화평과 오래 참음과 자비와 양선과 충성과 온유와 절제"가 있다. 이것은 우리가 정말로 원하는 것이지 않는가? 더 많은 열매를 맺으면 삶이 공허하게 느껴질까? 살아도 사는 것이 아니라는 생각을 할까? 그렇지 않다. 예수님께 연결되면 그분의 능력을 통해 가장 지고한 소명을 가장 의미 있는 방식으로 이루며 살게 된다. 우리는 그런 삶을 원한다. 하나님은 우리가 그런 삶을 살기를 원하신다. 하지만 우리가 그런 삶을 얻지 못하도록 지옥의 모든 힘을 사용하는 원수가 있다.

이것이 우리가 준비를 해야 하는 이유다. 이것이 우리가 헌신해야 하는 이유다.

4.

'가장' 좋은 것
추구하기

마귀는 방해 공작이 성공하면 굳이 자기 손으로 우리를 멸망시킬 필요가 없다는 것을 안다. 물론 마귀는 우리를 무너뜨리기 원한다. 마귀는 우리 것을 도둑질하고 우리를 죽이고 멸망시키기 위해서 온다. 하지만 마귀는 우리를 방해하는 데 성공하면, 우리가 결국 스스로 멸망한다는 것을 안다.

마귀의 계획은 우리가 예수님께 가는 것을 방해하는 것이다. 우리가 예수님과 연결되지 않으면 우리의 지혜로는 옳은 결정을 내릴 수 없기 때문에 우리는 결국 하나님께 헌신하는 길에서 벗어나고 만다. 이런 일을 경험해 본 적이 있는가?

사방으로 분산되다

'방해'(distraction)란 단어는 1590년대 라틴어에서 왔는데, '잡아 찢는 것' 혹은 '분리하는 것'을 의미했다. 당신도 분명 이런 상황을 경험한 적이 있을 것이다. 관심과 정신이 사방으로 잡아당겨지며 찢기는 것을 느껴 본 적이 있을 것이다.

- 순전한 생각을 하고 싶지만, 다른 방향으로 생각이 끌려간다.
- 기도하려고 해 보지만, 온갖 잡생각이 든다.
- 예수님과의 연결에서 분리되고, 하나님을 향한 헌신에서 멀어지는 것 같은 기분을 느낀다.

이것은 우연이 아니다. 지옥의 모든 힘이 우리가 가장 중요한 것을 위해 살지 못하도록 우리를 방해하고 있다. 원수는 우리를 잡아 찢으려고 한다. 원수는 우리의 정신을 사방으로 분산시키고, 우리의 믿음을 꺾고, 우리가 가장 중요한 것에 집중하지 못하도록 방해한다. 나는 우리 아이들에게 방해 공작이 성공하면 굳이 원수가 직접 우리를 멸망시킬 필요도 없다는 말을 자주 해 준다. 방해 공작이 성공하면 원수는 그저 우리가 스스로 멸망하는 꼴을 구경만 하면 된다. 우리를 멸망시키는 것보다 방해하는 것이 실제로 더 쉽다.

왜일까? 마귀가 우리를 멸망시키려면 우리가 뭔가 나쁜 짓을 하도록 만들어야 한다. 그런데 우리는 그런 일에는 준비가 되어 있을 수 있다. 그러면 마귀는 더 좋아 보이는 것으로 우리를 방해하는 작전을 사용할 것이다.

좋은 것과 가장 좋은 것 사이의 전쟁

마르다와 마리아가 예수님께 식사를 대접했던 일을 생각해 보자. 마리아는 "주의 발치에 앉아 그의 말씀을 듣더니 마르다는 준비하는 일이 많아 마음이 분주"했다(눅 10:39-40). 마르다는 무엇을 하고 있었는가? 좋은 일을 하고 있었다.

마르다는 상을 치우고, 요리가 완성되었는지 확인하고, 파이를 오븐에 넣고, 음료수를 다시 채워야 할 잔이 있는지 살피고, 모임에 어울리는 음악을 고르고 있었다. 이 중에 나쁜 일이 하나라도 있는가? 하나도 없다. 모두 좋은 일이었다. 마르다는 종이 되어 사람들을 섬기고 있었다. 우리 어머니는 항상 내게 이렇게 하라고 가르치셨다.

반면, 마리아는 아무 일도 거들지 않고 가만히 앉아만 있었다. 우리 어머니는 내게 이렇게 하지 말라고 가르치셨다. 하지만 예수님은 마르다에게 말씀하셨다. "마르다야 마르다야 네가 많은 일로 염려하고 근심하나 몇 가지만 하든지 혹은 한 가지만이라도 족하니라 마리아는 이 좋은 편을 택하였으니 빼앗기지 아니하리라"(눅 10:41-42).

마르다는 "많은 일"로 방해를 받고 있었고, 그 모든 것은 좋은 일이었다. 단지 가장 좋은 일이 아니었을 뿐이다. 예수님 말씀처럼 "마리아는 이 (더) 좋은 편을 택"했다.

우리에게 가장 어려운 선택은 대개 좋은 것과 나쁜 것 사이의 선택이 아니라 좋은 것과 가장 좋은 것 사이의 선택이다. 이것이 우리가 무엇이 가장 좋은 것인지 미리 결정해야 하는 이유다. 예수님께 대한 헌신을 우선시하려면 방해 요소를 줄여야 한다.

이 주제에 관한 바울의 말에도 귀를 기울여야 한다. "내가 이것을 말함은 너희의 유익을 위함이요 너희에게 올무를 놓으려 함이 아니니 오직 너희로 하여금 이치에 합당하게 하여 흐트러짐이 없이 주를 섬기게 하려 함이라"(고전 7:35).

예수님과 연결되지 못하게 우리를 가장 방해하는 것은 무엇일까? 많은 이들에게 그 방해물은 모바일 기기다. 연구에 따르면, 보통 사람은 십 분을 채 참지 못하고 휴대폰을 들여다보고, 하루에 휴대폰을 2,617번 터치한다고 한다.[11] 인류는 수천 년간 휴대폰 없이 살아왔지만 오늘날 우리의 삼위일체는 성부와 성자와 성폰(Holy Phone)이 되었다. 아마도 휴대폰이라는 방해물 속에 있는 더 큰 방해물은 소셜 미디어일 것이다. 앞서 말했듯이 사람들은 소셜 미디어에 일주일에 약 열일곱 시간을 쓴다. 평생으로 치면 칠 년이 넘는 시간이다.

잠시 멈추고, 위의 문단을 다시 읽으라. 이 통계를 정상으로 받아들이지 마라. 다시 읽고 깊이 생각해 보라. 당신은 인생의 칠 년 이상을 소셜 미디어에 사용하게 될 것이다. 스크롤링하고, 클릭하고, 초대받지 못한 탓에 소외감을 느끼고, 비교하고, 저들이 가진 것을 가지지 못해서 열등감을 느끼고, 당신은 남들의 사진에 항상 댓글을 달아 주는데 당신의 사진에는 아무도 댓글을 달아 주지 않기 때문에 자괴감을 느끼는 데 칠 년을 사용할 것이다.

소셜 미디어가 나쁜 것인가? 그렇지는 않다. 오히려 좋은 측면도 많다. 나쁘지 않다. 하지만 가장 좋은 것도 아니다. 거기에 시간을 많이 쓰는 것은 잘하는 일이 아니다. 나도 소셜 미디어를 좋아한다. 하지만 이렇게 결정했다.

중요하지 않은 것에 방해받으며 시간을 허비하기에는,
내 삶은 참 귀하고 내 소명은 진짜 중요하며 내 하나님은 정말 선하시다.

우리의 시간은 참으로 귀하고 사탄은 우리를 방해해서 멸망시키려고 호시탐탐 노리고 있다. 따라서 나는 이런 방해물을 죄와 똑같이 취급하라고 제안하고 싶다. 죄는 어떻게 해야 하는가? 선을 다시 정하고, 죄의 대가를 확인하고, 피할 길을 마련해야 한다.

당신이 예수님과 연결되지 못하게 무엇이 방해하고 있는가? 텔레비전, 비디오 게임, 소셜 미디어? 판타지 소설? 뉴스를 강박적으로 확인하는 것?

이 죄들로 인한 대가를 확인하라. 만약 방해물을 계속해서 방치하면 그것이 예수님과 우리의 연결을 차단하고 우리의 헌신을 무너뜨릴 것이다. 하나님은 풀타임 헌신을 받아 마땅하신데 우리는 겨우 파트타임 제자밖에 되지 못하는 것이다.

이제 대가를 확인했으니 선을 다시 정하고 피할 길을 마련하라. 그렇다면 무엇부터 해야 할까?

- 소셜 미디어 알림 *끄기*?
- 그 앱을 삭제하기?
- 험담하기 좋아하는 친구와 거리를 두기?
- 넷플릭스 구독 취소하기?
- 소셜 미디어 사용이나 텔레비전 시청 시간 제한하기?
- 기도하고 성경을 읽을 때 휴대폰 전원을 *끄기*?
- 신앙생활을 방해하는 남자 친구나 여자 친구와 헤어지기?

어떤 일이든 힘들겠지만 이를 악물고 그렇게 할 가치가 충분하다. 우리를 위한 하나님의 길과 목적이 있기 때문이다. "네 앞에 놓인 길에 시선을 고정하라. 확고한 목적을 품은 채 앞을 똑바로 바라보고 삶의 방해 요소들은 무시하라"(잠 4:25, TPT).

몇몇 좋은 것을 거부하고, 가장 좋은 것을 추구하라.

5.

하나님
중심으로
삶을 정돈하기

삶에 유익한 규칙들이 있다.

- 자동차를 빌리면 기름을 가득 채워 돌려주라.
- "부탁합니다"와 "감사합니다"라는 말을 자주 하라.
- 어디를 가든 그곳을 더 좋게 만들고 떠나라.
- 남의 집에 들어갈 때는 신발을 벗어야 할지 물어보라.
- 어디에 들어갈 때는 안에 있는 사람이 먼저 나오고 나서 들어가라.
- 공공장소에서 큰소리로 떠들거나 스피커폰 기능을 켜고 통화하지 마라.
- (이 외에 당신만의 규칙을 적어 보라.)

이런 것이 삶에 '유익한' 규칙인데, 혹시 '삶의 규칙'이라고 들어 봤는가? 아우구스티누스는 397년에 그리스도인을 위해 "규칙을 위한 책"을 썼다.

삶의 규칙은 무엇인가? 그것은 다음과 같은 일을 할 수 있도록 도와주는 의도적인 반복적 행동들의 집합이다.

- 예수님께 연결된 상태를 유지한다.
- 예수님을 더 깊이 안다.
- 예수님을 더 닮아 간다.
- 영적, 관계적, 직업적으로 좋은 습관을 기른다.
- 삶의 방식을 우선순위와 가치관과 열정에 맞춰 조정한다.
- 정신이 흐트러지고, 성급해지고, 지치지 않도록 방해 요소를 극복한다.

예수님께서 자신은 포도나무이고 우리는 가지라고 말씀하신 것을 기억하는가? 포도원에 가면 포도나무와 가지들을 볼 수 있다. 그리고 덩굴나무가 타고 올라가도록 만든 격자 구조물(trellis)도 있다. 격자 구조물이 없으면 가지가 땅바닥에서 보기 흉하게 마구잡이로 자란다. 격자 구조물의 지지를 받으면 가지들은 더 건강하게 자라고 더 많은 열매를 맺는다. 또한 격자 구조물은 더 아름다운 포도원을 만든다. 포도나무와 가지들이 아무렇게나 자라지 않고 서로 얽혀서 위로 곧게 자란다. 건강한 가지들과 좋은 열매들을 원한다면 튼튼한 지지 구조를 제공해 주어야 한다.

'삶의 규칙'에서 '규칙'에 해당하는 헬라어 단어는 '격자 구조물'을 의미하는 단어와 같다. 격자 구조물처럼 삶의 규칙은 영적 훈련의 구조를 만들어 낸다. 이 구조 안에서 우리는 혼란을 느끼지 않고 분명한 영적 리듬에 따라 살 수 있다. 더 건강해지고, 덜 취약해지고, 더 많은 열매를 맺게 된다. 하나님을 영화롭게 하고 사람들을 사랑하며 더 아름답게 살게 된다.

삶의 규칙을 미리 정하기를 바란다. 이런 규칙에는 성경 읽기, 기도, 금식처럼 하나님과의 관계를 가꿔 주는 습관들이 포함될 것이다. 그런가 하면 잠자기나 휴식, 운동처럼 육체적 삶을 가꿔 주는 습관들도 포함될 수 있다. 우정과 가정생활에 초점을 맞춘 관계적 요소들도 포함될 수 있다. 교회 출석, 교제, 섬김, 헌금 같은 교회 생활과 관련된 습관들도 고려해야 한다. 직장 생활 범주에 속하는 습관들도 있다. 삶의 규칙을 기르는 데 도움이 되는 온라인 자료와 서적들이 넘쳐난다. 여기서는 핵심적인 영적 습관 하나만 강조하고 싶다.

예수님께만 집중할 수 있는 시간을 확보하라.

어쩌다 보니 예수님과 풍성하고 의미 있는 시간을 보내게 되는 사람은 없다. 예수님과의 시간을 의도적으로 추구하기로 미리 결정해야 한다. 이 전략에는 시간, 장소, 계획이 포함되어야 한다.

마가복음 1장 35절은 예수님이 하나님과 어떻게 방해받지 않고 교제하는 시간을 보내셨는지를 말해 준다. "새벽 아직도 밝기 전에 예수께서 일어나 나가 한적한 곳으로 가사 거기서 기도하시더니." 예수님의 시간은? 아직 캄캄한 새벽이었다. 그분의 장소는? 제자들에게서 멀리 떨어진 한적한 곳이었다. 그분의 계획은? 기도에 집중하는 것이었다.

예수님은 헌신의 본을 보여 주셨다. 그분의 본을 따라 우리는 주의를 분산시키는 방해 요소를 의식적으로 제거해야 한다. 그렇게 해서 홀로 있음, 기도, 성경 공부, 개인 예배, 성경 암송 등 자신에게 맞는 방식으로 그분과 깊이 연결되어야 한다. 예수님이 우리 삶에 역사하시도록 예수님께 나아가야 한다.

시간

예수님은 "나에게 와서 언제나 나와 함께 살자"라고 우리를 초청하신다. 하지만 대부분의 시간 동안 우리는 방해 요소로 인해 예수님께 진정으로 집중하지 못한다. 이것은 결혼 생활과 비슷하다. 아내와 나는 때로 주말에 하루 종일 붙어서 지낸다. 나는 그런 시간이 좋다. 하지만 온갖 방해를 받기도 한다. 사람들이 나를 찾아온다. 급히 처리해야 할 일이 생긴다. 텔레비전에 시선을 빼앗긴다. 그럴 때 우리는 의미 있게 연결되지 못한다. 이것이 부부끼리 오붓하게 앉아서 담소를 나누는 시간이나 밖에서 데이트를 하는 시간이 꼭 필요한 이유다. 그러기 위해서는 시간이 날 때까지 그냥 기다려서는 안 된다. 서로에게 집중하기 위해 특별히 시간을 내야 한다.

하나님을 첫 번째로 삼고 싶다면 그분께 하루 중 남은 시간을 드려서는 안 된다. 매일 우리의 가장 좋은 시간을 하나님께 드려야 한다. 하나님께 집중하기에 가장 좋은 시간을 찾아야 한다. 많은 이들에게 그 시간은 아침이다. 자녀가 깨기 전에 예수님과 시간을 보내면 좋다. 커피를 마시면서 그분을 만나도 좋다. 운동을 하고 나서 혹은 자녀를 재우고 나서 예수님과 시간을 보내는 것이 더 좋은 사람도 있다.

하나님을 향한 헌신은 너무도 중요하다. 그래서 하나님과 함께하는 시간을 의도적으로 챙기지 않고, 그 시간을 꾸준히 지키지 않는 것은 있을 수 없는 일이다.

예수님과 함께하는 시간에 이름을 붙이라. 그 시간을 우선시하라. 그 시간을 계획하라. 예수님과 연결되기 위한 시간을 정하라.

장소

아울러 장소도 정해야 한다. 항상 같은 곳일 필요는 없다. 특별한 날에는 다른 곳에서 할 수도 있다. 하지만 예수님을 주로 만나는 장소를 정하는 것이 이 시간을 꾸준히 갖는 데 도움이 된다. 침대 옆에서 기도해도 좋고 주방 식탁 앞에 앉아서 해도 좋다. 뒷마당으로 나가도 좋다. 어린 자녀가 있다면 잠깐 화장실에 들어가 문을 잠그는 것도 좋은 방법이다. 아니면 서재로 들어가라(그리고 서둘러서 문을 닫아야 한다. 아이들의 작은 손이 금방 그 문을 잡아당길 테니 말이다.)

나는 여러분이 좋아하는 장소를 택하라고 권하고 싶다. 그곳을 최대한 편안하거나 편리하거나 매력적인 곳으로 만들라. 예수님을 만나는 시간은 하루 중에서 가장 중요한 시간이다. 따라서 그 시간이 기다려지도록 만들 수 있는 모든 방법을 동원하라. 그 시간을 놓치기 싫을 만큼 좋은 환경을 조성하라. 좋아하는 의자를 골라 경관이 좋은 창문 옆에 놓고, 가장 좋아하는 옷을 입으라. 좋아하는 음료수를 컵에 따라 가지고 오라. 성경책에 표시하거나 묵상 노트를 기록할 다양한 색상의 형광펜이나 볼펜을 준비하라. 이 시간은 하루 중 가장 중요한 시간이므로 하루 중 가장 기다려지는 시간으로 만들라.

당신이 예수님과 교제하는 장소는 어디인가? 그 장소에 이름을 붙이

라. 그 장소를 우선시하라. 그 장소를 계획하라. 예수님과 연결되기 위한 장소를 정하라.

계획

시간과 장소를 정했다면, 이제 계획을 세우라. 뭔가 중요한 일이 있으면 우리는 그 일을 위한 계획을 미리 세운다. 예를 들어, 우리는 첫 데이트나 휴가, 특별한 기념일 저녁 식사를 위해서 미리 계획을 세운다. 시간이 되어서 정한 장소로 갔는데, 무엇을 해야 할지 몰라 무의미하게 그 시간을 보내서는 곤란하다. 미리 계획을 세워야 한다. 우리 목적은 예수님을 만나는 것이다. 예수님은 우리를 그 시간으로 초대하셨다. 그분이 우리에게 하시려는 말씀이나 우리 안에서 행하시려는 역사에 우리 자신을 열어야 한다. 융통성도 필요하겠지만 일단 계획은 세워야 한다.

계획은 어떻게 세워야 할까? 각자에게 맞게 세우면 된다. 다음과 같이 시도해 봐도 좋다.

- 성경 앱에서 성경 통독 방식을 선택하라.
- 좋아하는 기독교 팟캐스트를 들으라.
- 하나님께 가까이 다가가도록 도와주는 찬양 목록을 만들라.
- 중요한 성경 구절을 마음에 새기기 위한 성경 암송 앱을 선택하라.

내 아내는 기도할 사람들의 이름과 하나님이 보여 주시는 것을 노트에 적는다. 나는 내 마음을 새롭게 하기 위해 매일 영적 선포를 하기 위한 성경 구절 목록을 만들었다. 계획은 각자에게 맞게 짜면 된다. 어떤 식으로 든 미리 계획을 세우라. 그 계획에 이름을 붙이라. 그 계획을 우선시하라. 분명한 계획을 세우라. 예수님과 연결되기 위한 계획을 세우라.

열매 맺는 가지

예수님과 함께하는 이 시간을 우선시하면 놀라운 일이 일어난다. 예수님과 함께하는 시간이 점점 확장되기 시작한다. 15분이든 30분이든 60분이든 매일 꾸준히 예수님과 함께하다 보면 그 외의 시간에도 그리스도와 연결되기 시작한다. 그리고 다음과 같은 일이 일어난다.

- 예수님과 대화하고, 예수님을 신뢰하고, 예수님을 의지하고, 우리 마음이 그분 마음과 일치된다.
- 하루 종일 우리를 인도하시는 예수님의 세미한 음성을 듣기 시작한다.
- 예수님이 우리의 발걸음을 인도하실 때, 우리는 지혜를 얻는다.
- 사랑하기 힘든 사람을 사랑한다.
- 우리에게 상처 준 사람을 용서한다.
- 우리를 저주하는 사람을 축복한다.
- 예수님이 마음 아파하시는 문제에 같이 마음 아파한다.
- 우리의 죄를 깨닫고 그릇된 길에서 돌이켜 옳고 순전한 것을 추구한다.
- 예수님의 선하심을 혼자만 누릴 수 없어서 사람들에게 열심히 그분을 전한다.
- 믿음으로 살기 시작한다. 그로 인해 우리 안에서, 그리고 우리를 통

해 하나님의 역사가 상상했던 것보다 훨씬 더 많이 나타난다.

그리고 뭔가 변한 것을 깨닫게 될 것이다. 앞서 다룬 56시간의 여유 시간이 기억나는가? 이제 더 이상 우리가 다른 일에 다 쓰고 남는 한두 시간만 하나님께 드리는 일은 없을 것이다. 더 이상 하나님을 우리 삶의 일부로만 느끼지도 않게 된다. 이제 하나님은 우리 삶 자체가 되신다. 하나님께 바친 모든 헌신의 시간이 168시간 중 나머지 시간에도 막대한 영향을 미치는 경험을 하게 된다. 우리가 원래 살아야 할 삶을 살기 시작한다. 그 삶이 이루어진 것을 실감하게 된다. "헌신할 것이다"가 "헌신하고 있다"로 바뀐다.

가장 중요한 분이신 하나님을 가장 먼저 찾아야 한다.

삶을 정돈하라

하루는 모르는 번호로 문자 메시지가 날아왔다. "안녕하세요, 저는 론다입니다. 로드니의 누나예요. 로드니가 암으로 병원에 입원해 있어요. 병원에서는 가망이 없다고 합니다."

로드니는 내 오랜 친구였다. 나는 문자 메시지를 받자마자 병원으로 달려갔다. 로드니는 체격이 좋았었다. 하지만 너무나도 수척해져서 뼈만 앙상한 채 누워 있는 로드니의 모습에 나는 충격을 받았다. 나는 태연한 척했지만 속으로 생각했다. '상황이 좋지 않구나.'

로드니는 말 한마디 하기도 힘겨운 상태였다. 하지만 우리는 사내답게 농담과 옛 이야기를 주고받으며 웃고 떠들었다. 하지만 이내 대화의 어조는 심각한 쪽으로 변했다. 로드니는 내 눈을 응시하면서 한 단어 한 단어 억지로 힘을 짜내어 말하기 시작했다. "목사님…." 그러고 나서 잠시 멈춰서 숨을 크게 들이마셨다. "의사 선생님이 삶을 정리하라고 하니, 그동안 하지 못해서 후회되는 일들이 생각납니다."

나는 그의 말에 뒤통수를 한 대 맞은 기분이었다. 어떤 일이 생각났느냐고 묻자 그는 후회스러운 일 몇 가지를 고백했다. (그의 목록은 내 예상보다 길었고 내용도 정말 뜻밖이었다.) 우리는 손을 잡고 함께 기도했다. 정말 뜨겁고 믿음 충만한 기도였다. 나는 친구에게 작별을 고하고 병실을 나섰다.

일주일 뒤에 로드니의 가족과 친구들이 한자리에 모여 그의 삶을 기리고 그를 잃은 것에 슬퍼했다. 후회스러운 일에 관한 로드니의 말을 듣고 나서 나는 새롭게 얻은 일주일 곧 168시간에 대해서 다시 생각하게 되었다. 그리고 물었다. "중요한 게 무엇인가? 정말 중요한 사람은 누구인가? 이 삶이 끝날 때, 정말로 중요한 것은 무엇일까?"

그리고 생각했다. '그 중요한 일에 내 삶을 온전히 바치고 싶다. 병실에 누워서 후회할 일을 최대한 줄이고 싶다.' 나는 다음과 같은 사실을 다시 깨달았다.

가장 중요한 분은 하나님이다.

하나님은 하나님이시다. 하나님이 첫 번째시다. 나는 하나님께 헌신하는 삶을 살고 싶다. 내 의도는 좋다. 하지만 의식적으로 노력하지 않으면 방해받기가 쉽다. 포도나무에서 끊어질 것이다. 열매 맺는 가지가 되지 못할 것이다. 그냥 죽은 막대기가 될 것이다.

나는 얼마나 헌신된 삶을 살지 못했는지를 절실히 깨닫고, 포도나무에 딱 붙어 있기로 다시금 결단했다. 나는 포도나무의 가지일 뿐이다. 시간과 장소와 계획을 미리 정함으로써 포도나무에 붙어서 떨어지지 않기로 함께 결단하자.

우리는 헌신해야 한다. 하나님을 우리 삶의 첫 번째로 삼아야 한다. 먼저 하나님을 구해야 한다. 이것이 부담스럽게 느껴질 수도 있다. 하나님이 우리에게 너무 많은 것을 요구하시는 것처럼 느껴질 수 있다. 그럴 때 기억해야 할 사실이 있다. 하나님이 이미 우리를 첫 번째로 삼으셨다. "우리가 사랑함은 그가 먼저 우리를 사랑하셨음이라"(요일 4:19). 하나님은 우리에게 그분을 먼저 구하라고 요구하신다. 하지만 하나님이 먼저 우리를 찾아오셨다. 하나님은 우리의 삶을 그분께 바치라고 요구하신다. 하지만 하나님이 먼저 십자가에서 우리를 위해 목숨을 내주셨다. 하나님은 그냥 그렇게 하기로 결정하시지 않았다. 하나님은 우리를 위해 그렇게 하기로 '미리' 결정하셨다.

"곧 창세전에 그리스도 안에서 우리를 택하사 우리로 사랑 안에서 그 앞에 거룩하고 흠이 없게 하시려고 그 기쁘신 뜻대로 우리를 예정하사 예수 그리스도로 말미암아 자기의 아들들이 되게 하셨으니"(엡 1:4-5).

영원 전, 세상이 창조되기 전, 우리가 존재하기도 전, 하나님은 우리를 얻기로 미리 결정하셨고 예수님으로 하여금 우리를 위해 죽게 하셨다. 왜 그렇게 하셨을까? 우리를 사랑하셨기 때문이다.

하나님은 누구이신가?

그분은 거룩하신 분이다. 유다의 사자이시다. 하나님의 어린양이시다.

그분은 나의 근원이시다. 나의 힘이시다. 나를 지탱해 주시는 분이다. 나의 방패시다.

그분은 완벽히 선하시다. 완벽히 순결하시다. 일말의 흠도 없이 완벽하시다.

그분은 거룩하신 분이다. 그분은 스스로 존재하시고 스스로 유지하시며 스스로 충만하신 분이다. 그분은 더 이상 배울 필요가 없을 만큼 무한한 지식을 지니고 계신다. 그분은 더 이상 키울 필요가 없을 만큼 무한히 큰 힘을 지니고 계신다. 그분의 길은 우리의 길보다 더 높다. 그분의 계획은 우리의 계획보다 좋다. 그분의 사랑은 우리의 유한한 머리로 이해할 수 없을 만큼 깊다.

어떤 이들은 하나님을 무시하거나 떠나거나 경멸한다. 하지만 나는 그분께 붙어 있는 편을 선택할 것이다. 그분을 영화롭게 하기로 선택할 것이다. 그분을 소중히 여기기로 선택할 것이다. 그분을 사랑하기로 선택할 것이다.

왜 그런가? 하나님이 어떤 분이신지를 알면 그럴 수밖에 없다. 나는 그분께 헌신할 것이다. 당신도 그러기를 원하리라 생각한다. 파트타임 제자가 되어서는 안 된다. 우리에게 전부를 주신 분께 우리는 온전히 헌신해야 한다.

하나님이 아니면 누가 우리를 구원해 줄 수 있는가? 하나님이 아니면 누가 우리를 치유해 줄 수 있는가? 하나님이 아니면 누가 우리의 죄를 용서해 줄 수 있는가? 하나님이 아니면 누가 우리의 고통을 위로해 줄 수 있는가? 우리가 아무리 잘못해도 우리를 절대 떠나지 않을 분이 하나님 말고 또 있는가? 항상 우리를 위해 아낌없이 주실 분이 하나님 말고 또 있는가? 하나님이 우리를 위하시면 그 무엇이 우리를 대적할 수 있겠는가? 그 어디에서도 이런 사랑을 찾을 수 없다.

하나님은 우리에게 전적으로 헌신하신다. 하나님은 우리를 첫 번째로 삼으신다. 그러니 우리도 그분을 첫 번째로 삼자.

나는 하나님께 헌신할 것이다.

나는 하나님을 최우선으로 섬기는가?

1. 당신이 하나님보다 우선시하는 사람이나 물건, 상황은 무엇인가?

2. 하나님을 향한 헌신의 다섯 가지 증거에 대해서 당신의 문제점과 강점을 적으면서 자신을 평가해 보라.

  - 마음이 어디에 있는가?

  - 돈을 어디에 쓰는가?

  - 어떻게 결정하는가?

  - 시간을 어떻게 사용하는가?

  - 무슨 일에 마음이 아픈가?

3. 당신이 예수님과 시간을 보내지 못하게 가장 방해하는 것은 무엇인가? (당신의 인간관계와 소유물과 활동을 점검해 보라.)

4. 당신의 영적 삶에서 더 많은 열매를 맺기 위해 어떤 '삶의 규칙들'을 미리 정해야 할까? (예: 영적 건강을 위한 성경 읽기, 육체적 건강을 위한 운동, 좋은 관계를 유지하기 위해 가족과 함께 하거나 교회 성도와 교제하는 것.)

5. 방해받지 않고 예수님과 함께하는 시간을 가지려고 할 때 당신에게 가장 적합한 시간과 장소와 계획은 무엇인가?

3장

"잘하였도다 착하고 충성된 종아
네가 적은 일에 충성하였으매
내가 많은 것을 네게 맡기리니"
_ 마태복음 25:21

"나는 하나님께 충성할 것이다"

사람들을 섬기고 달란트를 배가하며
성령님께 순종하기로 미리 결정하다

1.

충성,
성공한 인생을 요약하는
한 단어

당신의 인생 목표를 한 단어로 정리하고 싶다면 어떤 단어를 선택하겠는가? 당신의 성품을 보여 주고 당신이 추구하는 바를 요약하는 한 단어는 무엇인가?

수많은 선택 사항이 있다. 내가 작은 규모로 비공식적으로 조사해 봤을 때 가장 흔하게 나온 답변은 다음 세 가지다.

• 성공한 / 영향력 있는 / 행복한

이는 전혀 뜻밖의 결과가 아니다. 이 답변에 나도 충분히 공감한다.
이 단어들은 좋은 선택이다. 하지만 나는 훨씬 더 좋은 단어가 있다고 믿는다. 항상 기억하고 마음 깊이 새겨야 할 단어가 있다. 우리에게 매일 살아갈 힘을 주고 영원한 것을 위해 살도록 동기를 주는 단어가 있다.

최상의 단어가 따로 있다고 내가 확신하는 이유는 무엇일까? 그것은 우리가 하나님을 기쁘시게 하는 삶을 살다가 천국에 가면, 하나님이 우리에게 "잘하였도다 착하고 성공한 종아"라거나 "잘하였도다 착하고 영향력 있는 종아"라거나 "잘하였도다 착하고 행복한 종아"라고 말씀하시지 않을 것이기 때문이다. 물론 하나님은 우리가 성공하고 영향력을 발휘하고 행복하기를 바라시리라 생각한다. 하지만 그것이 하나님의 최우선 사항은 아니라고 생각한다. 우리가 하나님을 기쁘시게 하는 삶을 살다가 천국에 가면, 하나님은 "잘하였도다 착하고 '충성된' 종아"라고 말씀하실 것이다 (마 25:21).

자, 당신의 인생 목표를 한 단어로 정리한다면 어떤 단어를 선택하겠는가? 많은 선택 사항이 있지만 '충성'보다 더 좋은 단어는 없다. 충성이야말로 하나님이 궁극적으로 찾으시는 것이며 칭찬하시는 것이다. 그렇다면 더없이 중요한 그 순간에 대해서 미리 생각하고 다음과 같이 하기로 지금 미리 결정하자.

나는 하나님께 충성할 것이다.

우리가 어릴 적에는 다른 목표들을 품었다. 예를 들어, 어른이 되어서 우주 비행사, 발레리나, 프로 운동선수, 소방관, SNS 인플루언서가 되기를 원했을 것이다. "어른이 되어서, 나는 충성을 다하겠어!"라고 말하는 아이는 거의 없다. 하지만 이제 우리는 성인이 되었으니 삶의 초점을 조정해야 할 때다. 우리는 충성하기로 미리 결정해야 한다. 충성스러운 삶은 결코 저절로 이루어지지 않기 때문이다. 어쩌다 보니 충성스러운 하루를 보낼 수는 있지만, 의식적으로 노력하지 않고서는 누구도 꾸준히 충성스럽게 살 수 없다.

왜 그럴까? 우리는 쉬운 것을 좋아하기 때문이다. 하지만 충성스러운 행동은 좀처럼 쉽지 않다. 꼼수를 쓰고, 진실을 얼버무리고, 쉬운 길을 택하기는 어렵지 않다. 하지만 정직하게 살고, 옳은 일을 하고, 꾸준히 하나님을 영화롭게 하려면 많은 노력(그리고 하나님의 도우심)이 필요하다. 우리의 가치관을 타협하는 것은 쉽지만 거기에는 언제나 대가가 따른다. 반면, 충성은 좀처럼 쉽지 않다. 사람들의 조롱이 날아올 수 있다. 세상에서 뒤처진 기분이 들 수도 있다. 예상보다 훨씬 더 어려울 수도 있다. 하지만 다음 사실을 기억하라.

충성된 사람은 하나님을 영화롭게 하고,
하나님은 충성된 사람을 높여 주신다.

충성된 삶은 힘들고 대가를 치러야 하지만 그만한 가치가 있다. 충성되기 위해서는 우리 자신을 의지하는 대신 하나님을 신뢰하는 법을 배워야 한다. "보라 그의 마음은 교만하며 그 속에서 정직하지 못하나 의인은 그의 믿음(하나님께 대한 충성)으로 말미암아 살리라"(합 2:4). 교만하게 우리는 자신을 의지하곤 한다. 자신의 지혜, 자신의 지식, 자신의 선함, 자신의 능력, 자신의 은행 잔고를 의지할 때가 많다. 하지만 성경은 자신을 의지하는 사람이 정직하게 살지 못한다고 말한다. 그들은 올바르고 충성된 길로 가지 않는다. 그들은 옳지 못한 결정으로 인해 옳은 길에서 벗어난다. 이렇게 우리는 교만에 빠지기 쉬우니 자신이 아니라 하나님을 의지하고 그분께 충성하는 삶을 살기로 미리 결정해야 한다.

여기서 한 가지 질문이 생긴다. 충성한다는 것은 무슨 의미인가?

오래전에 내게 그렇게 물었다면 "충성'은 남을 속이지 않는다는 뜻이다. 배우자를 속이지 않고, 세금 신고할 때 속이지 않고, 비디오 게임에서 치트키를 사용하지 않는 것이다"라고 대답했을 것이다. 물론 이것도 일리 있는 답이다. 하지만 충성에 관한 예수님의 말씀을 깊이 연구하면서 충성이 생각보다 훨씬 더 깊이 있는 개념이라는 점을 깨달았다. 충성은 뭔가를 하지 않는 것보다 뭔가를 하는 것에 대한 문제다.

복음서를 연구해 보면 예수님이 세 가지 특정한 배경에서 충성에 대해 말씀하시는 것을 볼 수 있다. 예수님은 사람을 대하는 방식, 자원을 관리하는 방식, 하나님께 반응하는 방식과 관련해서 충성을 이야기하신다. 따라서 우리는 충성과 관련해서 다음과 같이 세 가지 사실을 받아들이기로 미리 결정해야 한다.

1) 모든 상호 작용은 가치를 더해 줄 수 있는 기회다.
2) 모든 자원은 배가할 수 있는 기회다.
3) 모든 인도하심은 하나님께 순종할 수 있는 기회다.

2.

모든 만남은
상대방을 섬길
기회다

당신이 나와 같다면 다른 누군가와 상호 작용할 때마다 항상 생각나는 사람이 있을 것이다. 그 사람은 바로 당신 자신이다. 우리는 심할 정도로 자신에게 초점을 맞추고 살아간다. 당신은 그렇지 않다고 생각하는가? 그렇다면 이 질문에 답해 보라. 당신이 여덟 명과 함께 단체 사진을 찍었다고 해 보자. 그 사진을 보면 당신 눈에는 누가 가장 먼저 들어오겠는가?

바로 당신 자신이다. 당신이 잘 나왔다면 그것은 좋은 사진일까? 물론이다.

그날 기분이 좋아서 당신의 입가에 완벽한 미소가 번졌는데 다른 사람들은 다 눈을 감았고 한 사람은 사진이 찍히는 순간 재채기를 했다면? (재채기하는 사진은 최악이다.) 그래도 여전히 꽤 좋은 사진이다. 당신만 잘 나왔으면 남들이야 어떻게 나왔든, 그건 좋은 사진이다. 그런데 당신은 눈을 감았거나 당신 치아 사이에 고춧가루가 껴 있거나 실제보다 더 뚱뚱하게 보이는데, 사진 속 다른 사람들은 최상의 모습으로 보인다면?

그 사진을 삭제하라. 지금 당장!

당신 친구가 그 사진을 SNS에 올린다면? 그 친구는 더 이상 당신의 친구가 아니다! 그는 애초에 당신을 아낀 적이 없는 사람이다. 이것이 단순히 사진 문제일 뿐이라면 큰일은 아니다. 하지만 우리는 사람들과의 거의 모든 상호 작용에서 이런 자기중심적인 접근법을 사용한다. 우리는 이렇게 생각하는 경향이 있다.

- 이 사람은 나를 어떻게 생각할까? 나를 좋아할까?
- 이 사람은 내 옷을 괜찮게 여길까? 내 스타일은? 내 대화법은? 그렇다면 왜 그것에 대해서 전혀 언급하지 않는 거지?
- 이 주제에 관한 내 생각을 말해 줘야겠어. 내 의견이 빠지면 이 대화는 처음부터 끝까지 무의미해.

이것이 우리의 자연스러운 사고방식이다. 하지만 우리가 자기중심주의라는 자연스러운 방식으로 살 필요는 없다. 성령이 우리 안에 거하시기 때문에 우리는 이타주의라는 초자연적인 방식으로 살 수 있다.

우리는 예수님을 따라 세상의 방식을 초월해서 살 수 있다.

우리는 충성된 삶을 살기 원하기 때문에 모든 상호 작용을 다른 사람들에게 가치를 더해 줄 기회로 보기로 미리 결정해야 한다. 예수님은 그렇게 하셨고, 성경은 에베소서 4장 29절 등을 통해서 우리도 그렇게 하라고 명령한다. "무릇 더러운 말은 너희 입 밖에도 내지 말고 오직 덕을 세우는 데 소용되는 대로 선한 말을 하여 듣는 자들에게 은혜를 끼치게 하라."

우리가 사람들이 모인 곳에 들어갈 때마다 그곳의 분위기를 밝게 만들겠다는 생각을 품는다면 어떻게 될까? 우리가 누군가와 상호 작용할 때마다 복을 더해 주기 위해 노력한다면? 우리는 항상 다른 사람의 필요를 채워 주거나 그들을 격려할 기회를 찾아야 한다.

예수님이 행하신 일

우리는 왜 사람들의 필요를 채워 주고 그들을 격려해야 하는가? 우리는 예수님을 따르는 자들이고, 예수님이 그렇게 하셨기 때문이다. 예수님은 나병 환자를 보고 그의 문제를 모른 체하지 않으셨다. 그분은 모두가 만져서는 안 된다고 말하는 사람을 만져 그의 나병을 치유해 주셨다. 제자들이 주변에서 일어나는 일로 걱정할 때 예수님은 덩달아 두려움에 빠지지 않으셨다. "그래, 걱정할 만한 일이야. 걱정이 태산 같을 수밖에 없지. 이 정당이 정권을 잡고 경제가 이 모양이니 말이야. 오늘 뉴스 봤어? 가이사의 최신 트윗을 읽어 봤어?"

아니다. 예수님은 그 대신 이렇게 말씀하셨다. "그러므로 염려하여 이르기를 무엇을 먹을까 무엇을 마실까 무엇을 입을까 하지 말라 이는 다 이방인들이 구하는 것이라 너희 하늘 아버지께서 이 모든 것이 너희에게 있어야 할 줄을 아시느니라 그런즉 너희는 먼저 그의 나라와 그의 의를 구하라 그리하면 이 모든 것을 너희에게 더하시리라 그러므로 내일 일을 위하여 염려하지 말라 내일 일은 내일이 염려할 것이요 한 날의 괴로움은 그 날로 족하니라"(마 6:31-34). 예수님은 모든 만남이 사람들을 격려하고 그들의 필요를 채워 주고 그들에게 하나님의 은혜를 나눌 기회라고 보셨다.

요한복음 6장에서 예수님이 쉬려고 하시자 굶주린 무리가 따라왔다. 예수님은 그들을 외면하셨을까? 아니다. 예수님은 한 소년의 작은 도시락을 거대한 뷔페로 키워 그들 모두를 배불리 먹이셨다.

요한복음 8장에서 범죄 현장에서 붙잡힌 여인이 끌려왔을 때 예수님은 "창피한 줄 알아. 어떻게 그런 짓을 저지를 수 있단 말이냐!"라고 비난하시지 않았다. 예수님은 연민의 눈으로 여인을 보며 물으셨다. "너를 고발하던 그들이 어디 있느냐 너를 정죄한 자가 없느냐." 여인이 "주여 없나이다"라고 대답하자, 예수님은 말씀하셨다. "나도 너를 정죄하지 아니하노니 가서 다시는 죄를 범하지 말라." 예수님은 여인이 받아 마땅한 벌이 아니라 자유를 주셨다.

요한복음 18장에서 베드로는 예수님을 모른다고 한 번도 아니라 세 번이나 부인했다. 그래서 예수님은 그를 버리셨을까? "베드로야, 너를 다시는 믿을 수 없겠어"라거나 "너를 용서하기는 하겠지만 네가 저지른 짓을 절대 잊지 않을 거야"라고 말씀하셨을까? 아니다. 예수님은 베드로를 용서하셨고, 요한복음 21장에서 그에게 "내 양을 치라"라고 말씀하셨다. 예수님은 베드로를 영적 목자로 회복시키신 후 지도자의 자리에 앉히셨다.

예수님은 베드로를 사랑하셨다. 예수님은 사람들의 가치를 높여 주고, 그들을 격려하고, 그들에게 필요한 것을 채워 주고, 모든 사람에게 은혜를 베푸셨다. 예수님은 하나님의 무조건적인 선하심과 우주에서 가장 큰 치유와 회복의 능력으로 베드로를 다시 세워 주셨다.

우리가 해야 할 일

우리는 예수님의 제자로서 그분과 같은 일을 하기로 결단해야 한다. 우리도 사람들과의 만남에서 이루어지는 모든 상호 작용을 다른 사람들에게 가치를 더해 줄 기회로 보아야 한다.

- 우리는 은혜를 베푼다.
- 우리는 사람들의 필요를 채운다.
- 우리는 용서한다.
- 우리는 축복하고, 섬기고, 생명의 말을 한다.

예수님을 충성스럽게 따르는 사람이라면 누구나 이렇게 해야 한다.

일간지 〈샌프란시스코 크로니클〉에서 린다 윌슨-앨런 이야기를 일면 기사로 다룬 적이 있다. 린다가 유명인이거나 정치인일까? 전혀 아니다. 린다는 버스 기사다.

〈샌프란시스코 크로니클〉 기자가 린다가 운전하는 버스를 매일 탔는데, 매일 보게 되는 일을 도무지 이해할 수 없었다. 린다가 자신의 버스를 매일 이용하는 승객들의 이름을 모두 알고 있었기 때문이다. 어떤 승객이 제때 버스 정류장에 도착하지 못하면 린다는 알아서 기다려 주었다. 하루는 린다가 무거운 장바구니를 들고 낑낑대는 할머니를 돕는 광경을 보고 기자는 어리둥절했다. '보통 버스 기사들은 저렇게까지 하지는 않는데….'

추수감사절에는 린다가 마을에 새로 이사해 온 여성을 알아보고 집으로 초대하기도 했다. 이번에도 기자는 '저렇게까지 하는 사람은 아무도 없는데'라고 생각했다. 기자는 린다가 사람들을 따뜻하게 대하면서 섬기는 모습을 매일같이 지켜보았다. 기자는 린다를 인터뷰하면서 어떻게 그런 사랑의 태도를 꾸준히 유지할 수 있는지 질문했다. 기자는 그 이야기를 기사로 썼다. "린다의 하루는 새벽 2시 30분에 정해진다. 그때 린다는 무릎을 꿇고 30분간 기도를 드린다."[12]

존 오트버그 목사도 린다를 교회로 초대해서 인터뷰를 했다. 오트버그가 새벽 2시 30분 기도에 대해서 묻자 린다는 자신이 도와야 할 사람들을 보여 달라고 하나님께 기도한다고 했다. "저보다 가난한 사람을 만나서 그에게 제 신발을 주게 될 수도 있어요. … 하나님은 그런 일을 보여 주십니다. 제 친절은 거기에서 시작됩니다."

오트버그는 린다에게 아침 기도를 한 뒤에 버스를 몰면서도 계속 기도하는지 물었다. 그러자 린다는 대답했다. "맞아요. 제가 출근해서 하는 일은 제 사역입니다."

대부분의 사람들은 자신의 일을 '월급 받기 위해 하는 일'로만 생각한다. 하지만 린다는 사람들을 섬김으로써 하나님께 충성할 기회로 여긴다. 하나님은 우리에게도 이같이 하라고 말씀하신다. 우리의 일은 단순히 먹고살기 위해서 하는 일이 아니다. 우리의 일을 무엇으로 여길지 미리 결정해야 한다. 우리가 충성된 삶을 살기로 결심하면, 하나님은 우리 입에서 나온 단 한마디 격려의 말로도 누군가의 인생을 완전히 바꿔 놓으실 수 있다. 바로 내 삶이 그 증거다. 이것이 내가 오늘날 목회를 하고 있는 이유다. 전에 내 이야기를 들은 사람이 있을지도 모른다. 하지만 이 일은 정말 중요한 기로에서 내 삶의 방향을 바꿔 놓은 사건이기 때문에 다시 소개하고 싶다.

내가 중고등부 전도사로 사역할 때 내 삶은 교회에서 예수님 섬기는 일을 중심으로 돌아가고 있었다. 그래서 처음 목사 안수에 지원했을 때, 내 삶 속에 분명히 나타나고 있는 하나님의 부르심을 교단 관계자들이 알아보리라 확신했다. 하지만 충격적이게도 교단에서는 나를 거부했다. 교단 관계자의 말을 평생 잊지 못하리라. "당신에게 목사의 자질이 있는지 확신할 수 없습니다."

그 말을 듣는 순간, 내 삶이 와르르 무너지는 것만 같았다. 나는 오클라호마주에서 이 교단으로부터 목사 안수를 거절당한 유일한 사람일지도 모른다. 나는 이 교단이 더 많은 목사를 절실히 필요로 한다고 생각했는데 그것은 내 착각이었다. 참으로 굴욕적인 사건이었다. 그 소식을 듣고 나서 나는 작고 낡은 차를 몰고 돌아오는 내내 펑펑 울었다. 내가 거절당하다니…. (하지만 내가 운 이유는 내 차가 작고 낡았기 때문이기도 했다.)

나는 교회에 돌아와 담임목사님 책상에 엎드려 흐느꼈다. 닉 해리스 담임목사님이 나를 보며 말했다. "크레이그, 내 말을 들어 봐. 크레이그, 내 말을 좀 들어 봐." 나는 울음을 멈췄다. "크레이그, 하나님이 당신을 부르신 그 부르심은 누구도 막을 수 없어."

이것이 내가 오늘날 목회를 하고 있는 이유다.

내가 하나님의 나라를 위해 이룬 모든 일은 그 한마디에서 시작되었다. 해리스는 나를 사랑했다. 해리스는 내 가치를 높여 주었다. 해리스는 내 어두운 상황에 빛을 비추는 말을 해 줌으로써 하나님께 충성했다. 하나님은 해리스의 입술을 통해 내게 생명의 말을 전해 주시고 내가 소명을 향해 계속해서 나아가도록 붙들어 주셨다.

당신도 당신 곁에 있는 '그로쉘'에게 '해리스'가 되어 줄 수 있다. 하나님의 도우심으로 사람들과의 모든 상호 작용을 그들을 사랑하고 그들의 가치를 높여 줄 기회로 보고, 그 결과로 하나님께 충성스러운 삶을 살 수 있다. 다음 사실에 관해서 생각해 보라.

- 하나님은 당신이 하나님을 위해 이웃을 사랑하도록 당신을 이곳에 두셨다.
- 하나님은 당신이 직장 동료, 거래처, 고객에게 복의 통로가 되도록 당신에게 이 직장을 주셨다.
- 하나님은 당신이 소셜 미디어에서 "모든 일을 원망과 시비가 없이 하여 흠이 없고 순전하여 어그러지고 거스르는 세대 가운데서 하나님의 흠 없는 자녀로 세상에서 그들 가운데 빛들로 나타내며 생명의 말씀을 밝히기를" 원하신다(빌 2:14-16).
- 하나님은 소망이 필요한 친구들을 당신에게 주셨다.
- 하나님은 당신이 오늘 치유가 필요한 누군가를 만나게 하실 것이다.

당신은 그들을 사랑할 수 있다. 그들의 가치를 인정해 줄 수 있다. 그렇게 하는 것은 곧 하나님께 충성하는 것이다. 그렇게 하면 하나님이 그들의 삶에서 당신의 충성을 상상할 수 없을 정도로 놀랍게 사용하실 것이다.

3.

하나님께 받은
자원
배가하기

단어 연상 게임을 해 본 적 있는가? 누군가가 한 단어를 제시하면 가장 먼저 떠오르는 단어를 이어서 말하는 게임이다. 예를 들면, 다음과 같다.

거품.　　　　목욕.

사과.　　　　파이.

휴대폰.　　　앱.

닭.　　　　　달걀.

소.　　　　　우유.

개.　　　　　짖다.

반대말을 대는 게임도 할 수 있다. 누군가가 한 단어를 제시하면 재빨리 반대말을 말하는 게임이다. 예를 들면, 다음과 같다.

아름다운.	못생긴.
진실.	거짓말.
낮.	밤.
정부.	효율성.

그렇다면, '충성된'이라는 단어의 의미와 그 단어의 반대말이 무엇인지 생각해 보자.

황금 한 자루에 한 자루를 더 받는다!

지금 우리가 단어 연상 게임을 하고 있다고 가정해 보자. 내가 '충성된'이라고 말한다면 어떤 단어가 가장 먼저 생각나는가? 내가 '충성된'의 반대말이 뭐냐고 물으면서 '불충한'이란 답은 제외하라고 말한다면 어떻겠는가? 종들에게 달란트 자루를 나눠 준 사람에 대한 예수님의 이야기에서 그 단서를 찾을 수 있다.

마태복음 25장에서 예수님은 멀리 여행을 떠나는 한 집주인에 대한 비유를 말씀하신다. 주인은 떠나기 전에 자기 재산을 종들에게 맡긴다. 내가 볼 때 이는 특이한 일이다. 요즘 같으면 여행을 떠날 때 친구들에게 돈을 맡기지 않는다. 친구에게 개를 맡기거나 집을 봐 달라고 부탁한다면 모를까. 친구에게 4백 달러를 건네면서 "내가 바닷가에 다녀올 동안 이걸

보관해 줘"라고 말하는 것과는 다르다.

이 주인은 한 종에게 황금 다섯 자루, 두 번째 종에게는 황금 두 자루, 세 번째 종에게는 한 자루만 준다. 처음 두 종은 주인이 돌아오면 더 많은 돈으로 돌려주기 위해 받은 돈을 전략적으로 투자한다. 어떤 방법으로든 두 종은 현명한 투자를 하고, 둘 다 받은 돈을 두 배로 늘린다.

주인은 여행에서 돌아와 두 종을 모두 칭찬한다. "잘하였도다 착하고 충성된 종아 네가 적은 일에 충성하였으매 내가 많은 것을 네게 맡기리니 네 주인의 즐거움에 참여할지어다"(마 25:21). 보다시피 이 종들은 주인의 자원을 배가했고, 예수님은 그들에게 '충성된'이란 표현을 사용하셨다.

하나님 나라에서는 자기가 받은 것을 배가하는 것이 곧 충성이다.

여기서 '충성된'으로 번역된 헬라어 단어는 '피스토스'(pistos)다. 이 단어는 사업 거래나 명령 수행, 공적 임무 수행에서 충성스러운 사람을 일컫는다. 이 비유의 진행 과정을 눈여겨보라.

- 주인이 종들에게 자원을 맡긴다.
- 종들이 받은 자원을 배가한다.
- 주인이 그들을 충성된 종이라고 칭찬한다.
- 주인이 더 많은 자원을 주어 그들의 충성에 상을 내린다.
- 충성된 종들은 주인의 행복에 동참한다.

모든 복을 받으면서 종은 충성해야 했다. 이것은 우리를 향한 하나님의 계획이기도 하다. 하나님께 충성할 수 있는 한 가지 방법은 받은 것을 잘 관리해서 배가하는 것이다. 바로 이것이 충성이다. 하나님이 당신에게 마당을 주셨는가? 더 좋은 마당으로 가꾸라. 하나님이 당신에게 고물 자동차를 주셨는가? 세상에서 가장 깨끗한 고물 자동차로 관리하라. 하나님이 당신에게 몸을 주셨는가? 그 몸을 최대한 잘 돌보라.

하나님이 당신에게 시간을 주셨는가? 그 시간을 사용해서 사람들을 섬기고 복을 전해 주라. 하나님이 당신에게 돈을 주셨는가? 어떻게 하면 그 돈을 잘 관리해서 하나님 나라를 위해 그 돈의 영향력을 배가할 수 있을까? 바로 이것이 충성이다. 가만히 보니, 사업을 하는 예수님의 제자들 중에는 자신이 교회 사역을 하지 않는다는 이유로 천국의 2등 시민인 것처럼 느끼는 이들이 더러 있는 것 같다. 하지만 사업을 잘하는 것은 하나님께 큰 영광을 돌릴 수 있는 일이다. 다음과 같이 한다면 충성된 제자다.

- 사람들에게 가치와 복을 더해 주는 제품이나 서비스를 창출한다.
- 정직함으로 사람들을 효과적으로 이끄는 관리자다.
- 사람들과 그 가족들이 생계를 유지할 수 있도록 일자리를 창출한다.
- 사람들을 잘 대접한다.

이렇게 하는 것은 성경을 읽거나 금식을 하거나 주일학교에서 아이들을 가르치는 것만큼이나 충성된 일이다. 버스 기사 린다를 기억하는가? 단골 승객들을 대상으로 린다가 한 일이 사역이 아니라는 말은 하지 말라!

하나님이 주신 자원을 배가하는 것은 충성된 일이다.

예수님은 이것을 충성이라고 말씀하신다. 단어 연상 게임이라고 할 때, 우리가 '배가'라고 말하면 예수님은 '충성'이라고 말씀하신다.

부자 주인이 세 번째 종에게도 재산의 일부를 맡긴 것을 기억하는가? 다른 두 종은 충성을 보였다. 세 번째 종은 어떠했을까? 성경에서는 세 번째 종이 두려워했다고 말한다. 그는 돈을 잃을까 봐 투자하기를 두려워했다. 그를 쉽게 비난할 수도 있지만, 나는 그를 이해할 수 있다. 나도 특히 내 것이 아닌 것으로 실수할까 봐 두려워했던 순간들이 있다.

그 종은 무서웠다. 그래서 주인에게 받은 돈을 땅속에 숨겨 두었다. 주인이 돌아오자 이 종은 돈을 땅에서 꺼내 부자 주인에게 그대로 돌려주었다. 그는 한 푼도 빠짐없이 모든 돈을 받은 그대로 돌려주었다. 주인은 그에게 뭐라고 말했을까? "잘하였도다 착하고 충성된 종아, 내 돈을 안전하게 잘 보관했구나. 네 돈도 아닌 것을 함부로 굴려서 잃지 않고 잘 가져왔구나."

이렇게 말했을까? 전혀 아니다. 주인은 기뻐하지 않았다. 그는 불쾌해하고 실망했다. 그리고 이렇게 말했다. "악하고 게으른 종아." 다른 두 종은 충성스러웠다. 왜일까? 받은 것을 배가했기 때문이다. 이 종은 악하고 게으른 종으로 불렸다. 받은 것을 배가하지 않았기 때문이다. 생각해 보라. 이 종은 주인의 돈을 단 한 푼도 잃거나 훔치지 않았다. 단 한 푼의 횡령도 없었다. 그런데 주인은 그가 받은 것을 배가하지 않았다는 이유만으로 악하고 게으른 종이라고 말했다.

'충성된'의 반대말로 '악한'이 떠오를지도 모르겠다. 여기서 우리는 예수님께는 충성의 반대가 게으름이라는 사실을 발견할 수 있다. 하나님이 주신 자원을 게으르게 사용하면 충성되지 못한 것이다. 그것은 악한 것이다.

자, 하나님이 당신에게 무엇을 주셨는가? 어떻게 하면 그 모든 자원을 배가함으로 하나님께 충성을 다할 수 있을까?

4.

순종은 나의 일,
결과는
하나님의 몫

　내가 사람들 앞에서 뭔가 잘못하고 있을 때면, 아내가 남들 몰래 그 사실을 내게 알려 주려고 나만 아는 표정 언어를 사용하곤 한다. 안타깝게도 신혼 초에 나는 아내의 그 표정 언어를 알아듣지 못했다. 그 이유는? 나는 남자고, 남자는 눈치가 없기 때문이다. 내가 아내의 표정 언어를 처음 알아차린 것은 우리의 첫 보금자리에 친구들을 초대해서 조촐한 저녁 파티를 열었을 때였다. 내가 꽤 우스운 농담을 하자 모두가 즐거워하는 것처럼 보였다. 여기서 '모든 사람'이란 아내를 제외한 모든 사람이다.

　그때 아내가 그 표정을 지어 보였다. 나는 혼란스러웠다. 아내 눈에 뭐가 들어갔나? 아내가 압정을 깔고 앉았나? 저녁을 먹고 체했나? 나는 어색한 웃음을 지어 보이고 나서 처음보다 더 웃긴 농담을 또 던졌다. 이번에도 모든 사람이 배꼽을 잡고 웃었다. 이번에도 아내를 제외한 모든 사람이다. 아내는 나를 보며 다시 그 표정을 지었다.

내가 둔하기는 하지만 어리석지는 않다. 마침내 눈치를 챘다. '내 농담이 마음에 들지 않나 보군.' 그래서 그 농담을 그만두고 주제를 바꾸었다. 그제야 아내는 그 표정을 멈추고, 아무 일도 없었던 것처럼 평소의 행복한 표정으로 돌아왔다.

아내와 결혼한 지 30년이 넘은 지금은 아내의 비밀 메시지를 해독하는 법을 배웠다. 여기서 부부간의 모든 비밀을 털어놓을 수는 없지만, 한 가지만 귀띔하면, 아내는 표정만 짓는 것이 아니라 팔꿈치로 나를 찌르고, 손가락으로 탁자를 두드리고, 나를 꼬집는다.

성령의 인도하심

하나님도 마찬가지다. 우리 하나님은 관계적인 하나님이시다. 하나님은 관계적이시기 때문에 우리에게 말씀하기를 좋아하신다. 하나님은 다양한 방식으로, 즉 성경과 상황과 사람과 성령을 통해 말씀하신다.

좋은 소식은, 우리에게 말씀하시는 하나님의 음성을 알아듣는 능력이 좋아질 수 있다는 것이다. 내가 결혼 생활 초기에 그랬던 것처럼, 하나님이 뭔가를 암시하시거나 말씀하실 때 우리가 그것을 분간하는 법을 배우려면 어느 정도 시간이 걸릴 수 있다. 하지만 하나님과 시간을 보낼수록 그분의 지시를 더 잘 감지하게 된다. 그리고 하나님이 암시하거나 지시하거나 말씀하실 때 한 가지 분명한 사실이 있다. 우리가 그 암시나 지시나 말씀에 따라 행동하려면 믿음이 필요하다는 것이다.

사도행전 20장에서 이 점을 볼 수 있다. 당시 바울은 에베소에 있었고, 그곳에 있는 것이 좋았다. 하지만 그는 예루살렘에서 "결박과 환난"이 자신을 기다리고 있음을 알면서도 그곳으로 떠나겠다고 선언했다. 그는 친구들과 눈물의 작별 인사를 했다. 그는 왜 떠났을까? 그는 "성령에 매여" 떠날 수밖에 없다고 말했다(행 20:22). 헬라어 구문은 "데데메노스 에고 토 프뉴마티"(dedemenos ego to pneumati)다. 이는 성령이 줄로 묶는 것처럼 그를 휘감았다는 뜻이다. 바울은 "설명할 수는 없지만 하나님이 나를 이끄시는 것이 분명하기에 그렇게 해야만 한다"라는 느낌을 받았다.

예수님을 따르기로 결심하면 그분이 우리를 인도하신다. 그분이 우리에게 뭔가를 촉구하신다. 그럴 때, 어떤 일이 벌어질지 몰라도 무조건 순종하는 것이 바로 충성이다.

순종과 그 결과

오래전 아내와 함께 먼 외국에 갔을 때 있었던 일이다. 우리는 며칠간 사역을 한 뒤에 하루하고도 반나절 휴가를 얻었다. 우리가 묵었던 호텔에서 걸어서 30분쯤 거리에 해변이 있었다. 휴가 첫날 오후에 우리는 그 해변에 가서 모래 위에 앉았다. 그런데 어떤 이유에서인지 한 지인에게 전화를 걸어야 한다는 생각이 들었다. 그를 데이브라고 하자. 나는 아내에게 "데이브에게 전화를 해 봐야 할 것 같아요"라고 말했다.

그러자 아내는 말했다. "그러면 전화를 해요."

하지만 문제가 있었다. "전화기를 호텔 방에 두고 왔어요."

아내는 빙그레 웃으면서 말했다. "그럼, 어서 다녀와요."

나는 호텔까지 다시 30분을 걸어가서 데이브에게 전화를 했다. 시차에 관해서는 완전히 잊어버리고 있었는데, 데이브의 휴대폰이 울린 시각은 한밤중이었다. 전화를 받은 데이브는 "안녕하세요"라고 말하는 대신 퉁명스럽게 물었다. "왜 이 시간에 전화를 한 거예요?" 문득 이상한 생각이 들었다. "데이브, 정말 미안해요. 거긴 한밤중이죠? 하지만 당신에게 꼭 전화를 해야 한다는 성령의 인도하심을 느꼈어요." 그러자 데이브가 떨리는 음성으로 물었다. "왜 하필 지금인데요?"

나는 그가 더없이 힘든 시기를 지나면서 극심한 우울증과 싸우고 있다는 것을 알고 있었다. 그래서 최대한 조심스럽게 물었다. "데이브, 혹시 자살할 생각인가요?" "맞아요. 죽고 싶어요." "집에 총이 있나요? 지금 손에 뭔가를 들고 있나요?"

데이브가 나지막하게 말했다. "맞아요. 총을 들고 있어요. 쏠 거예요."

나는 그에게 전화를 해야 한다는 생각이 성령의 인도하심이었다고 확신했다. "저는 지금 외국에 있는데 하나님이 당장 당신에게 전화를 걸라고 말씀하셨답니다. 하나님이 당신을 얼마나 사랑하시는지 알겠죠?"

데이브는 아무 말도 하지 않았다. 나는 내가 그를 얼마나 사랑하는지 그가 알게 해 달라고 기도했다. 무엇보다도 하나님이 그를 얼마나 사랑하시는지 그가 알기를 원했다.

"당신이 하나님을 가장 필요로 하는 순간, 하나님은 저로 하여금 당신에게 전화를 걸게 하셨어요. 이것이 하나님이 당신을 얼마나 사랑하시는지 보여 주는 증거예요. 자, 총을 내려놓으세요. 그런 행동을 하면 안 돼요."

데이브는 흐느끼기 시작했다. 하나님의 은혜로 데이브는 자살하지 않았다(그리고 지금 그는 하나님의 완벽한 타이밍에 관한 그 기적적인 이야기를 모두에게 간중하고 다닌다). 나는 내가 하나님의 인도하심에 순종해 나 자신을 맡기면 그분이 나를 얼마나 놀랍게 쓰실 수 있는지에 대해 다시 한 번 놀랐다.

우리가 하나님의 인도하심에 충성스럽게 따르면
하나님이 어떤 놀라운 일을 행하실지 모른다.

나는 하나님께 충성하기로 미리 결정했기 때문에 하나님의 인도하심에 항상 따르려고 노력한다. 하지만 여느 사람들처럼 나도 온갖 방해로 인해 하나님과 매일 친밀히 동행하지 못하고 자기중심적인 삶으로 흐르기가 너무도 쉽다. 이것이 내가 틈만 나면 하나님께 이렇게 기도하는 이유다. "뭐든 하나님께서 시키시는 대로 하겠습니다. 말씀만 하십시오."

얼마 뒤 나는 아들 스티븐을 보자마자 그에게 기도해 줘야 한다는 인도하심을 느꼈다. 그날 집에 와서 보니 스티븐이 땀내가 코를 찌르는 십대 친구들과 놀고 있었다. 나는 아들을 난처하게 만들고 싶지 않아 하나님께 말씀드렸다. "하나님, 친구들이 돌아가고 나면 아들을 위해 기도하겠습니다." 하지만 하나님의 음성이 느껴졌다. "아니다. 지금 바로 네 아들을 위해 기도하라." 나는 망설였다. 물론 나는 목사이지만 아무리 생각해도 이것은 어색했다. 아들의 친구들이 뭐라고 생각할까? 왜 굳이 지금? 뜬금없이? 하지만 나는 충성하고 싶었다. 그래서 아들의 친구들이 있는 자리에서 아들에게 손을 얹었다. 아들은 나를 이상하게 쳐다봤다. 아들의 친구들도 나를 정말 이상하게 쳐다봤다. 나는 아들을 위한 기도를 드리면서 마음이 뜨거워졌고, 아들도 약간 감정이 올라오는 것 같았다.

나는 기도를 마쳤다. 아들은 나를 쳐다봤고, 아들의 친구들도 나를 처다봤다. 나는 어색하게 일어나서 자리를 떠났다. 그 뒤로 우리는 그 일에 관해 이야기한 적이 없다. 기적이 일어났을까? 전혀 아니다. 그렇다면 내가 지금 이 이야기를 왜 하는 걸까? 그 이유는 다음과 같다.

순종은 우리의 책임이고, 결과는 하나님의 책임이다.

우리는 충성하기를 원하며, 충성은 하나님의 모든 인도하심에 순종하기로 미리 결정하는 것을 의미한다. 때로는 인도하심의 이유가 분명해 보인다. 하지만 그렇지 않을 때도 있다. 어떤 경우든 우리는 충성해야 한다.

하나님이 우리의 마음속에 누군가 혹은 뭔가를 생각나게 하실 때 모든 상황이 분명한 경우는 드물다. "하나님의 음성인가? 왜 내게 이것을 하라고 명령하시는 걸까?" 하지만 우리는 미리 결정했다. 따라서 믿음으로 나아가야 한다. 하나님이 생각나게 하신 사람에게 더없이 겸손한 어조로 말해야 한다. "당신에게 꼭 말해야 할 것 같아서 찾아왔습니다." "당신에게 이 문자를 꼭 보내야 한다는 생각이 들었습니다." "그냥 당신을 섬기고 싶었어요." 믿음이 성장할 수 있는 유일한 길은 하나님의 음성에 따라 과감히 행동하는 것이다.

우리는 좀 느릴지는 몰라도 어리석지는 않다. 그래서 우리는 하나님의 모든 인도하심에 순종함으로 충성된 종이 되기로 미리 결정할 수 있다.

5.

하나님을 믿는 것은
위험하고 놀라운
모험

우리는 왜 하나님께 순종하지 않을까? 우리는 충성된 삶에 관한 세 가지 그림을 그렸다.

> 1) 사람들의 삶에 가치를 더해 준다.
> 2) 내가 받은 자원을 배가한다.
> 3) 성령이 이끄시는 대로 따라간다.

이 모습은 모두 위대하고 멋지고 즐겁고 특별하게 보인다. 그렇지 않은가? 그런데 왜 우리는 순종하지 못하는 것일까? 그 일이 위험하기 때문이다.

누군가의 삶에 가치를 더해 준다는 것은 나 자신의 필요보다 그의 필요를 먼저 챙긴다는 뜻이다. 그런데 그렇게 하는 것은 나 자신을 챙기지 못할 위험을 무릅쓰는 것이다.

자원을 배가하는 일에 대해서 생각할 때, 예수님의 비유에서 두 종이 충성하기 위해 무릅썼던 위험을 간과하지 말아야 한다. 그들은 돈을 잃을 위험을 무릅쓰고 그 돈을 투자했다. 필시 그들은 기도하고 고심하며 남들에게 조언을 구하고 투자 기회를 분석했을 것이다. 투자를 한 뒤에는 기다리며 상황을 지켜보아야 했다. 자신이 옳은 결정을 내린 것인지 몰라 마음을 졸였을 것이다. 한마디로 그들은 모험을 했다.

바울이 에베소를 떠나 투옥과 고난이 예상되는 예루살렘으로 간 것이나, 내가 아들 친구들이 보는 앞에서 아들에게 손을 얹어 기도한 것은 다 모험이었다. 우리는 무엇 때문에 충성된 삶으로 나아가지 못하는가? 위험을 감수해야 하기 때문이다. 하지만 크신 하나님을 믿으면 큰 모험을 할 수 있다. 여기서 끝이 아니다. 믿음은 단순히 모험을 할 수 있게 해 줄 뿐 아니라 믿음 자체가 모험이다.

믿음은 모험이다.

예를 들어 보겠다. 내가 당신에게 "지붕에서 뛰어 내리세요. 내가 잡아 줄게요. 나를 믿으세요!"라고 소리를 지르면 그것은 곧 모험을 하라는 말이다. 누군가를 믿는 것은 곧 모험이다. 내가 당신에게 "제게 비밀을 털어놓으세요. 당신이 많은 사람에게 뒤통수를 맞은 적이 있다는 걸 알아요. 하지만 저는 믿어도 돼요"라고 말한다면 그것은 모험을 하라는 말이다. 누군가를 믿는 것은 곧 모험이다.

믿음은 모험이다. 믿음에는 모험이 필요하다.

하나님은 믿음을 품고서 충성을 다하는 사람들을 찾고 계신다. 기꺼이 모험을 할 사람들을 찾고 계신다. "믿음이 없이는 하나님을 기쁘시게 하지 못하나니…"(히 11:6). 이는 안전한 길로만 가려 하면 하나님을 기쁘시게 할 수 없다는 뜻이다.

자동차 범퍼 스티커에서 흔히 볼 수 있는 문구와 달리, 예수님을 따른다고 해서 우리의 삶이 안전해지는 것은 아니다. 내 친구 마크 배터슨에 따르면 "예수님은 우리를 안전하게 지키려고 죽지 않으셨다. 그분은 우리를 위험하게 하려고 죽으셨다."

악하고 게으른 종은 안전을 추구했다. 충성된 두 종은 위험을 무릅썼다. 믿음의 삶은 위험을 무릅쓰고 모험을 하는 삶이다. 성경에서 위대한 믿음의 삶을 산 사람들은 다 모험을 한 사람들이다. 히브리서 11장에서 하나님의 명예의 전당을 확인해 보라. 그곳에 기록된 위인들은 모두 믿음으로 칭찬을 받았고, 그들이 믿음으로 살기 위해서는 큰 모험을 해야 했다. 안전하기를 추구하면서 하나님을 기쁘시게 하는 것은 불가능하다.

하나님은 왜 우리가 위험을 무릅쓰기를 원하실까? 우리가 그분을 철저히 의지하기를 원하시기 때문이다. 우리가 하나님을 의지하면서 그분과 깊이 연합하기를 원하시기 때문이다. 하지만 안전하기만 한 상황에서는 하나님이 별로 필요하지 않다.

그런데 이번에도 문제는 위험한 상황이 두려움을 낳는다는 것이다. 성경에서 자주 반복되는 명령이 "두려워하지 말라"인 이유도 이 때문이 아닐까 싶다.

우리는 위험이 없는 삶을 원하지만,

하나님은 우리가 담대히 모험하며 살기를 원하신다.

그럼에도 우리는 안전을 선호한다. 왜일까? 두렵기 때문이다. 위험은 두려움을 낳고, 두려움은 극복하기 어렵다. 하지만 충성된 삶을 살려면 두려움을 극복해야 한다.

두려움을 극복하는 법

두려움을 극복하고 충성된 삶으로 하나님을 영화롭게 할 수 있는 비밀을 가르쳐 주고 싶다. 우리가 기꺼이 위험을 무릅쓸지는, 대개 그 위험이 초래하는 두려움의 크기에 달려 있다. 하지만 이 비밀을 알고 나면 평소 같으면 가질 수 없었을 용기를 얻어 충성된 삶을 사는 데 도움이 된다.

위험을 무릅쓸지는 잠재적인 보상이 무엇인가에 따라 결정된다.

예를 들어, 화재가 나서 불타고 있는 집 안으로 돌진하겠는가? 물론 그렇게 하지 않을 것이다. 그 행동은 위험하고, 그 위험에 대한 두려움이 너무 크기 때문이다.

이번에는 다른 시나리오를 생각해 보자. 애완용으로 키우는 금붕어를 구하기 위해 불타고 있는 집 안으로 들어가겠는가? 이번에도 역시 그렇게 하지 않을 것이다. 그 일은 위험하고, 그 위험에 대한 두려움이 금붕어를 구한다는 잠재적인 보상보다 크기 때문이다.

하지만 집 안에 당신의 자녀가 있다면? 집 안으로 돌진하겠는가? 당연하다. 한 치의 머뭇거림도 없이 돌진할 것이다. 위험은 (애완용 금붕어가 집 안에 있을 때와) '정확히' 동일하다. 그 위험이 유발하는 두려움도 동일하다. 하지만 보상이 위험을 무릅쓸 만한 가치가 있기 때문에 그렇게 행동할 것이다.

대부분의 그리스도인들이 충성된 삶을 사는 데 필요한 위험을 무릅쓰지 않는 이유는 위험에 시선을 고정한 탓에 두려움을 너무 크게 느끼기 때문이다.

- 예수님이 한밤중에 친구에게 전화를 걸라는 음성을 주실 때 순종하지 않는 이유는? 내가 어리석어 보일까 봐 두렵기 때문이다.
- 교회에서 봉사하지 않는 교인들이 그토록 많은 이유는? 일을 제대로 못할까 봐 두렵거나 많은 시간을 투자해야 하는 것에 쉽게 엄두가 나지 않기 때문이다.
- 대부분의 그리스도인들이 십일조를 하지 않는 이유는? 봉급의 90퍼센트만으로 사는 것이 너무 큰 모험처럼 느껴지기 때문이다.
- 그리스도인들 중 95퍼센트가 전도를 하지 않는 이유는? 사람들에게 거부당할까 봐 두렵기 때문이다.

위험에 시선을 고정하면 두려움으로 인해 앞으로 나아갈 수 없다. 하지만 잠재적 보상에 시선을 고정하면 위험을 무릅쓸 수 있다. 돈을 후하게 베풀면, 성령의 인도하심을 따르면, 교회에서 자원봉사를 하면, 전도를 하면, 인생들이 영원히 변한다. 그리고 이런 행동을 하는 우리는 충성된 종이 된다. 위험 자체는 변하지 않지만 위험을 감수할 만한 보상이 있다는 것을 깨닫게 되면, 우리는 두려움을 극복할 수 있다.

혹시 푸드 네트워크 채널에서 방송한 〈촙드〉(Chopped)란 프로그램을 본 적이 있는가? 각 회에 네 명의 요리사가 참여한다. 한 명씩 탈락하다가 마지막까지 살아남은 요리사가 만 달러를 받는 프로그램이다. 몇 년 전, 랜스라는 요리사가 이 프로그램에 출연한 적이 있다. 랜스는 처음부터 자신이 그리스도인이라고 밝혔다. 그는 자신이 예수님의 제자이며 하나님이 어떻게 자신의 삶을 변화시켰는지를 자주 이야기했다. 그는 하나님을 위해서 요리를 하는 것이고, 하나님을 위해 이 프로그램에 참여했다고 밝혔다.

또 다른 참가자로 젊은 여성이 있었는데, 그 여성은 할머니가 프랑스에 사시는데 못 뵌 지 한참 되었다고 말했다. 할머니가 이제 살날이 얼마 남지 않았기 때문에, 이 프로그램에서 우승하면 그 상금으로 프랑스에 가서 할머니를 뵙고 작별 인사를 하고 싶다고 말했다. 그녀는 할머니를 생각하며 마음 아파하는 모습을 자주 보였고, 그리스도인인 랜스는 그녀를 위해 기도해 주고 싶다고 말하기도 했다.

요리 시합은 계속 진행되었고, 최종적으로 그 두 사람만 남았다. 그리고 그리스도인 랜스가 우승을 했다. 그 여성은 완전히 풀이 죽어 무대 밖으로 걸어 나가기 시작했다. 그때 랜스가 그녀를 불렀다. "잠깐만요!" 그녀가 멈춰 서자 랜스는 말했다. "당신은 할머니를 볼 자격이 있어요. 제가 그 비용을 댈게요." 그녀는 "진심이세요?"라고 묻는 것 같은 눈으로 랜스를 쳐다보았다. 랜스는 미소 지으며 고개를 끄덕였다.

랜스는 우승 상금을 경쟁자에게 주어, 그녀가 프랑스에 계신 할머니를 만날 수 있게 도왔다. 랜스는 예수님의 인도하심에 충성했다. 그의 행동은 예수님이 놀라우신 분임을 증명했다. 그는 왜 그랬을까?

- 그것은 누군가의 삶에 가치를 더해 줄 기회였다.
- 그것은 하나님이 주신 만 달러를 배가할 기회였다. 그는 그 돈을 사실상 잃은 것이 아니었다. 그의 행동으로 인해, 그 프로그램을 본 수백만 명이 예수님이 놀라우신 분임을 알았기 때문이다. 도대체 몇 갑절의 배가인지 모르겠다.
- 그것은 하나님의 인도하심에 순종할 기회였다.

어쩌면 랜스는 "잠깐만요!"라고 말하기 전, 약간의 두려움을 느끼고 침을 꿀꺽 삼켰을지 모른다. 하지만 그는 위험을 감수할 만큼 가치 있는 보상이 있다는 것을 알았다.

6.
작은 일에 충성한 내게
하나님이 행하실
큰일

사람들은 가끔 내게 묻는다. "처음 라이프교회를 세웠을 때 이렇게 많은 사람들에게 영향을 끼칠 줄 알았나요?"

나는 전혀 몰랐다. 전혀.

교회를 개척하기 위해 계획을 세우던 중, 내 멘토인 게리 월터를 만나서 함께 식사를 하고 있었다. 그는 나를 응시하며 예언에 가까운 말을 했다. "크레이그, 아마 자네는 단기간에 아주 많은 일을 해낼 수 있다고 자신을 과대평가하고 있을 거야."

나는 의심스럽다는 표정으로 그를 봤지만 나중에 경험해 보니 그의 말이 맞았다. 1년쯤 지나서 우리 교회의 교인 숫자는 120명이었고 나는 몹시 실망했다. 훨씬 더 많은 사람들에게 복음을 전하고 싶었다. 이 도시에 엄청난 영향을 미치게 해 달라고 기도하고 교회를 개척했건만 상황은 기대했던 것처럼 흘러가지 않았다.

월터는 강조하기 위해 첫 문장을 반복하면서 이렇게 말했다. "자네는 단기간에 아주 많은 일을 해낼 수 있다고 자신을 과대평가하고 있을 거야. 하지만 하나님이 충성된 사람의 평생에 걸쳐 하실 수 있는 큰일에 대해서는 과소평가하고 있을 걸."

나는 그 말을 평생 잊지 못할 것이다. 그리고 그 말은 사람들이 내게 해 준 어떤 말보다도 옳았다. 이 지혜를 당신에게도 나누고 싶다. 당신은 자신이 단기간에 아주 많은 일을 해낼 수 있다고 자신을 과대평가했고 지금 그 결과에 대해 실망하고 있을지도 모른다. 하지만 용기를 잃지 마라. 왜냐하면…

당신은 하나님이 충성된 사람의 평생에 걸쳐 하실 수 있는
큰일에 대해서는 과소평가하고 있기 때문이다.

라이프교회가 어떻게 그토록 많은 사람들에게 영향을 미칠 수 있었을까? 모든 것이 하나님의 은혜다. 하나님은 작은 일에 충성하기로 한 나의 수많은 결정을 지금도 사용하고 계신다. 우리가 작은 일에 충성하면 하나님은 많은 일을 맡겨 주신다(눅 16:10). 내 삶에 일어난 몇 가지 사례를 소개해 보겠다.

신혼 초에 우리 부부는 재정으로 하나님께 영광을 돌리는 법에 관한 수업을 받았다. 관리할 돈이 많지는 않았지만 하나님 앞에서 세 가지 결단을 했다. 첫째, 하나님께 10퍼센트를 돌려 드림으로써 재정적인 영역에서 그분을 우선시하기로 결단했다. 둘째, 10퍼센트를 저금하기로 했다(당시 우리 수입은 많지 않았기 때문에 이는 쉽지 않은 일이었다). 셋째, 집을 마련할 때 말고는 돈을 빌려서 무언가를 사는 일은 하지 않기로 결심했다. 신혼 초에 우리는 찢어지게 가난했다. 하지만 하나님은 당시의 훈련을 통해 우리가 나중에 영적으로 더 많은 것을 감당할 수 있도록 준비시키셨다.

1996년, 우리 부부는 새로운 유형의 교회를 세우라는 하나님의 부르심을 느꼈다. 언젠가 하나님이 그 교회를 통해 특별한 일을 행하시리라 확신했다. 그 모험을 하기가 죽을 만큼 두려웠지만 우리는 차고에서 40명과 함께 예배를 드리기 시작했다. 시설이라곤 오버헤드 프로젝터 한 대가 전부였다.

당시 나는 열아홉 살 소년인 브라이언 브러스를 만났다. 브라이언은 내가 마카로니 그릴 식당에서 본 최고의 웨이터였다. 그에게는 뭔가 특별한 것이 있었다. 내가 그를 제자로 훈련하고 그가 지도자로 성장하도록 도왔다는 사실이 몹시 자랑스럽다. 현재 그는 오클라호마주 노먼에 있는 우리 교회 캠퍼스의 목사로서 그 도시에 가치를 더하고 있다.

2008년, 우리 교회 목사인 보비 그룬왈드가 내게 이런 말을 했다. "목사님, 애플에서 앱을 만들고 있습니다." "앱이 뭐예요?" 내가 묻자, 그는 앱을 설명하면서 이렇게 말했다. "우리가 성경 앱을 만들면 어떨까요? 앱을 만들어서 무료로 나눠 주는 거예요." 위험 요소를 생각하니 두려웠다. 우리가 어떻게 앱을 만든단 말인가. 앱을 만들 돈도 없지만, 만들고 나서 사용료도 받지 않는다고? 하지만 우리는 성령의 감동하심을 느꼈다. 그 앱이 바로 '유버전 바이블'(YouVersion Bible)이다. 우리가 그 앱을 5억 명 이상에게 무료로 제공하게 될 줄은 꿈에도 몰랐다.

팬데믹 기간에 교회들은 문을 닫았고, 교인들이 다시 돌아올지 확신할 수 없었다. 몹시 두려운 시기였다. 그전에 우리는 콜로라도스프링스에 새로운 교회를 짓기 위한 공사를 계획한 상태였다. 그런데 나중에 상황이 어떻게 될지도 모르는 팬데믹 한가운데서 교회 건축에 돈을 쓴다는 것은 말이 되질 않았다. 하지만 우리는 작은 방에서 기도하던 중 믿음의 발걸음을 떼어 공사를 시작하라는 하나님의 음성을 느꼈다. 이 글을 쓰는 지금, 우리 콜로라도스프링스 교회에서는 2천 명 이상의 교인이 출석하고 수백 명이 그리스도를 영접하고 있다.

우리가 작은 일에 충성하면 하나님이 더 많은 것을 맡겨 주신다.

작은 일 하나하나에 충성하라. 그러면 하나님이 더 많은 것을 맡겨 주실 것이다. 우리의 책임은 순종하는 것이다. 결과는 하나님께 맡기라. 우리는 단기간에 아주 많은 일을 해낼 수 있다고 자신을 과대평가하고 있을지 모른다. 하지만 하나님이 충성된 사람의 평생에 걸쳐 하실 수 있는 큰일에 대해서는 과소평가하고 있을 수 있다.

나 는 하 나 님 께 충 성 하 는 가 ?

1. 당신의 인생 목표를 한 단어로 정리하면 무엇인가?

2. 당신이 주기적으로 만나는 사람들 중에서 누구에게 하나님이 복을 나누어 주라고 말씀하시는가? 그들의 이름을 쓰고 상황을 설명해 보라.

3. 가족, 친구, 이웃, 동료들을 생각해 보고, 예수님처럼 더 적극적으로 사랑을 표현해 주어야 할 사람들의 목록을 작성해 보라. 그들의 가치를 인정해 줄 방안을 고민해 보라.

4. 당신이 가진 자원 중에서 지금 하나님이 그분을 위해 배가하라고 말씀하시는 것이 있는가? 떠오르는 대로 한 가지만 써 보라.

5. 누군가에게 말을 하거나 어떤 행동을 취하라는 성령의 인도하심에 그대로 순종했을 때, 당신의 충성을 통해 하나님의 역사가 나타나는 것을 본 적이 있는가?

6. 당신이 경험한 가장 큰 믿음의 모험은 무엇인가? 그 모험이 왜 위험하게 느껴졌는가?

7. 하나님은 지금 당신이 어떤 모험을 하도록 부르고 계시는가?

4장

"너희는 세상의 소금이니 …
너희는 세상의 빛이라"
_ 마태복음 5:13-14

"나는 선한 영향력을
발휘할 것이다"

어둡고 악한 세상에서 빛과 소금의 역할을 하며
예수님을 전하기로 미리 결정하다

1.

소금과 빛,
세상 속에 있어야
의미가 있다

새디 로버트슨은 영향력 있는 사람이다. 그녀가 출연한 〈덕 다이너 스티〉(Duck Dynasty)와 〈댄싱 위드 더 스타스〉(Dancing with the Stars)를 수백만 명이 보았다. 내가 이 글을 쓰는 지금, 새디는 인스타그램 팔로워 5백만 명과 엑스 팔로워 170만 명을 거느리고 있다. 한 대학의 학위 수여식 연설에서 로버트슨은 약 12,000명 대학생들에게 물었다. "여러분 중에서 자신이 영향력 있는 사람이라고 생각하시는 분은 손 들어 보세요."

그러자 몇 명이 손을 들었다. 로버트슨은 영향력의 정의가 누군가의 행동이나 인격에 영향을 미칠 수 있는 힘이라고 설명했다. 그러고 나서 이렇게 말했다. "제가 볼 때는 모든 사람이 영향력을 지니고 있어요. 모두가 유명하지는 않지만 모두가 영향력 있는 사람이에요. … 지금은 '영향력 있는 사람'이라는 말의 의미가 많이 왜곡되었어요."

새디는 사람들에게 예수님을 전하는 데 하나님이 주신 모든 영향력을 사용하고 싶다고 청중에게 말했다. "이것이야말로 우리가 누군가의 삶 속에서 할 수 있는 가장 영향력 있는 일이에요."

새디는 학생들에게 말했다. "여러분이 영향력 없는 사람이라는 말은 원수 마귀의 거짓말입니다." 우리 모두는 생각보다 훨씬 영향력이 큰 사람들이다. 새디는 또 이렇게 말했다. "하나님의 말씀은 여러분이 어둠 가운데 빛으로 부름을 받았다고 말합니다. 책상 아래, 담요로 덮어 숨긴 작은 빛이 되라고 하신 것이 아닙니다. 그러지 마세요. 여러분의 빛을 숨기지 마세요. 산 위의 동네를 비추는 빛이 되세요. … 어두운 곳에 가서 그곳을 환히 비추세요."[13]

세상 속으로 들어가라

새디 로버트슨의 말은 예수님의 말씀(마 5:13-16)을 바탕으로 한다.

> 너희는 세상의 소금이니 소금이 만일 그 맛을 잃으면 무엇으로 짜게 하리요 후에는 아무 쓸데 없어 다만 밖에 버려져 사람에게 밟힐 뿐이니라 너희는 세상의 빛이라 산 위에 있는 동네가 숨겨지지 못할 것이요 사람이 등불을 켜서 말 아래에 두지 아니하고 등경 위에 두나니 이러므로 집 안 모든 사람에게 비치느니라 이같이 너희 빛이 사람 앞에 비치게 하여 그들로 너희 착한 행실을 보고 하늘에 계신 너희 아버지께 영광을 돌리게 하라

당신은 어떤 사람인가? 당신은 소금이다. 당신은 빛이다.

소금은 무슨 역할을 하는가? 음식에 맛을 더해 준다.

빛은 무슨 역할을 하는가? 어두움을 몰아낸다.

그렇다. 소금과 빛은 음식이나 어두움과 접촉할 때 그 목적을 이룰 수 있다. 이것이 예수님이 우리에게 이렇게 말씀하신 이유다. "너희는 온 천하에 다니며 만민에게 복음을 전파하라"(막 16:15). 우리는 세상 속으로 들어가야 한다.

2021년 라이프웨이 리서치는 교회에 다니지 않는 미국인 2천 명을 대상으로 한 설문 조사 결과를 발표했다. 조사에 따르면, 자신에게 예수님을 전해 준 그리스도인이 한 명이라도 있었던 사람은 겨우 29퍼센트(10명 중 3명꼴)밖에 되지 않았다. 설문 응답자들 중 79퍼센트는 지인이 자신에게 예수님을 전하는 것에 거부감이 없다고 대답했고, 47퍼센트는 그런 대화에 열려 있다고 대답했다.[14]

이 연구는 복음을 필요로 하는 사람 10명 중 8명이 복음을 듣는 일에 반감이 없고, 절반은 그런 대화에 열려 있다는 사실을 보여 준다. 이는 "사람들은 복음을 듣기 싫어한다" 혹은 "사람들은 예수님에 대해서 열려 있지 않다"라는 주장을 뒤엎는 결과다.

오늘날 예수님이 주신 복음 전도의 사명을 소홀히 하는 그리스도인들이 너무도 많다. 그들은 하나님을 멀리 떠나 있는 사람들에게 사랑으로 다가가지 않고 거리를 둔다. 하지만 예수님은 "각자 집 안으로 들어가 숨으라"라고 하신 것이 아니라 "세상 속으로 들어가 빛을 비추라"라고 말씀하셨다.

죄인들과 함께 먹다

오래전, 장례식을 인도한 일이 있는데 이 도시에서 유명한 사업가가 그 장례식에 참석했다. 그 사업가는 엄청난 성공을 거둔 사람이었지만 난잡하고 방종한 생활로 더 유명했다. 그런데 그 장례식장에서 영적인 감명을 받은 것이 분명했다. 그가 나중에 내 사무실로 전화를 해서 비서에게 이렇게 말했기 때문이다. "저는 라이프교회에 다니지도 않고 특별히 종교적인 사람도 아닙니다. 하지만 몇 가지 묻고 싶은 것이 있는데 목사님을 만나 뵐 수 있을까요?" 물론 나는 흔쾌히 시간을 냈다.

우리는 낮에 식당에서 만났는데 모든 자리가 꽉 차 있었다. 그러자 식당 주인이 우리에게 바에 앉아도 괜찮겠냐고 물었고, 그 사업가는 "상관없어요"라고 말했다.

나는 졸지에 목사가 유명한 죄인과 바에 나란히 앉게 되었다는 생각이 들었다. 그리고 사람들도 그런 생각을 하면서 우리를 힐끔거리는 것 같았다. 하지만 나는 청중이 단 한 사람이더라도 그를 위해 살기로 미리 결정했기 때문에 재빨리 눈앞의 사람에게 집중했다. 나는 예수님이 "죄인과 세리들과 함께 잡수시는 것"으로 인해 자주 비판을 받으시고 "건강한 자에게는 의사가 쓸데없고 병든 자에게라야 쓸데 있느니라 나는 의인을 부르러 온 것이 아니요 죄인을 부르러 왔노라"라고 말씀하셨다는 사실을 떠올렸다(막 2:16-17).

나는 그 사업가와 나란히 앉아서 뜻깊은 대화를 나누었다. 그가 영적으로 진전을 이루어 예수님을 향한 믿음으로 점점 나아가고 있음을 분명히 느낄 수 있었다. 이 얼마나 멋진가! 바로 이것이 그리스도인의 사명이다.

하지만 내 사무실로 돌아와 보니 크레이그 그로쉘 목사가 바에서 죄인과 함께 앉아 있었다는 사실을 세상에 알려야 한다는 사명감에 불타는 다른 교회 교인들에게서 벌써 두 통의 전화가 와 있었다. 하지만 그들은 "방금 귀 교회의 목사님이 예수님처럼 행동하는 것을 보았습니다"라고 말했어야 옳다.

어떤 이유에서인지 우리 그리스도인들은 자신의 정체성을 잃고 내부에만 관심을 두기 쉽다. 하지만 새디 로버트슨의 말처럼 우리는 영향력 있는 사람들이다. 우리는 세상 속으로 나아가야 한다. 거기서 소금과 빛이 되어야 한다. 하나님이 사랑하시며 예수님을 필요로 하는 사람들에게 영향을 미쳐야 한다. (바에 있었다는 이유로 비난을 받을 위험을 각오하고서라도 그렇게 해야 한다.) 우리는 다음과 같이 미리 결정해야 한다.

나는 선한 영향력을 발휘할 것이다.

하지만 쉽지 않을 것이다. 따라서 우리는 기도와 본보기와 말로 사람들에게 영향을 미치기로 미리 결정해야 한다.

2.

예수님을
언제, 어디서나
전할 수 있기를

자신의 정체성을 잃고 내부에만 관심을 두면 작고 안전한 기도만 드리게 된다.

- "하나님, 에델 할머니를 축복해 주세요."
- "주님, 오늘도 좋은 하루가 되게 해 주세요."
- "마트까지 1킬로미터 운전하는 동안 안전하게 지켜 주세요."

물론 우리는 무엇에 대해서든 기도할 수 있고 기도해야 한다. 하지만 우리는 좀 더 큰 기도를 드려야 하지 않을까? 영향력을 발휘하기 위한 전략의 일부로서 기도하기를 바란다.

나는 예수님에게서 멀리 있는 사람들이 그분께 가까이 나아갈 수 있도록 영향을 미치고 싶다. 하나님은 그 사람들을 사랑하시며, 그들이 가까이 다가오기를 우리보다도 더 간절히 원하고 계신다. 우리의 힘은 하나님의 능력보다 크지 않다. 따라서 우리는 하나님께 능력을 달라고 요청해야 한다. 우리가 그들에게 예수님을 전하기 위한 모든 기회를 최대한 활용할 수 있도록 준비되게 해 달라고 기도해야 한다.

바로 이것이 바울의 권면이다. "기도를 계속하고 기도에 감사함으로 깨어 있으라 또한 우리를 위하여 기도하되 하나님이 전도할 문을 우리에게 열어 주사 그리스도의 비밀을 말하게 하시기를 구하라 내가 이 일 때문에 매임을 당하였노라 그리하면 내가 마땅히 할 말로써 이 비밀을 나타내리라 외인에게 대해서는 지혜로 행하여 세월을 아끼라 너희 말을 항상 은혜 가운데서 소금으로 맛을 냄과 같이 하라 그리하면 각 사람에게 마땅히 대답할 것을 알리라"(골 4:2-6).

바울의 기도는 강력하다. 보다시피 그는 기도에 '헌신'하라고 가르친다. (기억하는가? 우리는 헌신하기로 미리 결정했다.) 바울은 "생각나면 기도하길 바란다"라고 말하지 않는다. 그는 항상 기도하기로 미리 결정하라고 가르친다. 그렇다면 무엇을 위해 기도해야 할까? 바울은 우리가 다음과 같이 할 수 있도록 기도하라고 권면한다.

- 그리스도를 전할 수 있는 문이 열려 있는지 잘 살피도록
- 믿음 밖에 있는 사람들에게 지혜롭게 행할 수 있도록
- 모든 사람에게 은혜롭게 답할 준비를 항상 하여, 예수님을 전할 모든 기회를 최대한 활용할 수 있도록

바울은 우리에게 다음과 같이 하라고 촉구한다.

하나님에게서 멀리 있는 사람들에 대해서 하나님께 말씀드리라.
하나님에게서 멀리 있는 사람들과 함께 하나님에 대해 이야기하라.

위의 두 문장을 다시 찬찬히 읽고, 이 둘이 어떻게 하나로 연결되는지 생각해 보라. 여기서 우리는 기도로 사람들에게 영향을 미치기 위한 세 가지 방법을 찾을 수 있다.

1) 하나님에게서 멀리 있는 사람들에게 그리스도를 전할 수 있도록 문을 열어 달라고 기도하라.
2) 하나님과 가까운 사람들이 하나님에게서 멀리 있는 사람들에게 그리스도를 전하게 해 달라고 기도하라.
3) 하나님에게서 멀리 있는 사람들이 그리스도의 메시지를 받아들이고 그 열린 문으로 들어오게 해 달라고 기도하라.

자신을 위해 기도하라

자신을 위해서 어떤 기도를 하는가? 연봉 인상을 위해? 휴식을 가질 수 있도록? 자녀가 말을 잘 듣게 해 달라고? 기름 값이 내려가도록? 복근이 생기도록? (물론 이런 기도도 필요하다.)

하나님에게서 멀리 있는 사람들에게 그리스도를 전할 수 있도록 문을 열어 달라고 기도하는가? 그런 기회가 생길 때 그것을 알아보는 눈과

해야 할 말을 알려 달라고 기도하는가?

그런 식으로 살면 예수님의 사명에 동참하게 되면서 삶의 목적과 의미가 생긴다. 진정으로 영향력 있는 사람이 되어, 이 땅에서 자신의 삶이 끝날 때 변화된 인생들을 유산으로 남기게 된다. 그렇다면 우리는 문을 열어 달라고 기도해야 한다.

문을 열어 달라고 기도하면, 하나님이 문을 열어 주신다.

나는 20년 이상 일주일에 몇 번씩 헬스클럽에서 파코를 만나 함께 운동을 하고 있다. 하루는 서로 말이 어긋나서 파코가 헬스클럽에 오지 않았다. 나는 혼자 운동을 하고 사우나로 향했다.

20년 만에 처음으로 혼자 사우나 안에 앉아 있는데 한 남자가 들어왔다. 그는 한마디도 하지 않았지만 그의 몸짓은 많은 것을 말해 주고 있었다. 뭔가 크게 괴로운 일이 있는 것 같았다. 나는 그에게 말했다. "무척 힘든 하루를 보내신 것 같습니다. 캐묻고 싶지는 않지만 혹시 이야기할 상대가 필요하다면 제가 들어 드리죠." 그는 몇 분간 헛기침만 하며 생판 모르는 사람에게 자기 이야기를 해야 할지 망설이는 듯했다.

그가 생각하는 동안 나는 조용히 기도했다. 마침내 그의 입이 열렸다.

그는 자세한 내용까지 다 이야기하지는 않았지만 자기가 외도를 하고 그 일로 아내와 대판 싸웠다고 털어놓았다. 그는 부부 사이가 끝났다고 생각하고 전날 집을 나온 상태였다. "주차장에서 차를 빼는데 세 살배기 딸아이가 한 말이 귓가를 떠나지 않네요. '아빠, 가지 마요. 제발 가지 마세요!' 하지만 저는 못 들은 체 그냥 출발해 버렸어요."

그 순간 나는 파코가 헬스클럽에 오지 않은 것이 우연이 아니라는 사실을 알았다. 나는 하나님에게서 멀리 있는 사람들에게 그리스도의 메시지를 전할 수 있도록 문을 열어 달라고 기도했고, 그때 하나님은 하나의 문을 열어 주셨다.

나는 최대한 목사 같지 않은 투로, 최대한 평범한 투로 말했다. "너무 종교적인 말이라고 생각하지 말고 제 말을 들어 보세요. 선생님이 예수님을 믿는지는 모르겠지만 하나님이 끝이라고 하시기 전까지는 끝이 아닙니다. 하나님은 선생님의 가정이 아직 끝나지 않았다고 말씀하십니다." 그는 눈물이 글썽이는 눈으로 나를 보았다. 가정을 지킬 수 있다는 희망을 절실히 찾는 눈치였다.

성령의 인도하심을 따르자 내 입에서 말이 저절로 흘러나왔다. "하나님은 선생님이 어린 딸의 아빠요 아내에게 충실한 남편이 되기를 원하십니다. 이렇게 하면 어떨까요?" 나는 조심스럽게 말을 꺼냈다. "집으로 가서 아내분께 무릎을 꿇고 진심으로 용서를 빌면 어떨까요?"

그 남자는 흐느끼며 내게 말했다. "저는 종교를 믿지도 않고 교회에 다니지도 않지만, 하나님이 오늘 저에게 그 말을 전하려고 선생님을 보내신 것 같군요."

멋지지 않은가? 이 얼마나 놀라운 영향력인가? 어떻게 이런 일이 일어날 수 있었을까?

내가 기도했기 때문이다. 나는 하나님에게서 멀리 있는 누군가에게 그리스도의 메시지를 전하기 위한 문을 열어 달라고 기도했다. 그날 파코가 '우연히' 헬스클럽에 나오지 않은 덕분에 새로운 사람에게 주목할 수 있었고 예수님을 전할 기회의 문이 활짝 열렸다.

그 남자는 헬스클럽을 나섰다. 그는 아내 앞에 무릎을 꿇고 자신의 죄를 회개했다. 마지막으로 그의 소식을 들었을 때 그의 가정은 전보다 더 좋아졌다고 했다. 그 부부는 거의 매주일 교회에 나가서 가정을 회복시켜 주신 하나님께 영광을 돌리고 있다.

이렇게 하나님이 섭리하실 순간을 위해 기도하고 있는가? 하나님은 우리가 복음을 믿지 않는 사람들에게 영향을 미치고 사랑을 베풀기를 원하신다. 우리가 그렇게 하게 해 달라고 기도하면 하나님은 예수님의 사랑과 소망을 전할 기회를 주신다. 두려움이 앞설 수도 있지만 하나님의 도우심 아래 우리는 너끈히 감당할 수 있다.

하나님과 가까운 사람들을 위해 기도하라

빌레몬서는 신약의 한 작은 책인데, 바울이 친구 빌레몬에게 쓴 개인적인 편지다. 빌레몬은 성공한 사업가로 보이며, 작은 가정 교회를 위해 자신의 집을 제공했다. 빌레몬은 노예를 소유하고 있었다. 당시에는 흔한 관행이었고, 주로 빚을 진 사람이 노예가 되었다. 그런데 그의 노예였던 오네시모가 도망을 쳐서 로마까지 갔다.

로마에 도착한 오네시모는 바울을 만났고, 바울은 이 노예가 예수님을 믿도록 인도했다. 오네시모는 완전히 변했고, 주인 빌레몬에게 돌아가서 상황을 바로잡기로 결심했다. 바울은 오네시모를 위해 빌레몬에게 간곡한 편지를 썼다. 그는 빌레몬에게 오네시모를 주님 안에서 그의 형제로 받아 달라고 간청했다. 그는 먼저 이렇게 썼다. "내가 항상 내 하나님께 감사하고 기도할 때에 너를 말함은 주 예수와 및 모든 성도에 대한 네 사랑과 믿음이 있음을 들음이니"(4-5절). 그는 빌레몬이 다른 그리스도인들을 사랑하도록 해 주신 하나님께 감사했다.

바울은 계속해서 이렇게 썼다. "이로써 네 믿음의 교제가 우리 가운 데 있는 선을 알게 하고 그리스도께 이르도록 역사하느니라"(6절). 바울은 우리가 그리스도 안에서 가진 모든 복을 빌레몬이 온전히 이해하기를 원 했다. 그렇다면 어떻게 해야 그렇게 될 수 있을까?

자신의 믿음을 적극적으로 나눠야 한다. 사랑하는 사람들이 그리스 도 안에 있는 모든 좋은 것을 온전히 이해하기를 원하는가? 당연히 그럴 것이다. 우리는 모두 그렇게 되기를 원한다. 그렇다면 그들이 자신의 믿 음을 지속적이고 적극적으로 다른 사람들과 나누도록 기도해야 한다. 성 경에 기록되어 있지는 않지만 다음과 같은 시나리오를 상상해 볼 수 있다.

앞서 말했듯이 빌레몬의 노예인 오네시모는 로마로 도망쳤고, 거기 서 바울을 만났다. 오네시모는 육체적으로나 영적으로나 피폐해진 상태 였다. 바울은 오네시모를 보자마자 마음이 쓰였다. 그래서 자신이 부활하 신 그리스도를 만나 변화를 받은 이야기를 해 주었다. "자네도 예수님을 알아야 해." 오네시모는 그렇게 하겠다고 대답했고, 그도 변화되었다.

바울은 오네시모를 더 깊이 알아가다가 어느 날 문득 물었다. "자네, 어디에서 왔는가?" "네, 빌레몬이라는 사람 밑에서 일했습니다." 오네시모 의 대답에 바울은 놀랐다. "빌레몬? 내가 아는 사람이야. 훌륭한 친구지. 교회 모임을 위해 자신의 집을 내준 친구야. 잠깐, 빌레몬 밑에서 일했다 고? 그런데 자네가 예수님의 제자가 아니라고? 빌레몬이 예수님에 관한 이야기를 해 주지 않았어?"

그래서 바울은 편지로 빌레몬에게 말한다. "모든 성도를 향한 자네의 사랑은 참으로 대단하네. 자네는 그리스도인들을 사랑하고 섬기는 일을 너무도 잘 해내고 있네. 그런데 그리스도를 전하는 일에는 더 힘을 쏟아야 할 것 같네."

우리의 사명을 잊지 말자. 우리는 세상 속으로 가도록 부름을 받았다. 소금과 빛이 되도록, 맛을 더해 주도록, 빛을 비추도록, 예수님을 전하도록 부름을 받았다.

바울은 그리스도인들이 내부에만 관심을 갖는, 자기중심적인 기독교가 되기 쉽다는 점을 알았던 것이 분명하다. 우리는 그리스도 안에 있는 형제자매는 사랑하지만 하나님에게서 멀리 있는 사람들에게는 정죄나 무관심으로 대하는 경우가 많다. 우리는 그들에게 다가가는 대신 뒷걸음질한다. 그들과의 대화에 참여하는 대신 그들의 행위를 비판한다.

이것은 그리스도인들에게 있을 수 없는 일이다. 그래서 바울은 우리가 예수님을 항상 전하게 해 달라고 기도한 것이다. 그렇게 전도할 때 우리는 소금과 빛이라는 자신의 정체성을 받아들여 사람들의 삶에 영향을 미치게 된다. 또 다른 일도 일어난다. 바울은 예수님을 전하면 우리가 그리스도 안에서 가진 모든 좋은 것을 온전히 이해하게 된다고 말한다.

바울은 에베소서 6장에서 '하나님의 전신갑주' 설교를 이렇게 마무리한다. "또 나를 위하여 구할 것은 내게 말씀을 주사 나로 입을 열어 복음의 비밀을 담대히 알리게 하옵소서 할 것이니 이 일을 위하여 내가 쇠사슬에 매인 사신이 된 것은 나로 이 일에 당연히 할 말을 담대히 하게 하려 하심이라"(19-20절). 바울은 복음을 전하기 위한 담대함을 두 번이나 구한다.

그리스도인들은 내부에만 관심을 두고 세상과는 담 쌓기 쉽다. 이것이 하나님과 가까운 사람들이 하나님에게서 멀리 있는 사람들에게 그리스도의 메시지를 전하게 해 달라고 우리가 기도해야 하는 이유다.

우리는 하나님에게서 멀리 있는 사람들에게 그리스도를 전하기 위한 문을 열어 달라고 기도해야 한다. 또 하나님에게서 멀리 있는 사람들이 그리스도의 메시지를 받아들여 그 열린 문으로 들어가게 해 달라고 기도해야 한다.

하나님에게서 멀리 있는 사람들을 위해 기도하라

사람들에게 예수님을 전해 그들의 삶을 변화시키고 싶다면 먼저 그들을 위해서 기도해야 한다. 하나님에게서 멀리 있는 사람들을 위해서 기도하기로 미리 결정하라. 그들을 위해서 무슨 기도를 해야 할까?

- 그들의 마음을 열어 달라고 기도하라. 루디아는 "주께서 그 마음을 열어 바울의 말을 따르게" 해 주신 덕분에 예수님을 믿게 되었다(행 16:14).

- 그들이 복음을 이해하고 받아들이기 위한 영적 눈을 뜨게 해 달라고 기도하라. "그 눈을 뜨게 하여 [그들이] 어둠에서 빛으로, 사탄의 권세에서 하나님께로 돌아오게" 하도록 기도해야 한다(행 26:18).

- 그들이 회개하도록 인도해 달라고 기도하라. "그들에게 회개함을 주사 진리를 알게" 하시며 "그들로 깨어 마귀의 올무에서 벗어나"게 해 달라고 기도하라(딤후 2:25-26).

- 그들에게 할 말을 알려 달라고 기도하라. 다시 말하지만, 바울은 이렇게 간구했다. "또 나를 위하여 구할 것은 내게 말씀을 주사 나로 입

을 열어 복음의 비밀을 담대히 알리게 하옵소서 할 것이니"(엡 6:19).

하나님에게서 멀리 있는 사람들을 알고 있는가? 그들을 위해 매일 기도하고 있는가? 이런 기도의 힘은 실로 강력하다. 내가 기독교 신앙을 갖게 된 것도 이 기도 덕분이다.

내가 대학교에서 예수님을 영접하고 나서, 남학생 세 명이 나를 찾아왔다. 그들은 신입생 환영회에서 나를 봤다고 말했다. 당시 우리는 모두 대학교 1학년생이었다. 그들은 그때 내가 술에 취해서 볼썽사나웠다고 말했다. 그날 밤 그들은 나를 위해서 집중적으로 기도하기로 마음먹었고 그 뒤로 하루도 빠짐없이 나를 위해 기도했다고 말했다. 이제 내가 그리스도인이 되었으니, 나와 친하게 지내고 싶다고 말하는 것이 아닌가.

놀랍지 않은가? 내가 어떻게 해서 예수님을 믿게 되었는지 보았는가? 그들의 기도는 내 인생을 바꿔 놓았다. 당신도 기도로 사람들에게 영향을 미칠 수 있다. 하나님에게서 멀리 있는 사람들 중에 당신이 매일 기도해 주어야 할 사람은 누구인가? 그들을 위해 기도하기로 미리 결정하라.

3.

하나님께 대한 갈증을 일으키는 선한 삶

　자신이 누구인지 알면 무엇을 해야 할지 알게 된다. 그렇지 않은가? 당신이 슈퍼맨이고 로이스 레인이 위험에 빠졌다면, 당신이 무슨 일을 해야 할지 다른 사람의 지시를 기다릴 필요가 없다. "이제 공중전화 박스로 가서 셔츠와 안경을 벗고 스판 재질의 옷으로 갈아입고 그녀에게 날아가. 참, 하늘을 나는 법을 까먹지는 않았지? 어서 가서, 그녀를 구해." 이런 말을 들을 필요가 없다. 슈퍼맨은 어떻게 해야 할지 이미 다 알고 있다. 그는 슈퍼맨이니까.

　더 쉬운 예를 들어 보겠다. 나는 목사이기 때문에 기도할 시간만 되면 사람들이 내게 기도를 부탁한다. "이제 식사를 하겠습니다. 목사님, 기도해 주시죠." "아픈 사람이 있습니다. 목사님, 기도해 주세요." "1분밖에 남지 않았는데 우리 미식축구 팀이 2점 뒤지고 있어요. 아, 여기 목사님이 계시네요. 목사님, 기적적으로 역전 골을 넣게 기도해 주세요!" 왜 항상 나만 기도해야 하는지는 잘 모르겠지만 거절한 적은 없다. "기도해 달라구요? 잠깐. 지금 말이에요?"

나는 내가 누구인지 안다. 그래서 무엇을 해야 하는지 안다.

자신이 누구인지 알면, 무엇을 해야 하는지 안다.

자, 당신은 누구인가? 당신은 이 땅의 소금이요 세상의 빛이라고 하신 예수님의 말씀을 기억하는가? 이것이 당신의 정체성이다. 당신은 소금이다. 당신은 빛이다.

예수님이 이 말씀을 하실 당시의 사람들은 소금을 지구상에서 두 번째로 중요한 물질로 여겼다. 빛의 근원인 태양이 첫 번째로 중요했다. 소금은 그 효능으로 인해 두 번째로 중요했다. 냉장고를 비롯한 현대 문명의 이기들이 발명되기 이전 시대에는 그 효능이 특히 더 중요했다. 고대 로마 사람들은 노동의 대가를 소금으로 받은 경우가 많았다. "소금 값을 하는"(worth one's salt; 자기 몫을 다하는)이라는 표현이 여기서 나왔다.

예수님은 "너희는 소금이다"라고 말씀하신다. 소금은 무슨 역할을 하는가?

첫째, 소금은 고기 같은 식품이 썩지 않도록 보존한다. 그리스도인으로서 우리는 세상을 보존하는 영향력을 발휘해야 한다. 우리는 하나님의 나라와 그분의 거룩하심을 대표하는 자들로서 우리의 선하고 순결한 삶으로 세상이 썩지 않도록 막아야 한다.

둘째, 소금은 치유한다. 혹시 입안에 상처가 생겨서 소금물로 가글했더니 좋아진 경험이 있는가? 소금은 치유 과정을 가속화한다. 마찬가지로, 하나님은 삶 속에서 마음이 상하거나 혹은 종교로 인해 상처 받은 이들을 치유하는 자로 우리를 보내신다.

셋째, 소금은 갈증을 낳는다. 술집에서 흔히 땅콩이나 프레첼을 공짜로 주는 이유는 그 짠맛이 갈증을 유발해서, 이론적으로는 술을 더 많이 주문하게 만들기 때문이다. 물론 그러면 다음날 후회하게 된다. 미네랄워터에는 소금이 포함되어 있다. 그 소금은 물을 더 원하게 만든다. 소금은 갈증을 유발한다. 그리스도인으로서 우리가 하나님 사랑으로 가득한 모습을 보여 주면 사람들 속에 거룩한 갈증이 생긴다. 그 사람들은 우리에게 묻게 된다. "어떻게 그럴 수 있죠? 왜 그렇게 기쁨이 가득한 건가요? 저도 그런 기쁨을 얻고 싶어요." 소금은 갈증을 낳는다. 예수님은 "너희는 소금이다"라고 말씀하신다.

또한 예수님은 이렇게 말씀하신다. "너희는 세상의 빛이라 산 위에 있는 동네가 숨겨지지 못할 것이요 사람이 등불을 켜서 말 아래에 두지 아니하고 등경 위에 두나니 이러므로 집 안 모든 사람에게 비치느니라 이같이 너희 빛이 사람 앞에 비치게 하여 그들로 너희 착한 행실을 보고 하늘에 계신 너희 아버지께 영광을 돌리게 하라"(마 5:14-16).

예수님은 전기가 들어오기 훨씬 전에 이런 말씀을 하셨다. 당시에 밤은 칠흑같이 어두웠다. 그래서 초에 불을 붙였다. 라이터나 성냥이 없었기 때문에 초에 불을 붙이기는 쉽지 않았다. 온 가족이 집을 비울 때는 그 사이에 촛불이 꺼지지 않도록 그 위에 그릇을 엎어놓았다. 그릇의 바닥에는 공기가 통하도록 작은 틈이 있어서 초가 계속 탈 수 있었다. 하지만 집에 사람이 있을 때는 초에 그릇을 엎어 놓지 않았다. 빛이 필요하기 때문이다.

예수님은 항상 어두운 세상 속에서 살 수밖에 없는 제자들에게 그들의 빛을 가리지 말라고 말씀하셨다. 예수님은 제자들이 세상 속에서 남들이 부러워할 만한 삶을 살기를 원하셨다. 우리는 빛이다. 즉 영향력 있는 사람들이다.

**하나님은 우리가 사람들에게 예수님을 보여 주면서
그들 속에서 변화를 이끌어 내기를 원하신다.**

이것이 가능한 것은 우리가 소금과 빛이기 때문이다. 세상은 악하기 때문에 소금이 필요하다. 세상은 어둡기 때문에 빛이 필요하다.

우리는 빛이기 때문에 어두움으로부터 도망칠 필요가 없다. 오히려 어둠 속에서 빛을 발해야 한다. 잊지 마라. 어두움은 빛이 없는 곳에서만 존재할 수 있다. 잠잘 시간에 "어두움을 켜 줄래요?"라고 말하는 사람은 없다. 우리는 "불을 꺼 줄래요?"라고 말한다.

우리는 소금이기 때문에 더러운 곳으로부터 도망칠 필요가 없다. 오히려 더러운 곳을 깨끗하게 청소해야 한다. 하나님은 우리를 변화의 도구로 사용하신다. 변화의 도구로서 우리는 사람들 속에 하나님을 향한 갈망이 솟아나도록 순결한 삶의 본을 보여야 한다.

가끔 이렇게 말하는 그리스도인들이 있다. "나는 소금이 아닌 것 같아. 나는 빛이 아닌 것 같아." 그 마음을 충분히 이해한다. 하지만 우리의 느낌은 중요하지 않다. 예수님을 따르고 있는 사람이라면, 자신의 느낌과 상관없이 그는 소금이요 빛이다.

"소금과 빛이 되려면 성경을 좀 더 배워야 할 것 같아. 사람들의 질문에 어느 정도는 답할 수 있어야 하잖아."

그렇지 않다. 대부분의 사람들은 우리가 성경을 얼마나 많이 아는지에는 별로 관심이 없다. 그들은 우리가 그들에게 얼마나 관심이 있는지를 알고 싶어 한다.

예수님은 선한 사마리아인 비유에서 이 점을 분명히 보여 주셨다. 제사장과 레위인은 다친 사람을 보고도 못 본 척 지나갔다. 제사장과 레위인이 깔보던 '보통 사람'만이 그 다친 사람을 불쌍히 여기고 도와줬다(눅 10:25-37).

우리는 소금이다. 우리는 빛이다. 우리가 누구인지 알면 무엇을 해야 할지 알게 된다. 사람들을 사랑하고 돌봐주는 우리의 행위는 우리의 정체성에서 비롯한다.

이제 우리가 소금답게 살고 빛을 비추어야 할 때다. 우리가 그렇게 할 때 사람들이 주목하게 된다. 그들은 우리의 빛과 착한 행실을 보고 하늘에 계신 아버지께 영광을 돌리게 된다(마 5:16).

사람들이 주목하는 특별한 행동

바울과 실라는 예수님의 초기 제자들이었다. 그들이 그리스도께 삶을 바치자 예수님은 그들을 뼛속까지 철저히 변화시키셨다. 그들은 자신이 소금이요 빛이라는 것을 알았다. 자신이 누구인지 알면 무엇을 해야 할지 알게 된다.

그들은 어디를 가나 예수님에 대해서 말하고 다녔다. 종교 지도자들은 그들에게 복음을 전하지 말라고 명령했다. 하지만 그들은 그만둘 생각이 눈곱만큼도 없었다. 어찌 그만둘 수 있는가? 그들은 소금과 빛인데 말이다.

결국 종교 지도자들은 그들을 체포하고 매질했다. 하지만 그들은 예수님이 그들에게 행하신 역사를 계속해서 모든 사람에게 알리고 다녔다. 종교 지도자들은 그들을 체포하여 옷을 벗기고 매질과 채찍질을 하고 감옥에 처넣었다(행 16:22-24).

마지막 문장을 다시 읽고 잠시 생각해 보라.

그들은 사람들 앞에서 벌거벗겨졌다.

그들은 몽둥이로 매질을 당했다.

그들은 채찍질을 당했다. 십중팔구 유리 조각과 돌 조각이 박힌 채찍으로 등을 39번 맞았을 것이다. 이 채찍은 내부 장기까지 드러나게 해서 그 사람을 죽기 직전까지 가게 하거나 죽고 싶을 만큼 고통스럽게 만드는, 흉측한 도구였다.

그러고 나서 그들은 지하 감옥에 갇혔고 발에는 차꼬가 채워졌다. 간수는 고통을 극대화하려고 죄수의 다리를 최대한 찢어서 차꼬에 채웠다.

살다 보면 궂은 날이 있기 마련이다. 역사적인 교회 건물의 벽을 타다가 공중에서 고립되거나, 흉포한 살쾡이와 정면으로 마주치거나, 파티에서 멋진 유머 솜씨를 발휘하다가 아내의 '그 표정'을 보는 것 같은 일을 겪는다. 하지만 바울과 실라는 단순히 궂은 날을 경험한 것이 아니었다. 그런데도 그들은 예수님을 전하다가 고문과 투옥을 당했을 때 어떤 반응을 보였는가? "한밤중에 바울과 실라가 기도하고 하나님을 찬송하매 죄수들이 듣더라"(행 16:25). 그들은 무엇을 하고 있었던 것인가? 소금과 빛의 역할을 하고 있었다.

그들은 자신의 정체성에 따라 행동하고 있었다.

바울은 비상 회의를 열고 실라에게 이렇게 말하지 않았다. "오늘은 정말 궂은 날이군. 참, 이곳에 우리 말고 누가 있는지 보게. 다른 수감자들이 있어. 우리는 그리스도인답게 행동해야 해. 저들에게 예수님을 보여 줘야 해. 그렇다면 우리가 무엇을 해야 할까?"

그들은 무엇을 해야 할지에 대해서 고민하지 않았다. 그들은 기도하고 하나님을 찬양했다. 그렇게 하는 것이 그들의 정체성이었기 때문이다. 그들은 소금과 빛이었다. 그들은 영향력 있는 사람들이었다. 우리가 소금과 빛의 역할을 하면 사람들이 주목하게 되어 있다.

우리 교회에서 한 사역자의 남편이 심각한 심장 발작을 겪었던 일이 있었다. 당시 그는 겨우 서른여덟 살이었다. 90분 넘게 심장 박동이 멈춰 있었다. 응급 요원들은 그의 가슴을 반복적으로 쳐서 그의 생명을 유지시켰다. 병원에 도착했을 때 그는 생존 가능성이 낮은 상태였다. 설령 살아나더라도 뇌사 상태에 빠질 가능성이 높았다.

이후 며칠간 수백 명의 교인들이 병원을 찾아가서 그를 위해 기도하고 예배를 드렸다. 우리는 충성된 증인이 되려고 의식적으로 노력하지 않았다. 소금과 빛이라는 우리의 정체성에 따라 자연스럽게 행동했고, 그러자 사람들이 주목했다.

병원 관계자들은 이런 일을 한 번도 본 적이 없다며 놀라워했다. 간호사인 댄(Dan)은 우리가 어떤 사람들인지 궁금해서 쉬는 날에 병원에 나와 우리에게 물었다. "다들 교회에 다니는 거죠?" 우리가 그렇다고 대답하자, 그는 "어느 교회에 다니세요?"라고 물었다. 우리가 교회 이름을 말해주자 그는 이렇게 물었다. "저도 그 교회에 가도 될까요? 여러분 같은 사람들은 처음 봤어요. 저도 그 교회에 가고 싶어요." 그는 실제로 우리 교회를 찾아왔다. 다음 주 우리 교회 예배에 이 간호사 말고 또 누가 참석했는지 아는가? 심장 발작을 겪었던 바로 그 환자가 참석했다. 멀쩡히 살아서, 뇌 손상도 없이. 그것은 기적이었다.

바울과 실라가 투옥되었던 감방에서도 같은 일이 벌어졌다. 그들이 소리 높여 찬양을 부를 때 큰 지진이 일어나 감옥 문이 열리고 발의 족쇄가 끊어졌다(행 16:26).

하나님이 나타나시자 엄청난 일이 일어났다.

성경은 "간수가 자다가 깨어"라고 말한다. 저런, 근무 중에 잠을 자다니! "간수가 자다가 깨어 옥문들이 열린 것을 보고 죄수들이 도망한 줄 생각하고 칼을 빼어 자결하려 하거늘"(행 16:27). 간수는 죄수들이 탈출하면 자신은 꼼짝없이 처형을 당하리라는 것을 알았다. 필시 그 간수는 이런 생각을 했을 것이다. '남들 앞에서 굴욕을 당하느니 차라리 내 손으로 내 삶을 끝내자.' 그러자 "바울이 크게 소리 질러 이르되 네 몸을 상하지 말라 우리가 다 여기 있노라 하니"(행 16:28). 바울과 실라는 얼마든지 도망칠 수 있었지만 그러지 않기로 선택했다. 놀랍지 않은가? 감옥은 하나님이 계시지 않는 곳처럼 느껴진다. 그곳은 어두운 곳이다.

오늘날 수많은 그리스도인들이 어두움으로부터 도망치려고 한다. 그들은 저속한 음악을 듣고 술을 마시고 문신을 하고 〈왕좌의 게임〉 같은 유익하지 않은 드라마를 보는 사람들을 피하고 멀리하려고만 한다. 어두움은 피해야 할 것이 아니다. 우리는 빛이다. 따라서 어두움에 빛을 비추어야 한다. 이것이 빛의 역할이다. 바울과 실라는 감옥을 떠나지 않았다. 자신의 정체성을 알았기 때문이다. 그들이 어두움 속에 머문 것은 놀라운 사랑의 행위였다. 그로 인해 간수는 희망을 얻었다. 이것이 우리가 "나는 본보기가 되어 영향을 미칠 것이며 어두움을 내 빛을 비출 기회로 볼 것이다"라고 미리 결정해야 하는 이유다.

대학교 3학년 시절, 나는 하나님이 나를 목회자로 부르심을 느꼈지만 누구도 나를 찾아주지 않았다. 그래서 내가 들어갈 수 있는 유일한 직장에 들어갔다. 그곳은 주택 보안 시스템을 판매하는 회사였다. 나는 난잡한 대학교 환경에서 벗어났다는 사실로 인해서 일단 기뻤다. 직장에서는 유혹이 덜 하리라 생각했다. 하지만 오산이었다. 그 회사에서 일하는 사람들을 보니 내 대학교 사교 클럽 친구들은 기껏해야 순진한 보이스카우트 정도밖에 되지 않았다.

출근 첫날, 동료들이 물었다. "같이 점심 먹으러 갈래?" 나는 초대를 받았다는 사실에 몹시 기뻤다. "좋아요. 어디로 갈까요?" "스트립 클럽에 가자!" 그 말에 깜짝 놀랐다. '안 돼. 출근 첫날부터 내 신앙을 버리고 세상과 타협할 수는 없어.'

그래서 거짓말을 했다. 거짓말을 하는 것 말고 달리 어떻게 해야 할지 생각이 나지 않았다. "아, 어, 아, 깜박했네요. 생각해 보니 먹을 걸 사 왔어요. 차에 샌드위치가 있어요." 물론 차에 샌드위치 따위는 없었다. 동료들도 더 이상은 캐묻지 않았다. "샌드위치를 왜 뜨거운 차 안에 뒀어? 바보 아냐?"라고 묻지 않아 다행이었다.

그날 프런트의 젊은 여성이 나를 보고 씩 웃으며 농담을 건넸다. "폴로(Polo) 향수는 쓰지 마. 폴로 향수 냄새가 나는 남자를 보면 같이 자고 싶어지니까." 그녀는 깔깔 웃더니 "남자에게 너무 많이 상처를 받아서, 모든 남자를 정복하고 싶어"라고 말하는 게 아닌가. 이번에는 다른 동료가 누군가에게 상처를 받았고 그로 인해 고통에 시달리고 있다고 털어놓았다. 남부 출신의 나이 많은 시스템 설치 기사도 만났는데, 그토록 하나님께 관심 없는 사람은 처음이었다.

나는 첫날 근무를 마치고 집에 돌아와 아내에게 말했다 "글쎄, 나를 스트립 클럽에 데려가려고 하지 뭐야! 그리고 폴로 향수! 이 사람들이 하는 말을 당신도 직접 들어 봤어야 하는 건데. 아무래도 이 회사를 그만둬야 할 것 같아. 너무 어두운 곳이야!" 아내는 내 눈을 똑바로 쳐다보며 물었다. "여보, 하나님이 그곳을 변화시키라고 당신을 보내셨다는 생각은 안 해요?"

나는 머리를 긁적이며 말했다. "아, 그걸 까먹었네."

아내는 순간의 실망감에서 벗어나 내가 예수님을 위해서 이 사람들에게 어떤 영향을 미칠 수 있는지를 생각하라고 말하고 있었다. 나는 기도와 본보기와 말로 이들에게 영향을 미치기로 '미리' 결정했다. 아내와 나는 이 사람들을 위해 간절히 기도하고 할 수 있는 모든 방법으로 이들을 사랑하기 시작했다. 소금은 음식과 접촉해야만 효능을 발휘하고, 빛은 어두움과 접촉할 때만 효과를 발휘한다. 그래서 우리는 그들을 만나 관계를 쌓아 가기로 결심했다. 우리는 그들의 파티에 참석했다. 그들이 술을 들이부을 때 우리는 물을 마셨다. 그들을 우리 집으로 초대해서 저녁 식사를 대접했다. 그들의 배우자와 자녀를 알려고 노력했다. 이런 것은 소금과 빛으로서 우리 그리스도인들이 하는 행동이다.

우리는 소금과 빛이다. 우리가 그 정체성에 따라 살 때 사람들이 주목한다. 사람들이 우리를 주목할 때 변화는 시작된다.

사람들은 변화될 것이다

간수는 바울과 실라가 도망가지 않고 그대로 있는 것을 보고서 "뛰어들어가 무서워 떨며 바울과 실라 앞에 엎드"렸다(행 16:29). 간수는 그들의 신앙을 목격하고 그들의 사랑을 경험했다. 감동을 받은 그는 이렇게 물었다. "선생들이여 내가 어떻게 하여야 구원을 받으리이까"(행 16:30).

간수는 바울과 실라가 복음 전도를 그만하라는 말을 듣고도 계속해서 예수님을 전하고 하나님을 예배하는 것을 보았다. 그는 하나님의 역사를 보았고, 그로 인해 그의 내면에서 하나님을 향한 갈증이 생겼다.

간수는 바울과 실라가 가진 것을 원했다.

바울과 실라는 간수에게 말했다. "주 예수를 믿으라 그리하면 너와 네 집이 구원을 받으리라"(행 16:31). 그리고 실제로 그런 일이 벌어졌다. 간수와 그의 가족은 그날 밤 세례를 받았고 그들의 삶은 변화되었다. 우리가 어두움 속에 머물면서 예수님의 빛을 비추면 바로 이런 일이 벌어진다.

내 직장에서도 그런 일이 일어났다. 나는 그곳에서 10개월밖에 일하지 않고 전임 목회자의 길로 들어섰지만 아내와 나는 내 직장 동료 중 1/3을 그리스도께 인도할 수 있었다. 프런트의 여성은 예수님을 영접하고 당시 내가 사역하던 교회에 다니기 시작했다. 아름다운 목소리를 지닌 그녀는 성가대에서 찬양했다. 그녀는 내가 떠난 뒤에도 수년 동안 그 교회에 다니다가 다른 도시로 이사했다. 또 다른 동료는 예수님을 영접하고 우리 교회 초창기에 우리와 함께하다가 암으로 세상을 떠났다.

하나님께 전혀 관심 없었던 설치 기사와는 잘 지내다가 연락이 끊어졌었다. 그런데 오클라호마시티 남부의 우리 교회에서 예배가 끝난 후에 누군가가 내게 다가와 말을 걸었다. "그로쉘 목사님, 사랑합니다. 저는 우리 교회도 사랑합니다!" 바로 그 설치 기사였다. 그를 본 나는 기절하는 줄 알았다. "말도 안 돼! 여기서 뭘 하고 계시는 거예요?"

이 모든 일은 내가 그 짧은 열 달 동안 소금과 빛으로 산 결과로 이루어졌다. 그리고 이 모든 일은 목사 그로쉘이 해낸 것이 아니다. 이것은 주택 보안 시스템 판매원 그로쉘이 해낸 일이다. 이것은 내가 어디에서 무슨 일을 하든 내가 누구인지를 알았기 때문에 해낼 수 있었던 일이다.

소금과 빛.

자신이 누구인지를 알면 무엇을 해야 할지를 안다.

4.

상대의 말을 들어 주고
정중하게
예수님 전하기

하루는 헬스클럽에서 어떤 남자를 눈여겨보게 되었다. 그의 몸집이 워낙 거대했기 때문이다. 근육 위에 근육이 붙고, 그 근육 위에 또 근육이 붙어 있었다. 그러나 그가 겉으로는 자신감이 넘쳐 보였지만 속으로는 괴로워하고 있음을 알 수 있었다. 나는 그를 꾸준히 지켜보다가 그에게 관심을 갖고 그를 위해 기도하기 시작했다.

어느 날 그가 내게 다가와 말을 걸었다. "당신이 가진 것을 갖고 싶어요." 나는 그의 근육(더 정확히는, 근육 위의 근육)을 보면서 생각했다. '아니, 나야말로 당신이 가진 것을 갖고 싶소.' 그는 계속해서 말했다. "농담이 아니에요. 당신은 뭔가 달라요. 당신이 가진 것을 갖고 싶어요."

왜 이런 일이 생겼을까? 내가 기도와 본보기로 그에게 영향을 미치기로 미리 결정했기 때문이다. 그 덕분에 내 말로 그에게 영향을 미칠 기회가 생겼다. 이때부터 상황이 재미있어진다. 그 일을 생각하면 예수님이 우물가에서 한 사마리아 여인에게 다가가신 일이 생각난다.

예수님과 사마리아 여인이 나눈 대화는 원래 이루어질 수 없는 대화다. 당시에는 유대인이 사마리아 땅으로 들어가지 않았다. 사마리아인은 유대인과 이방인의 피가 섞인 족속이었다. 그래서 유대인은 혼혈인 그들을 혐오했다. 유대인들은 그들과 상종하지 않았다. 또한 당시에는 남성이 여성과 어울리지 않았다. 게다가 이 여성은 그냥 여성이 아니었다. 누구도 이 여성의 행실을 탐탁하게 여기지 않았다. 그녀는 남편이 여럿이었다. 그녀가 하루 중 가장 날이 뜨거워서 아무도 나오지 않는 정오에 우물 물을 길러 온 것은 자신의 행실로 인해 자신을 정죄하는 사람들의 시선을 피하기 위해서였다.

"나는 세상의 빛이니 나를 따르는 자는 어둠에 다니지 아니하고 생명의 빛을 얻으리라"(요 8:12)라고 말씀하셨던 예수님은 이제 이 여인의 어두움을 향해 그분의 빛을 비추실 참이었다. 복된 소식을 선포하기 위해 세상에 오셨다고 말씀하신(눅 4:18) 예수님은 이제 그 소식을 이 여인에게 전하실 참이었다. 예수님이 말로 어떻게 이 여인에게 영향을 미치셨는지를 보자. 왜냐하면 우리는 언제나 예수님께 많은 것을 배울 수 있기 때문이다.

피상적인 대화로 시작하라

예수님은 여인에게 먼저 이렇게 말씀하셨다. "물을 좀 달라"(요 4:7). 예수님은 눈앞의 상황에 관해 피상적인 수준의 대화로 시작하셨다. 예수님은 "나는 하나님이 보내신 메시아다. 그러니 이제 네 죄를 회개하라"라는 말로 대화를 시작하시지 않았다. 어떤 그리스도인들은 영화 〈분노의 질주〉의 빈 디젤보다 빠르게 영적 대화로 돌진한다.

그런가 하면 어떻게 시작해야 할지 몰라 영적인 대화를 주저하는 그리스도인들도 있다. 우선, 눈앞의 상황에 관한 피상적인 대화로 시작하라. 이를테면 가벼운 주제로 담소를 나누라. 직장 동료에게는 일 이야기를 하라. 이웃 사람에게는 동네 이야기를 하라. 스포츠 팬인 친구에게는 경기에 관한 이야기를 하라. 편하고 자연스러운 대화를 나누라. 그럴 때 하나님이 영적인 문을 열어 주신다.

피상적인 대화에서 영적인 대화로

곧이어 예수님은 여인에게 말씀하셨다. "이 물을 마시는 자마다 다시 목마르려니와 내가 주는 물을 마시는 자는 영원히 목마르지 아니하리니 내가 주는 물은 그 속에서 영생하도록 솟아나는 샘물이 되리라"(요 4:13-14).

예수님은 피상적인 대화에서 영적인 대화로 넘어가셨다. 하나님과 멀리 있는 사람들과 대화할 때, 우리도 때가 되면 그렇게 해야 한다. 예수님이 여인의 일상 속에서 중요한 뭔가를 사용해서 그녀에게 하나님이 필요함을 밝혀 주셨다는 점이 주목할 만하다. 우리도 그렇게 할 수 있다.

예수님은 여인에게 말할 기회를 주셨다. 자신의 의견을 제시하고 질문할 기회를 주셨다. 여인은 예수님만큼이나 많은 말을 했다. 안타깝게도, 상대방의 말은 듣지 않고 처음부터 끝까지 자기 말만 하는 그리스도인들이 적지 않다. 그런 사람들 때문에 교회 전체의 평판이 떨어지고 있다. 우리는 예수님의 본을 따라 독백을 하기보다는 진정한 대화를 해야 한다.

영적인 대화에서 개인적인 대화로

이 여인은 예수님이 뭔가 다르다는 것을 눈치챘다. 그래서 물었다. "주여 그런 물을 내게 주사 목마르지도 않고 또 여기 물 길으러 오지도 않게 하옵소서"(요 4:15). 예수님은 이렇게 대답하셨다. "네 남편을 불러 오라"(요 4:16).

여인이 남편이 없다고 하자 예수님은 "네가 남편이 없다 하는 말이 옳도다 너에게 남편 다섯이 있었고 지금 있는 자도 네 남편이 아니니 네 말이 참되도다"(요 4:17-18)라고 말씀하셨다. 여인은 귀한 분이신 예수님이 그녀가 저지른 모든 일을 알면서도 그녀를 존중하고 있음을 느꼈다. 예수님은 그녀를 부도덕한 여인이 아니라 곧 일어날 기적의 주인공으로 대하셨다.

우리도 하나님이 우리의 인생길에서 만나게 하신 사람들을 그렇게 대할 수 있다. 우리도 피상적인 수준에서 영적인 차원을 거쳐 개인적인 차원으로 대화를 진행시켜야 한다. 개인적인 일에 대해 이야기할 때는, 그리고 상대방에게 하나님이 필요하다고 말할 때는, 최대한 정중하고 은혜롭게 말해야 한다.

예수님이 말씀으로 여인에게 영향을 미치신 과정이 실로 놀랍다. 이후에는 여인이 자신의 말로 사람들에게 영향을 미쳤다. 신약 전체에서 가장 영향력이 없어 보였던 사람이 주변 사람들에게 영향을 미쳤다. "여자가 물동이를 버려두고 동네로 들어가서 사람들에게 이르되 내가 행한 모든 일을 내게 말한 사람을 와서 보라 이는 그리스도가 아니냐 하니 그들이 동네에서 나와 예수께로 오더라"(요 4:28-30).

여인은 동네 사람들에게 자신의 이야기를 말로 전했다. 불과 한두 시간 전만 해도 부끄러워서 입 밖에 꺼내지도 않았던 이야기였다. 우리도 마찬가지다. 예수님을 만나서 변화되면 그 변화에 관한 이야기를 사람들에게 전해야 한다. 또 여인은 동네 사람들을 예수님께로 초대했다. 우리도 직장 동료와 이웃과 친구들을 교회 예배나 소그룹 모임으로 초대해야 한다. 그러면 그들이 거기서 예수님을 만날 기회를 얻을 수 있다.

우리는 이 여인에게 중요한 사실을 배울 수 있다. 예수님을 위해, 또 누군가에게 영향을 미치기 위해 우리가 완벽할 필요는 없다는 것이다. 이 여인은 복잡한 과거를 지니고 있었고 성경을 한 구절도 몰랐다. 심지어 예수님에 대해서도 확신이 없었다. 여인이 마을 사람들에게 어떻게 말했는지 보라. "이는 그리스도가 아니냐." 이 본문을 계속해서 읽어 보면 많은 사마리아인들이 예수님을 믿어 큰 부흥이 일어난 것을 확인할 수 있다.

하나님이 온 마을에 영향을 미치기 위해 누구를 사용하셨는가? 인스타그램 스타나 프로 운동선수, 유명인, 목사를 사용하시지 않았다. 하나님은 평범하고 망가지고 죄가 많지만 예수님으로 인해 변화된 한 여인을 사용하셨다.

**당신은 영향력 있는 사람이며,
하나님은 당신을 사용하기 원하신다.**

하나님은 당신의 기도와 본보기와 말을 사용하실 수 있다.

드웨인 존슨이 오래전 잃어버린 쌍둥이 동생 같은 그가 헬스클럽에서 내게 다가와 "당신이 가진 것을 갖고 싶어요"라고 말했을 때, 나는 최대한 종교적인 느낌을 배제한 언어로 말했다. "저의 특별한 점, 제가 가진 것은 자기 수양에 의한 것이 아닙니다. 긍정적인 생각도 아니고요. 제가 가진 것은 바로 예수님입니다. 그리고 당신도 예수님을 만날 수 있어요."

우리가 빛을 발하면 사람들은 그 빛에 매력을 느낀다. 우리가 가진 것을 다른 사람들도 갖기를 원하게 된다. 그때 우리는 우리의 가장 귀한 보물이 무엇인지 사람들에게 말해 줄 수 있다. 하나님이 그분의 죄 없으신 아들 예수님을 통해 보여 주신 무조건적인 사랑을 사람들이 알도록 도와줄 수 있다.

5.

영혼 구원을 위해
인내하고
끝까지 기다리기

내가 다니던 대학교에 훌륭한 운동선수가 있었는데, 나는 그를 매우 존경했다. 우리는 서로 어울리는 친구들이 달라 처음에는 서로를 잘 알지 못했다. 그러다가 파티에서 자주 만나게 되면서 친구가 되었고 그와 노는 일은 재미있었다.

내가 그리스도인이 된 일은 내가 다니던 작은 학교에서 큰 뉴스거리였다. 앞서 말했듯이 내가 파티광으로 소문 나 있었기 때문이다. 하루는 이 친구가 내게 물었다. "어쩌다 종교에 빠지게 됐어? 예전에는 재미있는 녀석이었는데!"

나는 너털웃음을 터뜨렸다. "맞아. 웃기지?"

그는 고개를 절레절레 흔들었다. "정말 이해할 수 없군."

"이해하지 못하는 게 당연해. 나도 전에는 이해하지 못했으니까. 하지만 말이야, 언젠가 영적인 문제에 대해 이야기할 준비가 되면 꼭 나한테 전화해. 늦은 시간이라도 상관없으니 전화해. 내가 너한테 이 복음을 가장 먼저 전해 주는 사람이 되고 싶어."

그는 손사래를 쳤다. "그런 일은 절대 없을 거야."

그렇게 대화는 내가 기대했던 방향으로 흘러가지 않았다. 사람들에게 예수님을 전해 본 적이 있다면 분명 여러 번 거부를 당하고 실망한 적이 있을 것이다. 그럴 때는 어떻게 해야 할까? 장기전에 대비해야 한다.

나는 소금과 빛이 주로 오랜 시간이 걸려야 가장 큰 효과를 발휘한다는 사실을 발견했다. 하나님이 우리를 오래 참으시고 끝까지 우리와 함께하셨다는 사실을 생각하면 우리도 하나님이 사랑하시는 사람들에게 똑같은 참을성과 인내심을 발휘해야 한다. 장기전을 불사할 만큼 사람들을 사랑해야 한다.

수십 년이 걸린 변화

그 친구와 나는 둘 다 졸업을 해서 각자의 길로 갔다. 그러다 20년도 더 지나서 그를 우연히 만나게 되었다. 그의 안색을 보니, 그가 아주 힘든 시기를 지나고 있음을 알 수 있었다.

나는 이렇게 말했다. "이제 말할 준비가 된 것 같군. 그렇지?"

그는 약간 창피하다는 듯이 말했다. "맞아."

오랜 침묵이 흐른 뒤, 그는 가슴 아픈 개인사와 비극적인 일을 자세히 털어놓았다. 그 강인했던 사내가 펑펑 울기 시작했다. 나는 무슨 말을 해야 할지 몰라 그를 어색하게 안아 주며 그를 아끼는 마음을 최대한 표현하려고 노력했다.

마침내 그가 감정을 추스르고 말했다. "좋아. 자네가 목사로 있는 그 시시한 교회에 나가 보겠어."

나는 웃음을 터뜨렸다. "나는 자네를 시시한 우리 교회로 초대하지 않았는데?"

"그렇지. 하지만 어차피 초대할 생각이었지?"

"맞아!"

"교회에 갈게."

그 주일에 그와 열세 살 딸은 우리 교회에 왔고, 딸은 예수님을 영접했다. 며칠 뒤 그에게서 전화가 걸려 왔다. "이럴 줄은 몰랐어. 자네에게 일어난 일이 내 딸에게도 일어났네. 아마 내게도 일어나겠지?"

"반드시 그렇게 될 거야."

"그럼 한번 같이 해 볼까?"

우리는 만났고 그는 예수님을 영접하는 기도를 드렸다. 그는 예수님을 영원히 따르기로 결단했다. 그 일은 바울과 실라가 만난 간수에게 일어났던 일과 매우 비슷했다. 지진이 일어나지 않았고, 몇 시간이 아니라 20년 이상 걸린 점만 빼면 말이다. 20년 이상!

장기전을 불사하기로 결심한 나는 그를 포기하지 않았다. 하나님이 그를 사랑하시고, 하나님도 나를 포기하시지 않았기 때문이다.

누군가를 포기하고 싶은 마음이 드는가? 기도를 멈추지 마라. 믿기를 멈추지 마라. 절대 포기하지 마라. 당신은 소금이요 빛이다. 어두움 속으로 들어가 그 안에 예수님의 사랑을 비추어야 한다. 하나님은 당신이 영

향력을 발휘하도록 창조하셨다. 당신은 그리스도인의 정체성대로 살아야
한다. 당신은 영향력 있는 사람이다. 그러니 기도와 본보기와 말로 사람
들에게 영향력을 미치기로 미리 결정하라.

나는 선한 영향력을 발휘하고 있는가?

1. 당신이 사람들에게 영향을 미칠 수 있는 방법을 나열해 보라. 매일, 매주, 매달 만나는 사람들을 모두 떠올려 보라.

2. 소금과 빛이라는 정체성을 잊고 내부에만 관심을 가지며, 자기 믿음을 나누지 않는 그리스도인들이 많은 이유가 뭐라고 생각하는가?

3. 누군가를 그리스도께 인도해 본 적이 있는가? 어떤 일이 일어났는지를 적어 보라.

4. 다음 질문에 답해 보라.

   • 당신의 지인 중에, 지금 하나님에게서 멀어져 있는 사람이 있다면 그의 이름을 적어 보라.

   • 그 사람이 예수님을 알도록 어떻게 기도하면 좋을까?

   • 어떻게 하면 그 사람과 함께 하나님에 관한 이야기를 나눌 수 있을까?

5. 하나님을 전할 수 있는 문이 열렸음을 알아보고, 그런 순간이 올 때 해야 할 말을 알려 달라고 하나님께 요청하는 기도문을 적어 보라.

6. 당신에게서 드러나는 영적인 모습에 관심을 보이는 사람이 있는가? 그 사람을 전도하기 위한 다음 단계를 어떻게 밟을지 계획을 세워 보라.

5장

"후한 자는 후히 베푸는 일을 계획하며
후히 베푸는 일에 굳게 선다."
— 이사야 32:8, NLT

"나는 힘껏 베풀 것이다"

돈을 의지하지 않고 지금부터 이웃에게 후히 베풀기로 미리 결정하다

1.
더 많이 갖지 않으면
불행하다고 세뇌하는
세상

비행기를 탈 때, 창가 쪽 좌석과 복도 쪽 좌석 중 어디를 선호하는가? 창가 쪽 좌석을 선호한다면, 당신은 보통 사람들보다 더 이기적이다. 황당한 말처럼 들리는가? 그럴 수 있다. 하지만 나는 맞는 말이라고 생각한다. 왜냐하면 바로 내가 창가 쪽 좌석을 선호하니까. 실제로 이것은 사회과학자들이 누가 어느 좌석을 선호하는지를 연구해서 내린 결론이다.[15]

당신은 이기적이 아니라고 말하고 싶은가? 그렇다면 그것이 바로 당신이 이기적인 사람이라는 증거일 수 있다. 그렇다고 비정상은 아니니까 걱정하지 마라. 어릴 적부터 교회에 다닌 사람은 더 이기적인 경향이 있다는 연구 결과도 있다.[16] 감성 지능이 낮은 사람도 더 이기적이다.[17] 헬스클럽에 다니는 사람도 더 이기적이다.[18] 의사 결정에 시간이 걸리는 사람도 더 이기적이다.[19] 경제학을 공부하는 사람도 더 이기적이다.[20] 부유한 사람도 더 이기적이다.[21] 남자가 더 이기적이라는 연구 결과도 있다.[22] 하지만 여성들이여, 기뻐하기에는 이르다. 특히 초콜릿과 관련해서는 여성들이 더 이기적이라는 연구 결과가 있다.[23]

자, 그렇다면 결론은? 우리는 모두 이기적이다.

비행기를 탈 때 가운데 좌석을 선택하는 여자들을 제외하고, 어릴 때 교회에 다니지 않았고, 절대 운동을 하지 않고, 결정을 빠르게 내리고, 가난하고, 경제 공부를 싫어하고, 초콜릿을 좋아하지 않는 사람들이 있다. 여기에 속하는 사람은 모두 몇 명일까? 단 여덟 명이다. 물론 나 혼자서 조사해 본 결과다. 내가 볼 때, 위의 특징에 부합하는 사람은 온 세상에 단 여덟 명뿐이다.

나머지 사람들은? 모두 이기적이다.

그렇다. 우리는 천성적으로 이기적이다. 혹시 다르게 생각하는가? '나는 이기적인 사람이 아니야. 나는 사람들을 배려하고 있어. 나는 베풀기 좋아하는 사람이야. 내 말을 믿지 못하겠다면 우리 엄마한테 물어 봐. 엄마는 내가 최고라고 말씀하실 거야!'

지구상에서 가장 이타적인 사람에게 주는 상을 자신에게 주고 싶다면, 잠시 자신의 모습을 찬찬히 생각해 보기 바란다. 당신이 생각하는 만큼 당신은 이타적이지 않기 때문이다.

우리는 모두 이기적이다.
하지만 누구도 자신이 이기적이라고 생각하지 않는다.

우리는 자기 속의 이기심을 포착하도록 설계되지 못했다. 이것 또한 증명된 사실이다.[24] 프린스턴대학교 몰리 크로킷 교수는 연구 결과를 바탕으로 "자신의 개인적인 기준에 따라 행동하지 못하는 사람들이 자신의 도덕적 이미지를 유지할 수 있는 한 가지 방법은 자신의 도덕적 실패를 부정확하게 기억하는 것이다"라고 설명한다.

크로킷은 우리가 자기 자신에게 거짓말을 한다고 말한다. 우리는 자신이 이기적이지 않다는 자아상을 유지하기 위해 자신에게 거짓말을 한다. 사회과학자들이 이 점을 증명하기 전, 이미 수천 년 전에 창조주이신 하나님이 우리에게 이 점을 밝혀 주셨다. "만물보다 거짓되고 심히 부패한 것은 마음이라"(렘 17:9).

우리는 천성적으로 이기적이다. 하지만 여기서 끝이 아니다. 상황은 더 심각하다. 뭔가가 하루에도 수천 번씩 우리의 이기심을 자극한다. 인스타그램이 생기기 전인 2007년에 작성된 기사를 읽은 적이 있다. 당시는 넷플릭스 오리지널이 생기기 전이다. 캐시 앱(Cash App)도 생기기 전이다. 아보카도 토스트도 없던 시절이다. 그때, 2007년에 사람들은 하루 평균 약 5천 개 광고에 노출되었다. 물론 전기도 들어오지 않는 깊은 산속 오두막집에 사는 괴짜라면 예외였을지 모른다. 하지만 당신이 그 괴짜가 아니라면 매일 5천 개 광고에 노출되었다.

세상은 변했다. 소셜 미디어, 인플루언서, 휴대폰 게임이 등장하고 여러 세련된 레스토랑에서 아보카도 토스트를 판매한다. 요즘 우리는 하루에 광고를 몇 개나 볼까? 약 만 개다. 저런! 그리 좋은 소식이 아니다.

왜 그런가? 연구에 따르면, 광고를 많이 볼수록 사람은 더 불행해지기 때문이다. 이 모든 광고는 우리가 갖지 못한 것을 상기시키며 그것을 가져야만 행복해질 것이라고 말한다. (모든 광고는 경고 문구로 시작해야 한다. "지금부터 30초간 당신을 불행하게 만들겠습니다!") 우리는 새 휴대폰, 새 자동차, 새 운동화, 새 레깅스 없이는 행복해질 수 없다는 말을 하루에 만 번이나 듣는다. 광고 메시지는 "당신은 행복해져야 한다. 그러려면 무엇을 가져야 할까? 이것도, 저것도 가져야 한다. 더 많이 가져야 한다"라는 것이다.

세상은 우리가 더 많이 얻고 축적하기 전까지는 삶이 불완전할 수밖에 없다고 믿게 만든다. 세상은 받는 것이 더 복되다고 말한다. 하지만 예수님은 반문화적인 메시지를 제시하신다. "주는 것이 받는 것보다 복이 있다"(행 20:35). 이 점을 이해했는가?

주는 것이 받는 것보다 더 복이 있다.

헬라어 원어에서 "복이 있다"라는 단어는 행복을 의미한다. 따라서 행복해지기를 원한다면 받기보다는 주어야 한다. 본능의 노예가 되어 당장 좋아 보이는 것을 사 들이기보다는 우리가 원하는 복된 삶을 바라보아야 한다. 후히 베풀수록 더 행복해진다.

예수님이 2천 년 전에 하신 말씀은 오늘날 모두 증명되었다. 연구를 통해 다음과 같은 사실이 발견되었다.

- 돈을 기부하는 사람들이 기부하지 않는 사람들보다 "매우 행복하다"라고 말할 가능성이 43퍼센트 높았다.
- 돈을 나눠 주는 사람들이 그렇지 않은 사람들보다 "너무 슬퍼서 무력감을 느낀다"라고 말할 가능성이 34퍼센트 낮았고, 절망감을 느낄

확률도 68퍼센트 낮았다.

- 자원봉사에 시간을 내는 사람들이 그렇지 않은 사람들보다 매우 행복할 가능성이 42퍼센트 높았다.[25]

이 연구들은 슬픔과 절망에 빠지지 않고 행복하게 살려면 베풀어야 한다는 사실을 보여 준다. 예수님의 말씀이 옳았다. 받는 것보다 주는 것이 정말로 훨씬 더 복되다.

세상은 소비하는 것이 더 복되다는 유해한 거짓말로 끊임없이 우리를 세뇌시키려고 한다. 하지만 우리는 예수님이 알려 주신 진리, 즉 주는 것이 더 복되다는 사실을 받아들여야 한다. 내게 있는 것을 나눠 줄 때 어떤 기분이 드는지를 찬찬히 생각해 보면 왜 그것이 더 복된지가 이해될 것이다. 받을 때와 줄 때를 비교해 보라. 물론, 새로운 뭔가를 받으면 좋다. 하지만 주는 것이 더 좋다. 또한 주는 것이 신앙적이다. 주면, 보람이 느껴진다. 주면, 만족스럽다. 주는 것이 복되다. 내 것을 희생해서 나누어 주라는 하나님 음성에 따랐던 적이 있는가? 그렇게 했을 때 분명 큰 감동과 행복에 휩싸였을 것이다.

우리는 복을 나눠 주기 위해 복을 받았다. 복을 나눠 주는 것이 복을 더 많이 받는 길이다. 후히 베풀기 위해 의식적으로 노력하는 삶은 순간을 넘어 영원한 의미가 있는 삶이다. 내가 가진 것들이 사람들에게 하나님의 사랑을 보여 주기 위한 도구로 사용될 때 하나님의 기쁨을 느끼게 된다. 하지만 소비를 목적으로 삼을 때는 그런 깊은 감격을 느낄 수 없다.

- 새 휴대폰을 장만하면 신날지 모르지만 영적 만족감에 휩싸일 수는

없다.

- 새 옷을 입고 데이트에 나가면 잠시나마 날아갈 듯한 기분을 느낄지 모르지만, 그 옷을 사려고 신용카드를 긁을 때 하나님의 임재와 기쁨을 경험하는 사람은 없다.
- 방금 뽑은 새 차를 몰고 나가면 아드레날린이 분출되지만, 하나님이 그 일로 다른 누군가의 삶을 변화시켰다고 생각하며 당신이 하나님을 예배하게 될지는 의심스럽다.

물건을 소비하거나 뭔가를 받을 때는 단순히 신이 날 뿐이지만, 내 것을 나눠 줄 때는 그것과 비교가 안 되는 감격이 찾아오기 마련이다. 베풀 때, 하나님께 복을 받는다. 충동적인 행동이나 부정적인 감정은 소비를 부추길 수 있다. 하지만 그로 인해 분출되는 엔도르핀은 이내 사그라진다. 반면, 후히 베풀면 기쁨이 오래간다. 그 일을 생각할 때마다 기분이 좋아진다.

청각장애를 가진 아이가 난생처음으로 소리를 듣는 순간을 담아낸 놀라운 유튜브 동영상을 본 적이 있는지 모르겠다. 그 기적의 순간에 누가 가장 큰 감동을 받았는지 분간하기가 어렵다. 나도 그 동영상을 여러 번 보고 나서야 감정들의 깊이를 이해할 수 있었다.

그 아이는 태어나 한 번도 소리를 들어 본 적이 없었다. 엄마의 "사랑해"라는 말도, 아빠가 불러 주는 자장가 소리도, 바닷가에서 파도가 부서지는 소리도, 아름다운 음악 소리도, 아이는 그 어떤 소리도 들어 본 적이 없었다. 현대 의학 덕분에 이제 작은 기기로 소리를 들을 수 있게 되었다. 아이는 엄마 무릎에 앉아서 엄마가 부드럽게 자기 이름을 부르는 소리를 듣는다. 아이는 난생처음으로 소리를 듣는다. 아이의 눈이 휘둥그레진다. 기뻐서 두 손이 위로 올라간다. 아이는 태어나서 가장 큰 미소를 짓는다.

엄마와 아빠는 그 모습을 지켜본다. 아들이 처음으로 자신들의 말소리를 듣게 되었다. 눈물이 쏟아지면서 웃음이 터져 나온다. 너무 기쁘면 눈물과 웃음이 함께 터져 나와서 웃는 것인지 우는 것인지 구분하기 힘들다. 사실, 둘 다 하는 것이다. 감당할 수 없는 기쁨이 밀려올 때 이렇게 된다. 감사로 벅차오를 때 이렇게 된다. 이것은 그야말로 기적의 순간이다.

여기서 가장 복을 받은 사람은 누구일까? 엄마의 음성을 난생처음 들은 아이는 복을 받았다. 그렇지 않은가? 그런데 엄마 아빠도 복을 받았다. 그들의 기도가 응답받았기 때문이다. 애지중지하는 아들이 소리를 들을 수 있게 되었다. 그러니까 이 부부는 복을 받았다. 그렇지 않은가?

그런데 그 자리에 한 사람이 더 있었다. 수년 동안 청각장애인을 위해 공부한 학자가 있었다. 그의 헌신과 노력이 아니었다면 이 기적은 일어나지 않았을 것이다.

누가 가장 복을 받았는가? 그 아이가 가장 놀랐을 것이다. 부모는 누구보다도 감사했을 것이다. 하지만 내가 볼 때 그 학자야말로 가장 큰 복을 받은 사람이다. 하나님이 그를 사용하여 한 가족의 삶을 크게 변화시켰기 때문이다.

예수님은 이 점을 분명하게 강조하셨다. 받는 것보다 주는 것이 더 복되다. 따라서 우리는 주는 사람이 되어야 한다. 후히 베푸는 사람이 되어야 한다. 당신이 후히 베푸는 사람이라고 생각하는가? 하지만 그렇지 않을지도 모른다. 이번 장에서 당신이 자신을 정확히 파악하도록 돕고 싶다. 아니면, 자신이 후히 베푸는 사람이 아니라는 것을 알지만 이제 베푸는 사람이 되고 싶은가? 오늘날 많은 사람이 그러리라 생각한다.

- 후히 베푸는 사람이고 싶지만 그렇게 할 수 없을 것만 같은가?
- 더 많은 복을 받으려면, 받기보다 주어야 한다는 사실을 아직 모르고 있는가?
- 후히 베푸는 사람이 되고 싶고, 언젠가는 그렇게 되기를 희망하는가?

후히 베풂으로 더 많은 복을 받고 싶은 것은 좋은 일이다. 하지만 알아야 할 것이 있다.

우연히 후한 사람이 되는 경우는 없다.

당신이 아는 사람들에 대해서 생각해 보라. 장담컨대, 어쩌다 보니 십일조를 내게 된 사람은 한 명도 없을 것이다. 어쩌다 보니 십일조를 드리는 것 외에도 사역자와 선교사를 후원하고 어려운 사람들을 돕게 된 친구는 없을 것이다. "그럴 생각이 전혀 없었는데 어쩌다 보니 작년보다 올해에 소득의 더 많은 부분을 헌금으로 드리게 되었습니다." 이런 간증은 들어 본 적 없을 것이다. 물론 앞으로도 들을 수 없을 것이다.

우연히 후한 사람이 되는 경우는 절대 없다. 하지만 후한 사람이 되는 것이야말로 우리 그리스도인들이 원하는 것이다. 우리는 하나님께 순종하기를 원한다. 하나님의 복을 받고 그 복으로 사람들의 삶을 변화시켜 영원한 유산을 남기고 싶다. 우리는 고린도후서 9장 6-8절과 11절의 말씀대로 살기를 원한다.

이것이 곧 적게 심는 자는 적게 거두고 많이 심는 자는 많이 거둔다 하는 말이로다 각각 그 마음에 정한 대로 할 것이요 인색함으로나 억지로 하지 말지니 하나님은 즐겨 내는 자를 사랑하시느니라 하나님이 능히 모든 은혜를 너희에게 넘치게 하시나니 이는 너희로 모든 일에 항상 모든 것이 넉넉하여 모든 착한 일을 넘치게 하게 하려 하심이라 … 너희가 모든 일에 넉넉하여 너그럽게 연보를 함은 그들이 우리로 말미암아 하나님께 감사하게 하는 것이라

우리는 이런 삶을 원한다. 또 우리는 다음과 같이 하기를 원한다.

- 후하게 거둘 수 있도록 후하게 씨를 뿌린다.
- 삶 속에 하나님의 은혜가 넘친다.
- 모든 방면에서 넉넉해진다.
- 하나님께 감사하며 후히 베푸는 사람이 된다.

우리는 후한 사람이 되고 싶지만 그렇게 될 수 없을 것만 같다. 그렇지 않다. 당신은 그렇게 될 수 있다. 미리 결정하면 가능하다.

2.

돈이
많아야
베풀 수 있다?

지금 후한 사람은 아니지만, 그렇게 되고 싶은 사람들은 대개 이런 생각을 한다. '내가 돈을 많이 벌기만 하면, 많이 베풀 거야. 언젠가는 후하게 베푸는 사람이 될 만한 재정적 여유가 생기겠지.'

이는 틀린 생각이다. 그런 식으로 해서는 결코 후하게 베푸는 사람이 될 수 없다. 후함은 돈이 많고 적음의 문제가 아니다. 후함은 마음의 문제다. 생각해 보라. 가난하면서 인색한 사람도 있고 가난하지만 버거울 만큼 헌신적으로 베풀며 사는 사람도 있다. 마찬가지로, 전략적으로 후히 베풀어서 세상을 변화시키는 부자들이 있는가 하면, 땡전 한 푼도 남을 위해 쓸 줄 모르는 부자들도 있다. 후함은 돈이 얼마나 많으냐의 문제가 아니라 마음의 문제다.

지금 후하게 베풀지 않으면 나중에도 후하게 베풀 수 없다.

더 많은 돈을 갖게 되면, 오히려 더 많이 베풀지 않을 가능성이 높다. 돈이 많아지면, 오히려 더 적게 베풀고 문제는 더 많이 생긴다. 이 사실은 여러 조사로 증명되었다. 최근 미국인들을 대상으로 한 조사에서 다음과 같은 사실이 밝혀졌다.

- 연봉이 2만 5천 달러 미만인 사람들은 수입의 7.7퍼센트를 기부한다.
- 연봉이 2만 5천~5만 달러인 사람들은 수입의 4.6퍼센트를 기부한다.
- 연봉이 5만~7만 5천 달러인 사람들은 수입의 3.5퍼센트를 기부한다.
- 연봉이 7만 5천~10만 달러인 사람들은 수입의 3퍼센트를 기부한다.
- 연봉이 10만~20만 달러인 사람들은 수입의 2.6퍼센트를 기부한다.
- 연봉이 20만 달러 이상인 사람들은 수입의 2.8퍼센트를 기부한다.

사람들은 돈을 더 많이 벌면 더 많이 베풀 것이라고 생각한다. 하지만 실제로 돈을 더 많이 벌게 되면 그렇게 하지 않는다. 더 많이 벌면 소비만 더 많이 하게 된다. 점점 더 비싼 물건을 사들인다. 혹은 자신의 미래와 은퇴 후 생활을 위해 더 많이 저축한다. 돈을 더 많이 번다고 해서 더 많이 베풀지 않는 것은, 후함이 얼마나 많은 돈을 버느냐의 문제가 아니기 때문이다. 후하게 베푸는 것은 언제나 마음의 문제다. 지금 후하게 베푸는 삶을 살지 않는데, 나중에 후해지는 법은 결코 없다.

예수님은 누가복음 12장에서 엄청난 풍년을 맞은 한 부자에 관한 비유를 전해 주신다. 문제는 그 모든 곡식을 저장할 공간이 충분하지 않다는 것이었다. 당신이 이런 상황이라면 어떻게 할까? 자신이 먹을 양식이 충분하다는 것을 안다면, 남는 것은 남들에게 나눠 줄까? 과연 그럴까? 아닐 것이다. 이 부자는 늘 해 오던 대로 한다. "내가 이렇게 하리라 내 곳간을 헐고 더 크게 짓고 내 모든 곡식과 물건을 거기 쌓아 두리라 또 내가 내 영혼에게 이르되 영혼아 여러 해 쓸 물건을 많이 쌓아 두었으니 평안히 쉬고 먹고 마시고 즐거워하자 하리라"(눅 12:18-19).

이 부자는 왜 늘 하던 대로 했을까? 돈이 더 많아진다고 해서 더 후해지는 것은 아니기 때문이다. 돈이 많아지면 본성이 더 강하게 표출될 뿐이다. 돈이 더 많아진다고 해서 본성이 변하지 않는다. 단지 본성이 더 분명하게 드러날 뿐이다.

돈이 많아질 때 후히 베풀며 살려면,
돈이 적을 때 후하게 베푸는 법을 배워야 한다.

나중에 후히 베풀려면, 지금 후해져야 한다. 이 말에 수긍은 하지만 어떻게 해야 할지 모르겠는가? 혹은 후하게 베풀 자신이 없는가? 바로 여기서 결정의 힘이 빛을 발한다. 우리는 이렇게 하기로 미리 결정해야 한다.

나는 후히 베풀며 살 것이다.

나는 후하신 하나님을 예배한다. "하나님이 세상을 이처럼 사랑하사 … 주셨으니"(요 3:16).

나는 후하신 구주를 따르고 있다. 그분은 나를 위해 자신의 목숨을 주실 만큼 후하신 분이다.

내 정체성은 예수님께 뿌리를 두고 있기 때문에 나는 후하게 베풀 것
이다.

베풂은 그저 나의 행위가 아니다. 후함은 나의 정체성이다.

우리의 정체성은 "나는 후하게 베푸는 사람이다"라는 것이다. 이제
그 정체성에 따라 행동해야 할 때다. 모든 후한 사람이 내리는 두 가지 결
정을 내려야 할 때다.

3.
베풂에도
전략이
필요하다

첫 번째 결정은 다음과 같다.

후한 사람은 힘껏 베풀기 위한 계획을 세운다.

혹시 이렇게 말하고 싶은가? "그냥 기회가 생기는 대로 베풀면 되는 것이 아닌가? 형편 어려운 사람이 눈에 보이면 그때 그에게 베풀면 되지 않는가?"

- 길거리에서 동냥하는 사람을 보면 동전 몇 푼을 준다.
- 갑자기 마음이 동할 때 누군가에게 먹을 것을 사다 준다.

- 드라이브인 식당에서 즉흥적으로 뒷사람의 음식 값을 대신 내준다.
- 모금 행사에서 거대한 온도계 모양의 모금함이 놓여 있고 강연자가 목청이 터져라 외친다. "이 모금함을 채워야 합니다! 반밖에 차지 않은 모금함을 좋아할 사람은 없겠죠?" 그 모습을 보니 연민이 생긴다. '모금함이 비어 있다니, 정말 안됐군.' 그리고 죄책감이 느껴진다. '저런 상황을 보고도 돈을 내지 않으면 나쁜 사람이야.' 결국 주머니에서 돈을 꺼낸다.

이것이 후한 행동일까? 아니다. 그것은 후함이 아니라 그냥 기부일 뿐이다. 물론 기부는 좋은 것이다. 기부는 하나님을 높여 드리는 행위다. 우리가 기부하면 사람들이 필요한 것을 얻을 수 있다. 기부는 사람들에게 복을 전해 주는 것이다. 그래서 우리는 기부를 해야 한다. 하지만 단순한 기부와 후함은 같지 않다. 후한 사람들은 도움을 필요로 하는 사람이 나타나야만 베풀지 않는다. 그들은 마음이 동할 때나 죄책감이 일 때만 베풀지 않는다. 그들은 수동적으로 반응하지 않는다. 그들은 여유가 있을 때만 베풀지 않는다. 후한 사람들은 어떻게 다를까?

베풀기 위한 계획
후한 사람들은 계획을 세운다. 성경은 분명 그렇게 말한다. "후한 자는 후히 베푸는 일을 계획하며 후히 베푸는 일에 굳게 선다"(사 32:8, NLT). 후한 사람들은 후히 베푸는 일을 계획하고 그 일을 굳건하게 행한다.
대부분의 사람들은 재정 계획을 세운다. 하지만 그들의 계획은 주기 위한 계획이 아니라 소비하고 사용하고 구매하기 위한 계획이다. 우리는 큰돈이 드는 물건을 구매하거나 휴가를 가기 위해 계획한다. 정말 사고 싶은 것이 생기면 치밀하게 조사하기까지 한다. "가장 좋은 모델은 무엇인가?", "리뷰 평점이 가장 높은 모델은 무엇인가?", "별 4.5개짜리 모델 대신 별 5개짜리 모델을 사기 위해 백 달러를 더 쓰는 것이 좋을까?" 이처럼 우리는 무엇을 얻기 위해서는 철저히 조사하고 계획을 세운다.

일전에 나는 소형 트레일러를 사면서 엄청 꼼꼼하게 따졌다. 말로 표현하지는 않았지만, 내가 속으로 세운 목표는 모든 트레일러 모델에 관한 모든 정보를 파악하는 것이었다. 나는 모든 평점과 리뷰를 조사해서 네 가지 모델을 추렸다.

그런 다음에, 최적의 가성비를 찾는 작업에 돌입했다. 일부 모델은 다른 주에서 더 싸게 판매했지만 거기까지 가서 차를 사서 가져오려면 교통비를 계산에 넣어야 했다. 중급 수준의 모델들이 가격이 좋아 보였다. 그러다 매우 싼 값에 매물로 나온 고급형 모델을 발견했다. 며칠 고민한 끝에 소유주에게 전화했더니 그 차는 이미 팔리고 없었다.

몇 주 뒤, 마침내 근처에서 한 대를 구매했다. 나는 그 트레일러를 내 혼다 파일럿 SUV에 연결하고 후진했다. 그 즉시 트레일러가 V자로 구겨지면서 내 작은 SUV도 손상되었다. 덕분에 그 트레일러 가격보다 더 비싼 수리비가 나왔다. (내가 아주 멍청할 때가 있다는 말을 했던가?)

요지는 우리가 뭔가를 얻거나 받으려고 할 때는 조사하고 계획을 세운다는 것이다. 하지만 받는 것보다 주는 것이 복되다는 사실을 아는 사람은 베풀기 위한 계획을 세운다. 그들은 나눔을 전략적으로 실천한다. 그들은 하나님께 이렇게 묻는다.

- "제가 어떻게 하면 더 많이 베풀 수 있을까요?"
- "제가 어떤 분야에서 더 좋은 영향을 줄 수 있을까요?"
- "제가 누구에게 복을 나눠 줄 수 있을까요?"
- "제가 하나님께 받은 것을 어떻게 하면 최대한 활용할 수 있을까요?"

후하게 베푸는 일은 저절로, 우연히, 즉흥적인 감정에 따라 이루어지지 않는다. 이는 의식적인 노력과 전략, 그리고 하나님을 영화롭게 하고 하나님이 축복하시는 삶을 살려는 갈망을 통해 나타난다.

후하게 베푸는 사람은 계획을 세운다.

혹시 이런 생각을 하고 있는가? '나는 계획하는 걸 좋아하는 사람이 아니야.'

과연 그럴까? 당신은 분명 재정 계획을 갖고 있다. 종이에 작성하지 않았다 해도 분명 계획이 있다. 좋은 계획은 아닐지 모르지만, 엄연히 계획을 갖고 있다.

여기 보통 사람들이 세우는 전형적인 계획이 있다. 이 '보통 사람들'을 '톰'이라고 이름 붙여 보자. 하나님이 톰에게 돈을 제공해 주시고(톰은 월급을 받는다), 톰은 그 돈을 쓴다. 아니, 톰은 월급으로 받은 돈 그 이상을 쓴다. 이것이 미국 가정들의 평균 부채가 101,915달러인 이유다.[26] 하나님이 더 많은 돈을 주시면(연봉 인상이나 세금 환급, 아보카도 토스트 판매 부업에서 얻은 추가 수입 등) 톰은 그 돈도 쓸 것이다. 더 빠른 자동차, 저온 조리기, 더 큰 텔레비전, 비싼 다이어트 약을 살 것이다.

톰은 받은 것을 쓴다. 아니, 받은 것보다 더 많이 쓴다. 그래서 재정적인 여유가 없다. 그래서 그는 날마다 돈 걱정을 한다. 톰은 후히 베푸는 삶에 관한 이야기를 듣지만 '나는 그렇게 하지 못해. 지금 재정 상태로는 나 혼자 먹고살기에도 벅차'라고 생각한다. 톰은 베풀지 않기 때문에 복을 받지 못한다. 톰은 자신은 재정 계획 없이 살아간다고 말한다. 하지만 그렇지 않다. 그에게도 분명 계획이 있다. 단지 종이에 적지 않았고, 별로 좋은 계획이 아닐 뿐이다.

톰은 돈 문제로 힘들다고 불평한다. 하지만 그의 문제는 돈 문제가 아니라 영적 문제다. 그는 오직 예수님에게서만 찾을 수 있는 만족을 물건에서 찾고 있다. 그는 하나님을 믿지 않고 돈을 믿는다. 이 사람은 톰이다. 하지만 잘 생각해 보라. 어쩐지 톰이 당신과 비슷하지 않은가? 당신도 똑같은 악순환 속에서 살고 있는가?

베풀지 않고 소비만 하는 일은 영원하지 않은 것에 당신의 돈(아니, '하나님'의 돈)을 투자하는 것이기 때문에, 문제는 점점 더 악화된다. 그래서 예수님은 이렇게 말씀하신다. "너희를 위하여 보물을 땅에 쌓아 두지 말라 거기는 좀과 동록이 해하며 도둑이 구멍을 뚫고 도둑질하느니라 오직 너희를 위하여 보물을 하늘에 쌓아 두라 거기는 좀이나 동록이 해하지 못하며 도둑이 구멍을 뚫지도 못하고 도둑질도 못하느니라 네 보물 있는 그곳에는 네 마음도 있느니라"(마 6:19-21).

당신은 여유 없음, 걱정 많음, 이 땅에서 영향력 없음, 하늘에 쌓은 보물 없음으로 이어지는 악순환에 갇혀 있다.

답답한가? 돈 문제로 골치가 아픈가? 하지만 그것은 돈 문제가 아니다. 그것은 영적 문제다. 이제 악순환의 고리를 끊을 때다. 어떻게 해야 할까? 재정적인 문제가 곧 영적인 문제라는 사실을 깨닫고, 헌신된 사람으로서 하나님을 첫 번째로 삼아야 한다.

재정에 관해서 하나님을 첫 번째로 삼으면, 악순환의 고리를 끊을 수 있다.

예수님의 다음 말씀이 기억나는가? "그런즉 너희는 먼저 그의 나라와 그의 의를 구하라 그리하면 이 모든 것을 너희에게 더하시리라"(마 6:33). 예수님은 애플 TV+ 가입이나 최신 조던 운동화, 보고 싶은 경기의 티켓을 첫 번째 우선순위로 삼으라고 말씀하시지 않았다. 우리는 돈을 포함한 모든 면에서 가장 먼저 하나님을 구해야 한다. 후한 삶을 살기로 미리 결정함으로써 하나님을 예배하고 높여 드려야 한다. 그리고 나서 우리에게 정말 필요한 것을 하나님이 공급해 주실 줄로 믿어야 한다.

그렇다면 후한 삶을 위한 좋은 계획은 무엇일까? 하나님은 인생을 변화시키는 강력한 계획을 주셨다. 그 계획은 바로 십일조다. 말라기 3장 10절은 십일조를 명령한다. "너희의 온전한 십일조를 창고에 들여 나의 집에 양식이 있게 하고….” 여기서 “십일조”로 번역된 히브리어는 ‘마아세르’(ma’aser)인데 이 단어는 10분의 1, 즉 10퍼센트를 의미한다. 십일조는 재정적인 영역에서 하나님을 첫 번째로 삼기 위한 방법이요, 예배와 순종의 행위로써 하나님이 주신 것의 10퍼센트를 그분께 돌려드리는 것이다.

혹시 이런 생각을 하고 있는가? ‘내가 버는 돈의 10퍼센트를 헌금으로 내라고? 90퍼센트만 가지고 어떻게 살라는 말인가! 가뜩이나 먹고살기 빠듯한데, 십일조까지 내라고?’

그 마음을 이해한다. 나도 10퍼센트를 하나님께 돌려드려야 한다는 말을 처음 들었을 때 기겁을 했다. “말도 안 돼. 그렇게는 살 수 없어. 십일조를 드리려면 내 삶의 방식을 완전히 뜯어고쳐야 하는데….” 아무래도 십일조는 불가능해 보였다.

하나님을 시험해 보라

하나님은 우리가 이렇게 부정적으로 반응할 줄 다 아셨음이 틀림없다. 성경 전체에서 딱 한 번뿐인, 하나님을 시험해 봐도 좋다는 말씀을 십일조와 관련해서 하셨기 때문이다. 성경의 다른 곳에서는 하나님을 시험하지 말라고 하지만, 여기서는 망설여지거나 의심이 간다면 얼마든지 하나님을 시험해 보라고 권하신다. “너희의 온전한 십일조를 창고에 들여 나의 집에 양식이 있게 하고 그것으로 나를 시험하여 내가 하늘 문을 열고 너희에게 복을 쌓을 곳이 없도록 붓지 아니하나 보라”(말 3:10).

하나님은 그분을 첫 번째로 삼으면 우리에게 필요한 것을 공급해 주겠다고 약속하신다. 어떤 이들은 십일조가 구약의 원칙일 뿐이라고 말한다. 하지만 5백 년 뒤에 예수님은 십일조를 인정하셨고, 십일조를 드리는 자들에게 복을 주겠다는 또 다른 약속으로 하나님의 약속을 뒷받침하셨다. 예수님은 위선적인 바리새인들에게 십일조도 '당연히' 해야 하고, 또 무엇보다도 정의를 행하고 긍휼을 베풀고 믿음으로 살아야 한다고 말씀하셨다. 예수님은 그들의 사랑 없는 모습을 지적하면서 "십일조는 드리되 … 더 중한 바 … 도 버리지 말아야 할지니라"라고 말씀하셨다(마 23:23).

예수님은 십일조를 인정하셨다. 또한 예수님은 후히 베푸는 자들에게 복을 주신다는 하나님의 약속도 다시 한 번 확인시켜 주셨다. "주라 그리하면 너희에게 줄 것이니 곧 후히 되어 누르고 흔들어 넘치도록 하여 너희에게 안겨 주리라 너희가 헤아리는 그 헤아림으로 너희도 헤아림을 도로 받을 것이니라"(눅 6:38).

놀라운 약속이지 않은가? 나는 이런 복을 받고 싶다. 어떤가? 후하게 베푸는 삶을 위한 하나님의 계획에 참여하고 싶지 않은가?

후함의 복음

하나님의 계획은 우리가 소득의 10퍼센트, 곧 '처음' 10퍼센트를 하나님께 돌려드리는 것이다. "네 재물과 네 소산물의 처음 익은 열매로 여호와를 공경하라 그리하면 네 창고가 가득히 차고 네 포도즙 틀에 새 포도즙이 넘치리라"(잠 3:9-10).

여기서 "처음" 익은 열매라는 대목을 눈여겨봤는가? 후한 사람들은 하나님을 첫 번째로 삼는다. 그러기 위해서는 믿음이 필요하다. 남아 있는 것을 하나님께 드리는 데는 믿음이 필요 없다. '헌금 바구니가 오고 있군. 지갑에 얼마나 있는지 보자. 20달러가 있군. 이 돈을 바구니에 넣으면 되겠어.' 이것은 후함이 아니다. 계획된 것이 아니고 믿음이 필요한 행동도 아니기 때문이다. 하지만 하나님께 처음 10퍼센트를 드리기 위해서는 믿음이 필요하다. 십일조의 목적은 하나님을 항상 우리 삶의 첫 번째 자리에 모시도록 우리를 가르치기 위한 것이다(신 14:23).

어떻게 하면 하나님께 찌꺼기를 드리지 않고 우리 믿음을 발휘해서 처음 10퍼센트를 드릴 수 있을까? 월급을 받으면 가장 먼저 십일조부터 내야 한다. 십일조를 남겨 두었다가 나중에 교회에 내려고 하면, 시간이 지나면서 그 10퍼센트는 금세 5퍼센트, 3퍼센트, 1퍼센트로 자꾸 줄어든다. 결국에는 한 푼도 남지 않는다. 이것이 하나님께 첫 열매를 드리는 것이 후하게 베푸는 삶으로 가기 위해 그토록 중요한 습관인 이유다.

잠언 3장 9-10절에서 하나님은 첫 열매를 드리는 자들에게 후한 복을 주겠다고 또다시 약속하신다. 이렇게 말하는 독자들이 있을지 모르겠다. "다른 사람에게 베풀면 부자가 되게 해 주신다고 하나님이 약속하셨다면, 이것은 번영 복음이 아닌가?" 그렇지 않다. 이것은 번영 복음이 아니라 후함의 복음이다. 둘 사이에는 큰 차이가 있다. 번영 복음을 믿는 사람들은 받기 위해서 준다. 후함의 복음을 믿는 사람들은 주기 위해서 준다.

하나님이 남에게 주는 자들에게 복을 주실까? 물론이다. 하나님은 그렇게 하겠다고 약속하신다. 그렇다면 남에게 주는 사람은 모두 최고급 승용차를 몰고 이탈리아에서 휴가를 보내고 암호 화폐 투자로 백만장자가 될까? 물론 그렇지는 않다. 하지만 하나님은 후한 사람들에게 분명 복을 주신다. 하나님의 복은 영원한 것이기 때문에 그분의 가치 시스템은 세상의 것과 완전히 다르다. 하나님은 이렇게 말씀하신다. "이는 하늘이 땅보다 높음같이 내 길은 너희의 길보다 높으며 내 생각은 너희의 생각보다 높음이니라"(사 55:9). 하나님이 보시는 복과 후함은 그것에 대한 세상의 정의와 근본적으로 다르다.

재정적인 영역에서 하나님을 가장 우선시하기로 미리 결정하면 하나님은 수문을 열어 복을 부어 주겠노라 약속하신다. 감사하게도 하나님이 공급해 주시는 복은 금전적인 복보다 훨씬 더 광범위하고 훨씬 더 좋다. 하나님의 복은 금전적일 수도 있고 아닐 수도 있다. 하지만 하나님은 누구보다 후히 주시는 분이며, 약속을 반드시 지키시는 분이다.

예수님의 말씀처럼, 받는 것보다 주는 것이 복되다.

믿음의 순환

하나님을 첫 번째 우선순위로 삼고, 후함에 관한 하나님의 계획에 따라 살기로 미리 결정했는가? 그러기 위한 변화를 단행하고 있는가? 그렇다면 순환 과정이 달라질 것이다. 앞에서 말한 일반적인 순환 과정을 기억하는가?

버는 돈을 모두, 아니 그 이상 쓰면 재정적으로 쪼들린다. 하루 벌어 하루 살기에 급급하니 걱정이 끊이지 않는다. 그러면서도 사람들에게 베풀 수 있을 만큼 충분한 돈이 생기기를 바라지만 그런 마음가짐으로는 평생 가도 베풀 수 없다. 이제 이 악순환의 고리를 끊어야 할 때다. 하나님을 내 삶의 첫 번째로 삼아 첫 열매를 하나님께 드리기로 미리 결정하면 다른 순환 과정이 자리를 잡는다.

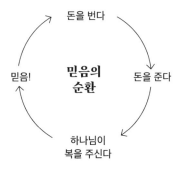

우리는 하나님을 믿기로 결정해야 한다. 그래서 처음 10퍼센트를 하나님께 돌려드려야 한다.

우리는 하나님께 처음이자 가장 좋은 열매를 드린다.
우리는 하나님이 나머지 것에 복을 주실 줄 믿는다.

그렇게 하면 하나님은 약속을 지키심으로 그분의 신실하심을 증명해 보이신다. 그러면 우리의 믿음이 더 강해진다. 하나님이 두려움을 몰아내고 믿음을 키워 주신다. 그렇게 믿음이 걱정을 대신하면, 후한 삶이라는 복을 경험하게 된다. 사람들에게 뭐라도 줄 수 있게 되기를 막연히 희망하기보다는, 지금보다 많이 베풀기 위해 구체적으로 고민하고 계획을 세우게 된다.

힘껏 베풀면 믿음이 두려움을 대신한다.

힘껏 베풀면 복이 걱정을 대신한다.

믿음의 순환은 우리의 삶을 변화시켜 세상을 변화시킬 수 있게 만든다.

십일조를 드림으로써 하나님을 첫 번째 자리에 모시기로 미리 결정한 사람들을 소개하고 싶다. 그들은 믿음이 자라면서 점점 더 후하게 베풀고 있다. 그들은 계속해서 더 많이 베풀기 위한 계획을 세워 실천하고 있다.

- 성령이 인도하시는 대로 십일조가 넘는 금액인 50달러를 매달 헌금하기로 미리 결정한 친구가 있다. 그 친구는 누군가에게 복을 전해 주기 위한 기회를 항상 찾고 있으며, 이를 위해 매달 50달러를 지출하기로 예산을 세웠다.
- 10퍼센트에서 시작해서 매년 1퍼센트씩 꾸준히 늘려서 베풀기로 미리 결정한 친구가 있다.
- 한 친구는 매년 세금 환급액의 일정 부분을 유버전 바이블 앱에 기부해서 하나님 말씀이 온 세상에 전해지게 하겠다고 미리 결정했다.
- 하나님이 주신 돈을 전략적으로 베풀고 있는 부부도 있다. 그 부부는 주는 것이 받는 것보다 낫다고 굳게 믿는다. 사업 수익의 50퍼센트를 전 세계 사역 단체에 보내고 있다.

이 사람들의 공통점이 무엇인지 아는가? 그들은 더 많은 복을 받았다. 그들은 더 큰 기쁨으로 넘치고 있다. 그들은 더 큰 만족감을 누리고 있다. 그들은 이 세상에 선한 영향을 미치고 있다.

이런 일이 어떻게 일어나는가? 우연히 일어나지는 않는다. 후한 사람들은 후히 나누기 위한 계획을 세운다. 당신이 호주머니에서 10달러, 혹은 20달러를 꺼내 이 돈이 더 필요한 사람을 보여 달라고 하나님께 기도하면 어떤 일이 벌어질까?

힘껏 베풀기로 미리 결정하고, 그 결과를 직접 확인해 보라.

4.

상대방이 기대하는 것
이상을 주는
연습

　몇 년 전에 한 식당에 갔는데, 서빙하는 여종업원이 친절하지 않았다. 내가 "친절하지 않았다"라고 말할 때는, '몹시' 친절하지 않다는 뜻이다. 하지만 식사가 끝나고 음식 값을 내려고 할 때, 평소보다 많은 팁을 남겨 두어 그 종업원에게 복을 전해 주라는 성령의 감동을 받았다. 나는 그 감동하심에 순종해서 평소보다 많은 팁을 남겼고, 그 일을 까마득히 잊어버리고 있었다.

　그런데 얼마 뒤에 우리 교회 교인이 그 식당에서 그 여자 종업원을 만난 이야기를 내게 해 주었다. 그 종업원은 자신이 친절하지 않았다고 인정했다. 그녀는 내가 목사인지 알았고 하나님과 우리 교회를 좋아하지 않았기 때문에 일부러 퉁명스럽게 굴었던 것이다. 그녀는 일부러 불친절하게 행동했다. 그런데도 내가 두둑한 팁을 남긴 것을 보고 혼란스러웠다. 그녀는 자신이 무례하게 행동했음에도 불구하고 그로쉘 목사가 자신을 선대했다는 사실에 마음이 풀렸다고 말했다. 얼마 뒤 그녀는 고통스러운 일을 겪었다. 괴로워하던 중에 갑자기 교회에 가고 싶다는 생각이 들었다. '그 교회에 한번 가 볼까?' 그래서 그녀는 우리 교회를 찾아왔고, 그로 인해 인생이 변했다.

나는 잠언 21장 26절을 사랑한다. 그 구절에서 솔로몬은 게으른 사람과 의로운 사람을 비교한다. "어떤 자는 종일토록 탐하기만 하나 의인은 아끼지 아니하고 베푸느니라." 나는 종일토록 탐하기만 하는 사람이 되고 싶지 않다. 나는 의인이 되고 싶다. 그러기 위해서는 아낌없이 베풀어야 한다.

우리는 올림을 해야 한다. 예수님은 올림을 명령하신다. 예를 들어, 마태복음 5장 41절에서 이렇게 말씀하신다. "또 누구든지 너로 억지로 오리를 가게 하거든 그 사람과 십 리를 동행하고." 그리고 "누구든지 너의 셔츠를 갖고 싶어 하면 너의 명품 재킷도 주라."(이것은 내가 마태복음 5장 40절을 다르게 표현해 본 것이다.) 상대방이 기대하는 것만 주지 마라. 그 이상으로 주라. 그 이상의 것을 해 주라. 올림을 하라.

성경 곳곳에서 이런 올림을 발견할 수 있다. 선한 사마리아인은 길을 걷다가, 강도에게 맞아 쓰러진 채 죽어가고 있는 사람을 발견했다. 그는 그 사람에게 기름을 붓고 상처를 싸매 준 다음 주막으로 데려갔다. 그는 거기서 끝내지 않았다. "내가 할 수 있는 건 다 했습니다. 행운을 빕니다." 그는 그렇게 말하지 않았다. "그 이튿날 그가 주막 주인에게 데나리온 둘을 내어주며 이르되 이 사람을 돌보아 주라 비용이 더 들면 내가 돌아올 때에 갚으리라 하였으니"(눅 10:35). 선한 사마리아인은 올림을 했다.

삭개오는 로마를 위해 일하는 세리장이었다. 동포들의 돈을 뜯어내는 그는 깡패나 다름없었다. 그러다 예수님을 만나면서 그분의 은혜로 인생이 달라졌다. 그는 자신이 돈을 뜯어낸 사람들에게 보상하겠다고 선언했다. 그가 빼앗은 그만큼만 돌려주었을까? 아니다. 그는 올림을 했다. "주여 보시옵소서 내 소유의 절반을 가난한 자들에게 주겠사오며 만일 누구의 것을 속여 빼앗은 일이 있으면 네 갑절이나 갚겠나이다"(눅 19:8).

생각해 보라. 원래 액수의 '네' 배다. 그는 하나님이 주신 은혜에 말할 수 없이 감격해서 사람들에게 아낌없이 주기로 마음먹었다.

후한 사람들은 올림을 하기로 미리 결심한다. 후함은 단순한 행동이 아니라 그들의 정체성 자체이기 때문이다. 그래서 그들은 후히 베풀기 위한 계획을 세운다. 그들은 후한 모습을 꾸준히 유지한다. 그들은 사람들에게 복을 전해 준다는 가치를 전략적으로 실천한다. 하나님이 후함에 더 큰 복을 부어 주시면 그들은 다음과 같이 말한다.

우리는 생활 수준을 높이는 것이 아니라 나눔 수준을 높일 것이다.

팁을 얼마나 줄지 고민될 때면 올림을 해서, 서빙하는 사람에게 복을 전해 주라. 누군가를 위해 음식을 준비하고 있다면 애피타이저와 디저트까지 준비하라. 친구 부부가 데이트를 할 수 있도록 기프트카드를 선물한다면 내친 김에 그집 아이들까지 돌봐주겠다고 말하라.

나는 가난한 나라에 선교 여행을 갔다가 너무도 후한 대접을 받고 놀랐던 적이 있다. 이런 나라에 가 본 적이 없다면, 방바닥이 흙이고, 전기도 수도도 없는 집을 머릿속에 그려 보라. 그런 나라에서 한 여인의 집을 방문한 나는 집 밖의 통나무에 앉아 있었다. 이윽고 여인이 요리한 고기를 가져왔다. 내가 "정말 감사합니다"라고 말하자, 통역이 이렇게 말했다. "이 요리에 얽힌 이야기를 들어 보실래요?" 당시 내 아내는 채식을 하고 있었다. 그래서 나는 설교 시간에 우리 교인들에게 이렇게 농담한 적이 있었다. "남자한테는 고기가 필요해요. 누가 내게 고기 좀 사 주세요." 우리가 이 나라에 오기 전에 이 여인이 그 이야기를 들었던 것이다. 통역은 이렇게 설명했다. "저 여인은 몇 달간 고기를 구경도 하지 못했어요. 하지만 목사님이 고기를 몹시 먹고 싶어 한다는 말을 듣고는, 목사님을 위해 열심히 돈을 모았다고 합니다."

이럴 수가!

잠시 생각해 보라. 거의 모든 것을 가진 나를 위해서 거의 아무것도 가진 것 없는 여인이 큰 헌신을 했다. 그날 밤 나는 잠을 이룰 수 없었다. 그 여인의 엄청난 선물을 생각하면 지금도 가슴이 뭉클해진다.

우리 교회에 십일조를 빠짐없이 내는 한 성도가 있었다. 그는 소득의 첫 10퍼센트를 하나님께 드림으로 하나님을 예배했다. 그런데 그는 후함에 관한 가르침을 듣고서 '왜 내가 10퍼센트에서 멈추었을까? 나는 더 많이 드릴 수 있는데…'라는 생각을 하게 되었다. 그래서 그는 헌금을 소득의 10퍼센트에서 15퍼센트로 올리기로 결심했다. 그는 하나님께 받은 복을 사람들에게 전해 주고 싶었다.

그다음 주에 그는 민디라는 찬양 인도자를 초청해서 진행하는 토요일 저녁 예배에 참석했다. 그러고 나서 집에 돌아왔는데 한 가지 생각이 떠올랐다. '오늘밤 찬양 예배를 인도한 여자 사역자에게 선물을 하고 싶어.' 그 생각을 떨쳐 내려고 해도 그럴 수 없었다. 그는 그 생각이 하나님에게서 온 것이라는 결론을 내렸다.

그는 다음날 교회에 와서 현금이 가득한 봉투를 내게 건네며 어젯밤 찬양 예배를 인도한 찬양 인도자에게 그 돈을 주라는 하나님의 음성을 느꼈다고 말했다. 그는 알지 못했지만, 민디의 남편인 브라이스는 희소한 혈액 질환을 앓고 있었다. 민디는 남편을 돌보느라 전임 사역자로 활동할 수 없었고, 이 부부에게는 자녀들도 있었다. 브라이스는 곧 줄기세포 이식을 받아야 하는 상태였다.

민디와 브라이스는 그 돈을 받고 감동했다. 이 일은 하나님이 그들의 고통을 보고 계시며 그들의 필요에 신경을 쓰고 계신다는 확실한 증거였다. 하나님은 이 가족을 너무 사랑하셔서 전혀 모르는 누군가를 통해 그들에게 엄청난 선물을 주셨다. 이 일은 우연처럼 보이지만 전혀 우연이 아니었다. 하나님이 이 가족의 필요를 채워 주셨다. 하나님은 너무도 좋으신 분이다.

하지만 이 기적의 순간에 복을 받은 사람들은 민디와 브라이스만이 아니다. 그 돈을 준 성도는 민디 부부의 재정적 어려움을 듣고 나서 하나님이 자신을 그토록 특별하게 사용하셨다는 사실에 너무 놀랐다. 그는 자신이 정말로 하나님의 음성을 들은 것이라고 확신하게 되었다. 하나님이 누군가의 삶을 돕기 위해 자신을 사용하셨다는 사실에 기쁨의 눈물을 흘렸다. 이 일은 그가 후히 베풀었기 때문에 일어났다. 이 일은 그가 계획을 세우고 올림을 했기 때문에 가능했다.

5.

더 많이
베풀려고
내 소비를 줄이다

후히 베푸는 삶이 엄두가 나지 않는가? 나는 그 마음을 충분히 이해한다. 나도 천성이 후히 베풀 줄 아는 사람은 아니다. 어릴 적에 나는 돈을 누구에게도 주지 않고 무조건 움켜쥐는 사람이었다.

Winning the War in Your Mind(마음속 전쟁에서 승리하기)란 내 책에서 나는 극단적으로 결핍을 두려워하며 살았던 내 어린 시절을 자세히 소개한 적이 있다. 대공황에 관해서 배운 뒤로 나는 경제가 다시 무너질지 모른다는 비이성적인 두려움에 휩싸여 있었다. 다른 아이들은 받아쓰기 시험에서 낙제할까 봐 걱정이었지만 나는 우리 가족이 거리에 나앉아 쓰레기통에서 썩은 음식을 뒤지는 신세가 될지 모른다고 걱정하며 뜬눈으로 밤을 지새우곤 했다.

내 생일이라고 용돈을 받으면, 혹은 아기를 봐주거나 잔디를 깎거나 해서 용돈을 받으면 약간 안심이 되었다. 은행을 믿을 수 있는지 의심스러웠기 때문에, 내 옷장 깊숙한 곳에 돈을 숨겨 두었다. 그 작은 돈뭉치는 내게 안정감을 주었지만, 사실 그건 환상에 불과했다.

내가 대학교에서 그리스도인이 되었을 때 하나님은 돈에 관한 나의 그릇된 태도를 걷어 내기 위해 많은 작업을 하셔야 했다. 내가 첫 번째 걸림돌을 만난 것은, 십일조에 관해서 듣고 누가복음 16장 13절 같은 부담스러운 구절을 읽었을 때였다. "너희는 하나님과 재물을 겸하여 섬길 수 없느니라." 수입의 10퍼센트를 드리는 것은 내 안정감을 크게 해치는 일처럼 느껴졌다. 그때 하나님은 내게 다음 사실을 분명하게 보여 주셨다.

나는 하나님을 믿는 것이 아니라 돈을 믿고 있었다.

하나님은 내게 뭔가 새로운 것을 가르쳐 주실 참이었다.

나는 여름에 테니스 강습을 하면서 스무 살 나이에는 꽤 크게 느껴지는 돈을 벌었다. 내 재정을 하나님께 맡겨야 한다는 자각을 난생처음 경험한 나는 머뭇거리며 첫 십일조를 드리기 위해 수표를 썼다. 수표를 쓰는데 손이 덜덜 떨렸던 기억이 지금도 생생하다.

첫 십일조로 하나님을 높여 드렸을 때, 내 마음속에 돈으로는 살 수 없는 불가해한 평안이 넘쳐나는 것을 경험하고 나는 깜짝 놀랐다. 하나님은 약속하신 대로 오직 그분만의 방식으로 내게 필요한 것을 공급해 주심으로써 그분의 신실함을 증명해 보이셨다. 그때부터 지금까지 36년 동안 나는 한 번도 십일조를 빼먹은 적이 없다.

하지만 솔직히 말하고 싶다. 두려움 때문에 돈에 대해 가졌던 어리석은 태도를 버리는 일은 매우 힘들었다. 돌이켜 보면, 내 문제는 돈 문제가 아니었다. 내 문제는 영적 문제였다.

나는 하나님이 하신 말씀을 믿지 않고
내 눈에 보이는 것을 믿고 있었다.

하나님을 믿고 후히 베풀다 보니 예수님 말씀이 내가 예상했던 것보다 훨씬 더 참되다는 사실을 깨닫게 되었다. 마태복음 7장 24절의 이면에 있는 진리를 깨닫게 되었다. "그러므로 누구든지 나의 이 말을 듣고 행하는 자는 그 집을 반석 위에 지은 지혜로운 사람 같으리니."

받는 것보다 주는 것이 참으로 더 복되다.

오래지 않아 나는 올림을 시작했다. 즉, 헌금을 십일조보다 더 많이 드리기 시작했다. 그러다가 아내와 결혼했는데, 아내는 천성이 나보다 더 후한 사람이었다. 신혼 초에는 소득이 적어 살림이 빠듯했지만 아내는 내가 더 후하게 드림으로써 더 큰 기쁨을 경험하도록 도와주었다. 결혼 생활을 시작하면서 우리 부부는 봉투를 이용해서 예산을 세웠다. 매달 초에 식료품비와 기름 값, 잡비를 현금으로 각각 따로 봉투에 넣었다. 지출 항목마다 봉투가 따로 있었다.

어느 날, 월급날이 아직 열흘이나 남았고 생활비가 60달러밖에 없는 상태에서 마트에 들렀다. 시리얼 코너에 들렀는데, 어린 네 자녀를 데리고 있는 한 여성이 눈에 들어왔다. 한눈에 봐도 매우 힘든 시기를 겪고 있는 것이 분명했다. 그 순간, 내게 있는 돈을 그 여성에게 주어야 한다는 생각이 들었다. 하지만 우리도 음식이 필요했기 때문에 그 생각을 잊으려 했다. 그때 아내가 나를 쳐다보고 다시 그 싱글맘을 보며 물었다. "나와 같은 생각을 하고 있는 거예요?"

나는 그 여인에게 다가갔다. "안녕하세요." 분위기가 이상해지지 않게 만들려고 최대한 애쓰면서 말했다. "말로 설명하기는 어렵지만, 이 돈을 당신에게 드려야만 할 것 같아요." 그렇게 나는 그달의 식료품비 중 남은 전부를 그녀에게 건넸다.

내가 돈을 주자 그 여인은 거절했다. 내가 계속해서 돈을 내밀자 그녀는 울기 시작했다. 그녀는 우리를 안고 더 울었다. 잠시 후, 또다시 우리를 안고 한참 더 울었다.

하나님은 우리의 작은 선물을 사용해서 그 여인에게 복을 주셨다.

하나님은 우리의 작은 선물을 사용해서 '우리에게' 더 큰 복을 주셨다.

집에 돌아와서 나는 하염없이 울었다. 내 눈물은 그 여성으로 인한 것이 아니었다. 나 자신 때문에 흘린 눈물이었다. 왜 그렇게 오랫동안 이 기적으로 살아왔을까? 그로 인해 내가 어떤 복을 놓쳤을까? 그 순간 하나님은 내 안에서 역사하고 계셨다. 그때 우리 부부는 십일조를 할 뿐 아니라 평소에도 늘 후히 베풀며 살기로 미리 결정했다.

2년 뒤, 아내와 나는 라이프교회를 개척했다. 그때 우리는 정말 큰 헌금을 하라는 하나님의 음성을 느꼈다. 하나님은 우리에게 올림을 하라고 인도하고 계셨다. 우리는 통장 잔고를 다 비워, 우리가 가진 것을 전부 기꺼이 드렸다.

후히 베푸는 삶을 향한 갈망이 점점 커지면서 우리는 "하나를 얻으면 하나를 준다"라는 원칙을 실천하기 시작했다. 출발점은 셔츠였다. 새로

셔츠 하나가 생기면, 가지고 있는 셔츠 하나를 다른 이에게 주었다. 바지 한 벌이 생기면, 다른 바지 한 벌을 다른 이에게 주었다. 가구를 새로 사도 그 원칙을 실천했다. 의자 하나가 생기면, 의자 하나를 주었다. 이번에는 그 원칙을 가전제품으로 확장했다. 냉장고 한 대가 생기면, 냉장고 한 대를 주었다.

그러다 자동차를 새로 사게 되었다. 그때 이렇게 생각했다. '자동차 한 대를 사면 자동차 한 대를 다른 사람에게 그냥 줘야 할까? 그건 좀 부담 스럽지. 자동차 한 대를 사고, 원래 있던 자동차는 저렴한 값에 팔자.' 자 동차를 공짜로 누군가에게 주는 건 아무리 생각해도 너무 많이 주는 것 같 았다. 하지만 하나님은 내 마음을 움직이셨다. 하나님이 내게 이렇게 말 씀하시는 것 같았다. "네 자동차를 주어라. 올림을 해라. 기름을 가득 채 워서 주어라. 이왕 할 거면, 와서 자동차를 가져가라고 하지 말고, 아예 네 가 배달해 주어라." 마음 한쪽에서는 지나친 생각인 것처럼 느껴졌다. 하 지만 마음 한쪽에서는 그 인도하심을 뿌리칠 수 없었다. 그 생각이 하나님 에게서 온 것이 확실한가? 아니라고 말하고 싶었지만, 아무래도 하나님의 음성처럼 느껴졌다. 명심하라. 하나님은 받는 것보다 주는 것이 더 복되 다고 말씀하신다.

나는 하나님의 신실하심을 직접 겪어서 알게 되었다. 다음과 같은 진 부한 문구가 사실이라는 점을 배웠다.

**우리가 하나님께 아무리 많이 드려도,
하나님이 우리에게 주시는 것을 넘어설 수 없다.**

지금까지도 우리 부부는 평균 이하로 소비한다. 그것은 여전히 두려움에 시달리기 때문이 아니라 최대한 많이 베풀고 싶기 때문이다. 내 친구 데이브 램지의 말을 인용하자면, 이렇게 말할 수 있다.[27]

우리는 누구보다 많이 베풀 수 있도록, 누구와도 다르게 살 것이다.

언젠가 후하게 베푸는 사람이 되고 싶다면 오늘부터 후히 베풀기 시작하라. 돈을 많이 번 후에 후히 베풀고 싶다면, 돈이 적을 때 후히 베푸는 법을 배우라.

미리 결정하라. 힘껏 베풀기로.

힘껏 베푸는 일은 단순히 우리가 하는 행동에 불과한 것이 아니라 우리의 정체성 자체다. 우리는 우리를 위해 아들을 주신 후하신 하나님의 형상대로 지음을 받았다. 후하신 우리 하나님은 받는 것보다 주는 것이 더 복되다고 말씀하신다. 줄 때, 더 행복해진다. 줄 때, 하나님을 더 잘 보여줄 수 있다. 줄 때, 더 큰 영향을 미치고 더 좋은 유산을 남길 수 있다.

후히 베푸는 삶은 저절로 이루어지지 않기에 우리는 계획을 세우고 후히 베푸는 일에 굳게 서야 한다.

우리는 미리 결정해야 한다. 힘껏 베풀며 살기로.

나는 힘껏 베풀고 있는가?

1. 현재 당신의 이기심에 대해 1부터 10까지 점수를 매겨 보라. 그 점수를 설명해 보라.

2. 당신이 했던 가장 후한 행동은 무엇인가? (꼭 물질적인 후함이 아니어도 된다.) 그 행동을 하고 나서 어떤 기분이 들었는가?

3. 현재 당신의 후함에 대해 1부터 10까지 점수를 매겨 보라. 그 점수를 설명해 보라.

4. 이기심 점수와 후함 점수 사이에 어떤 연관성이 보이는가?

5. "우리는 후한 사람이 되고 싶지만 그렇게 될 수 없을 것만 같다"라는 문장에 대해서 생각해 보라. 지금 당신이 이러한가? 당신이 더 후히 베풀며 살지 못하도록 방해하는 걸림돌은 무엇인가?

6. "돈이 더 많아진다고 해서 본성이 변하지는 않는다"라는 내용에 동의하는가? 그 이유는 무엇인가?

7. 후히 베풀거나 다른 사람에게 필요한 것을 주고 싶은 마음이 들지만 실천하지 못하고 있는 상황이 있는가? 성령의 그 인도하심에 순종하기 위해서 어떻게 해야 할까?

6장

"그러므로 내 사랑하는 형제들아 견실하며 흔들리지 말고
항상 주의 일에 더욱 힘쓰는 자들이 되라
이는 너희 수고가 주 안에서 헛되지 않은 줄 앎이라"
_ 고린도전서 15:58

---◆---

"나는 꾸준히 노력할 것이다"

끈기 있는 태도로 올바른 일을 실천하되,
실패해도 다시 시작하기로 미리 결정하다

1.
바른 원칙을
부지런히
반복할 때

　나 크레이그 그로쉘은 꾸준하지 못한 사람이다. 좀 창피해서(교회 벽을 오르다가 공중에서 고립되었던 상황만큼 창피하지는 않지만) 익명을 유지했으면 좋겠지만 솔직히 고백하겠다. 당신도 혹시 익명의 꾸준하지 못한 사람들 모임에 참석하려는가? 어떤 일을 꾸준히 하는 것이 어려운가? 그렇다 해도 무언가를 꾸준히 하고 싶은 마음만은 크리라 생각한다. 문제는 실천이다. 당신은 다음 영역에서 꾸준하지 못할 수 있다.

- 식습관
- 양육
- 부모님께 전화하기
- 운동
- 저축
- 기도

- 성경 읽기
- 일기 쓰기
- 약속 시간에 늦지 않기

'내가 유일하게 꾸준히 하는 일은 꾸준하지 않은 모습을 보이는 것'이라고 생각하는 독자들이 있을지 모르겠다.

미안하다. 이렇게 농담하기에는 이것은 너무 심각하고 고통스러운 문제다. 꾸준하지 못한 모습은 우리도 모르는 사이에 서서히 우리 삶 속으로 파고든다. "자기의 마음을 제어하지 아니하는 자는 성읍이 무너지고 성벽이 없는 것과 같으니라"(잠 25:28). 자기 통제와 꾸준함이 없으면 온갖 유혹과 해로운 중독, 파괴적인 행위, 원수 마귀의 영적 공격에 노출될 수밖에 없다. 꾸준하지 않음은 온갖 종류의 유해한 문제가 들어올 수 있는 문을 연다. 꾸준하지 않음은 삶에 악영향을 미치고, 건강을 해치고, 재정이 파탄 나게 하고, 신뢰를 떨어뜨리고, 사람들과의 친밀함이나 사람들에게 미칠 수 있는 영향력을 갉아먹는다.

당신이 원하는 삶을 살고 있지 못하다면 필시 당신이 꾸준하지 못한 탓일 것이다. 나도 마찬가지다. 내 삶에는 창피할 정도로 한결같지 않은 영역이 너무도 많다. 일단 여기서 딱 하나만 고백하겠다.

함께 기도하는 것은 쉬워 보인다

나는 항상 아내와 함께 기도하는 것이 중요하다고 생각해 왔다. 실제로 부부가 함께 기도하는 것은 가정의 건강을 위해 매우 좋다는 사실이 증명되었다. 미국에서는 초혼의 약 50퍼센트가 이혼으로 끝나고 재혼의 약

78퍼센트가 이혼으로 끝난다. 하지만 매일 함께 기도하는 부부들은 이혼하는 비율이 1퍼센트도 되지 않는다.[28] 잠시 이 사실을 곱씹어 보라. 함께 기도하는 것이야말로 가정을 지켜 주는 가장 강력한 습관일지 모른다. 하지만 함께 기도하는 부부는 겨우 11퍼센트밖에 되지 않는다.

게다가 나는 목사다. 목사는 배우자와 함께 기도해야 한다. 그렇지 않은가? 목사에게 이것은 기본 중의 기본처럼 보인다. 목사는 배우자와 함께 기도해야 하기 때문에 나는 항상 아내와 기도하고 싶었다. 하지만 오랜 세월 동안 우리는 너무 꾸준하지 못했다. ("꾸준하지 못했다"는 우리가 함께 기도한 적이 거의 없다는 사실을 그나마 좋게 표현한 말이다.)

나는 죄책감에 아내에게 말했다. "나는 당신을 사랑하고 하나님을 사랑하는 '목사'예요. 그러니까 우리는 함께 기도해야 해요. 이제부터는 정말 꼭 그렇게 합시다." 그러고 나서 함께 기도했다. 약 사흘간. 그 뒤로 다시 흐지부지되었다. 그렇게 몇 달 지나면 다시 죄책감이 스멀스멀 피어올랐다. 그래서 다시 선언한다. "여보, 함께 기도할 준비를 해요." 그러고 나서 다시 기도하기를 시작했다가 이내 그만두고 만다.

왜일까? 변명거리가 끝도 없지만 세 가지만 소개해 보겠다.

1) 아내는 기도를 시작하기까지 준비 시간이 너무 오래 걸린다. 내가 기도할 준비가 되어 있어도 아내는 여전히 기도 전의 심호흡을 하고 있다. 그 시간이 마치 영원처럼 여겨진다. "여보, 이제 시작해도 될까요? 당신의 호흡은 아주 괜찮아요. 지금은 호흡이 아니라 함께 기도를 할 시간이에요." 나는 그렇게 말하곤 한다. 한번은 하나님의 이런 음성을 들은 적도 있는 것 같다. "에이미, 남편의 말이 옳다. 어서 기

도를 시작해라." (아내는 아무 소리도 듣지 못했다고 주장한다. 아무래도 호흡에 집중하느라 듣지 못한 것 같다.)

2) 아내는 오래 기도하는 것을 좋아한다. 내가 "여보, 기도합시다"라고 말할 때는 함께 몇 분간 기도하자는 뜻이다. 그런데 아내는 오븐에 두툼한 고기를 넣어 두고 그 고기가 다 익을 때까지는 기도해야 한다고 말한다.

3) 우리가 기도를 하고 있으면, 꼭 무슨 일이 생긴다. 아이가 여섯이다 보니 항상 무슨 일인가가 벌어진다. 여기서 "무슨 일"이란 한 아이의 머리통이 계단 난간 사이에 끼거나, 장난감이 변기에 빠진 채로 물이 내려가거나, 한 아이가 아이스크림을 사 먹겠다고 돼지 저금통에서 동전을 꺼내 정확히 1.25달러만큼의 동전을 삼키는 일을 말한다.

물론 행간을 보면 내 아내가 항상 나와 함께 기도하기를 원했다는 것을 알 수 있다. 하지만 내가 먼저 기도하자고 한 것도 사실이다. 나는 부부가 함께 기도해야 한다는 것을 알았다. 하지만 실제로 우리는 좀처럼 함께 기도하지 못했다.

나는 꾸준하지 못했다.

왜 나는 원하는 대로 행동하지 못하는 것일까?

실천하고 싶은 영적 훈련이 있는가? 건강을 잘 챙기고 싶은 마음이 절실한가? 자녀를 신앙적으로 잘 키우기로 결심했는가? 매일 스트레칭을 하기로 했는가? 매일 감사 일기를 쓰기로 했는가? 하지만 꾸준하게 하지 못하는가?

나도 마찬가지다. 신약의 상당 부분을 쓴 믿음의 영웅들 중에 꾸준했던 사람이 거의 없었다는 사실이 내게는 이상하게 위로가 된다. 사도 바울은 이렇게 고백했다. "내가 행하는 것을 내가 알지 못하노니 곧 내가 원하는 것은 행하지 아니하고 도리어 미워하는 것을 행함이라 … 내 속 곧 내 육신에 선한 것이 거하지 아니하는 줄을 아노니 원함은 내게 있으나 선을 행하는 것은 없노라 내가 원하는 바 선은 행하지 아니하고 도리어 원하지 아니하는 바 악을 행하는도다"(롬 7:15, 18-19).

바울은 우리를 이해한다. 이런 생각을 해 본 적이 있는가? '나 자신을 이해하지 못하겠다. 내가 왜 이러는지 정말 모르겠다. 나는 좋은 일을 하고 싶은데, 왜 실제로는 하지 않는 것일까? 나쁜 일은 하기 싫은데, 왜 계속 그 일을 하는 것일까?'

당신 외에 누가 이런 생각을 하는지 아는가? 세상 모든 사람이다! 우리는 꾸준하지 못한 것이 별일 아니라고 생각하고 싶다. 하지만 솔직히 우리는 꾸준하지 못함의 결과가 엄청날 수 있음을 내심 알고 있다.

꾸준함이 중요하지만 꾸준하지 못한 자신에게 회의를 느끼는가? 좋은 의도를 품고 시작했다가 계속해서 다시 포기하는 삶이 지긋한가? 그렇다면 이제 다음과 같이 미리 결정할 때다.

나는 꾸준히 노력할 것이다.

나의 최근 책을 읽어 본 독자라면 앞으로 이어지는 장들의 몇 가지 주제가 그 책들과 약간 겹친다고 느낄 것이다. 그것은 마음가짐과 태도와 결정의 꾸준함이 우리 삶과 신앙에서 가장 힘든 영역이라는 점을 계속해서 실감하기 때문이다. 베스트셀러 작가인 지그 지글러는 반복의 힘을 강조한다. "메시지를 완벽하게 이해하기 위해서는 16번 들어야 한다. 반복해서 들으면 결정이 '헌신됨'으로 바뀔 수 있다."[29] 나도 같은 생각이다. 그래서 여기서 몇 가지 원칙을 반복하는 것은 의도적이라 할 수 있다.

지글러의 말처럼 이제 '결정'을 '헌신됨'으로 바꾸고 그렇게 헌신적으로 사는 법을 배워야 할 때다. 당신은 그렇게 할 수 있다. 그러면 삶 속에 꾸준함이 자리 잡으면서 모든 것이 바뀔 것이다.

2.

천부적인 재능보다
1만 시간의
연습

준비하고, 헌신하고, 충성하고, 영향력을 발휘하고, 후히 베풀겠다는 결정대로 살기 위해 필요한 한 가지 품성은 무엇일까? 영적인 힘, 사역의 성공, 육체적 건강, 관계의 친밀함, 일의 성공, 재정적 안정에 가장 중요한 품성이 있다면 그것이 무엇이라고 생각하는가? 좋은 소식이 있다. 다음과 같은 것은 전혀 아니다.

- 유전자: 같은 유전자를 갖고도 전혀 다른 삶을 사는 형제들이 많다.
- 성장 배경: 우리는 어려운 환경을 딛고 큰 성공을 거둔 사람들을 알고 있다.
- 외모: 정말 훌륭하지만 외모도 별로이고 패션 감각도 형편없는 사람

을 알고 있는가? 분명 몇 사람쯤 이름을 댈 수 있을 것이다. (하지만 그 사람 앞에서 그런 말은 절대 하지 마라.)

• 지능, 학력: 우리는 머리가 좋고 여러 학위를 소지하고도 형편없이 사는 사람들을 여럿 알고 있다.

이것이 좋은 소식인 것은 유전자나 성장 환경을 바꿀 수는 없기 때문이다. 외모에 관해서도 어떻게 해 볼 방법이 그리 많지 않다. 지능을 순식간에 높여 주는 마법의 알약은 없다.

그렇다면 필수적인 품성은 무엇인가? 바로, 꾸준함이다. 혹시 '아, 망했다'는 생각이 드는가? 앞서 말했듯이 우리는 꾸준함 종목에서 금메달을 따기는 힘들다.

너무도 많은 사람이 몹시 꾸준하지 못하다. 우리가 꾸준함을 갖추려면 도움이 필요하다. 좋은 의도를 좋은 실천으로 전환하려면 도움이 필요하다. 왜일까? 좋은 의도만 품은 사람은 장담만 하고 지키지 못하는 경우가 많지만, 꾸준함을 갖춘 사람은 실제로 성장을 이루기 때문이다.

천부적 재능만으로 성공하는 사람은 없다

뭔가를 정말 잘하고 싶은가? 어떤 분야에서 세계적인 수준을 이루고 싶은가? 나는 성공한 사람들을 오랫동안 연구한 저널리스트 말콤 글래드웰 이야기를 여러 번 했다. 글래드웰은 다음과 같은 사실을 알고 싶었다. 그들은 왜 성공했을까? 천부적인 재능을 타고났기 때문일까? 부모에게 슈퍼 유전자를 물려받은 덕분일까? 단순히 운이 좋은 것일까?

글래드웰은 무엇을 발견했을까? 그는 1만 시간을 발견했다. 그는
《아웃라이어》에서 분야를 막론하고 뭔가에 뛰어난 사람들은 1만 시간의
연습을 했다고 말한다. 그들의 위대함은 꾸준함의 결과였다. 흔히 우리는
그렇게 생각하지 않는다. 우리는 원래부터 보통 사람보다 뛰어난 사람들
이 있다고 생각하는 경향이 있다.

1955년 브루클린 다저스 이야기를 담은 *The Boys of Summer*(여름의
소년들)라는 야구 이야기 책이 있다. 저자는 다저스의 조지 슈바를 "미소처
럼 자연스러운" 스윙을 가진 선수로 묘사한다. 와우! 그토록 자연스러운
스윙을 지녔다니 얼마나 좋을까? 그런데 조지 슈바는 집에서 매일 무거운
야구 방망이를 들고 6백 번씩 스윙 연습을 했다. 한 달로 치면 16,000번
이상의 연습을 한 셈이다.[30] 그가 천부적인 재능으로 성공했는가? 전혀 아
니다. 그는 꾸준한 운동선수였다.

성공한 사람은 다른 사람들이 가끔씩 하는 것을 꾸준하게 한다.

성공한 사람은 다른 사람들이 이따금씩 하는 것을 꾸준히 계속해서
한다. 꾸준한 행동은 꾸준한 성과를 낳는다. 가끔씩 하는 일은 변화를 만
들어 내지 못한다. 변화를 만들어 내는 것은 우리가 꾸준하게 하는 것이
다. 우리의 현재 모습은 우리가 꾸준하게 해 온 것들의 결과다.

성경에서 좋은 예를 찾을 수 있다. 바벨론인들은 예루살렘을 침공하
고 파괴한 지 약 18년이 지난 BC 605년경, 많은 유대인 소년들을 본국으
로 끌고 갔다. 바벨론인들은 자신들의 사상을 주입시키기 위해 주로 12세
정도의 아이들 중 똑똑한 인재들을 뽑았다. 그들은 이 소년들을 자기 나라

의 차세대 지도자로 삼고자 자신들의 가치관을 가르쳤다.

그 소년들 중에서 다니엘은 두각을 나타냈다. 다리오 왕은 그의 남다른 한결같음을 눈여겨보고 그를 승진시키기로 결정했다. "왕이 그를 세워 전국을 다스리게 하고자 한지라"(단 6:3). 일부 지도자들은 다니엘의 승진에 위기감을 느꼈다. 그들은 다니엘의 치부를 찾아내서 그의 승진을 막고 싶었다. 그들은 다니엘을 예전부터 알던 사람들에게 다니엘의 약점을 캐묻고 그의 옛 소셜 미디어 포스트를 조사했다.

"그가 7년 전에 어떤 트윗을 남겼는지 보자."

"그의 인스타그램에 난잡한 파티에서 찍은 사진은 없는지 보자."

"그가 상대편 당에 투표했나? 사이버 폭력을 저지른 적은 없는가? 가스라이팅은? 인종차별적인 혹은 성차별적인 발언을 한 적은 없는가? 인육을 먹었는가?"

그들은 다니엘의 인격에서 흠집을 찾아내려 했다. 하지만 "아무 근거, 아무 허물도 찾지 못하였으니 이는 그가 충성되어 아무 그릇됨도 없고 아무 허물도 없음이었더라"(단 6:4). 다니엘은 시종일관 한결같았기 때문에 흠을 찾아낼 수 없었다. 그들은 결국 다니엘을 무너뜨릴 수 있는 유일한 길은 그의 신앙심을 이용하는 것뿐임을 알고 그에 맞는 계책을 꾸몄다. 그들은 왕에게 말했다. "폐하, 폐하를 위한 좋은 아이디어가 떠올랐습니다. 폐하는 역사상 가장 위대한 분이십니다. 외모도 가장 훌륭하고 지혜도 가장 뛰어난 분이시죠. 그야말로 완벽하신 분입니다. 폐하는 위대함의 화신이니 백성은 오직 폐하께만 기도해야 합니다. 그렇지 않습니까? 그런 의미에서 앞으로 삼십 일 동안 누구든 폐하 외에 다른 신에게 기도하는 사람은 사자 굴에 처넣는다는 칙령을 발표하면 어떻겠습니까?"

그들의 아부에 흡족해진 왕은 대답했다. "고맙구나. 너희 말이 옳다. 나는 위대한 존재야. 그러니 백성은 오직 나에게만 기도해야 해. 앞으로 삼십 일 동안 누구든 나 외에 다른 신에게 기도하는 자는 사자 굴에 처넣을 것이다."

기억하는가? 다니엘은 하나님께 헌신했고 꾸준한 삶을 살았다. 그렇다면 하나님께 기도하는 것이 금지된 상황에서 그는 어떻게 했을까? "다니엘이 이 조서에 왕의 도장이 찍힌 것을 알고도 자기 집에 돌아가서는 윗방에 올라가 예루살렘으로 향한 창문을 열고 전에 하던 대로 하루 세 번씩 무릎을 꿇고 기도하며 그의 하나님께 감사하였더라"(단 6:10).

다니엘은 늘 하던 대로 했다. 전혀 달라진 것이 없었다. 전혀 새로울 것이 없었다. 두려움에 빠져서 평소와 다르게 행동하지 않았다. 늘 하던 대로 계속해서 하루에 세 번씩 하나님의 마음을 추구했다. 외부의 힘에 굴복하지 않고 미리 정한 인생의 방향, 자신이 가고 싶은 방향으로 계속 꿋꿋이 갔다.

바벨론 지도자들은 다니엘에게서 어떤 흠도 찾아낼 수 없었다. 다니엘의 삶은 한결같았기 때문이다. 그런데 이제 그 한결같음 때문에 그들은 다니엘을 고발할 수 있었다. 그들은 왕에게 말했다. "세상에서 가장 위대하고 지혜로운 왕이시여, 다니엘이 폐하의 칙령을 어겼습니다. 그자를 당장 사자 굴에 처넣으십시오."

다리오 왕은 다니엘의 열렬한 팬이었지만 왕으로서 자신이 뱉은 말을 철회할 수는 없었다. 그래서 어쩔 수 없이 다니엘을 굶주린 사자들이 득실거리는 굴에 집어넣었다.

자, 이제 게임은 끝났다. 과연 그럴까?

하나님은 천사를 보내 사자의 입을 막으셨다. "그들이 다니엘을 굴에서 올린즉 그의 몸이 조금도 상하지 아니하였으니 이는 그가 자기의 하나님을 믿음이었더라"(단 6:23). "그가 자기의 하나님을 믿음이었더라"라는 대목에서 나는 뒤통수를 한 대 세게 얻어맞은 기분이었다. 나는 하나님을 꽤 믿는다고 자부하지만 내게 이런 믿음이 있는지는 확신하지 못하겠다. (나는 집 앞에서 살쾡이를 보고도 벌벌 떨었다. 그런 내가 사자 굴에서 얼마나 믿음을 발휘할 수 있을까?)

나는 다니엘처럼 되고 싶다. 당신도 그렇지 않은가? 그렇다면 우리가 던져야 할 질문이 있다. 다니엘은 언제 하나님 믿는 법을 배웠을까? 그것은 사자 굴 속에서가 아니었다. 그것은 "전에 하던 대로" 하루에 세 번씩 윗방으로 올라가 창문을 활짝 열 때였다.

다니엘은 어떻게 해서 하나님과 그토록 친밀하고 강한 관계를 유지할 수 있었을까? 그는 어떻게 그토록 큰 성공을 거두었을까? 어떻게 그토록 담대할 수 있었을까? 어떻게 해서 성경의 영웅 반열에 오를 만큼 흔들림 없는 믿음을 발휘할 수 있었을까? 다니엘 이야기의 어떤 점이 우리로 하여금 하나님과의 더 깊은 관계, 더 큰 믿음, 더 큰 성공을 갈망하게 만드는가? 다니엘은 꾸준하게 기도했다. 우리는 가끔씩 기도한다.

변화를 만들어 내는 것은 우리가 가끔씩 하는 일이 아니다.
우리가 꾸준히 무엇을 하느냐가 중요하다.

결정한 대로 끝까지 밀고 나가고 싶은가? 하나님께 영광이 되는 삶을 살고 싶은가? 잠재력을 온전히 이루고 싶은가? 하나님이 당신을 위해 예

비하신 삶을 실제로 살고 싶은가? 그렇다면 꾸준함의 영역에서 자라가야
한다. 우리는 그렇게 할 수 있다.

현재 아내와 나는 거의 매일 함께 기도한다. 예전에는 꾸준하게 하지 못
하던 일이지만 지금은 꾸준하게 하고 있다. 어떻게 된 일일까? 나는 내 인생
을 바꿔 놓은 세 가지 주요한 원칙을 배우고 실천했다. 그 원칙을 당신과 나
누고 싶다.

올바른 동기,
열정에
불을 붙이다

당신이 '무엇'을 할지에 관해서 생각하기를 바란다. 하지만 더 중요한 것이 있다. 먼저 우리는 '왜'에 관해서 이야기를 나누어야 한다. '무엇' 부분이 빈약하면 목표를 향해 가다가 곁길로 빠질 수 있다. 반면, '왜' 부분이 빈약하면 애초에 목표를 제대로 추구할 수 없다.

'무엇'이 빈약한 것은 문제다.
'왜'가 빈약한 것은 엄청난 문제다.

'왜'는 첫 번째이자 가장 중요한 도미노다. 따라서 '왜'로 시작해야 한다. 도대체 무슨 말인지 모르겠는가? 사례를 통해 설명해 보겠다.

수많은 사람이 몸을 가꾸고 싶어 하지만 의욕이 충분하지 않다. 하지만 이것은 여러 문제 중 하나일 뿐이다. 또 다른 문제는? 목표(혹은 '무엇')가 분명하지 않다. 좋은 몸이란 무엇을 의미하는가?

- 예비 신부에게 좋은 몸은 결혼식 드레스를 입었을 때 아름다운 몸매를 의미할 수 있다.
- 예비 신랑에게 좋은 몸은 신혼 여행지 호텔 수영장에서 아내에게 자랑할 만한 몸매를 의미할 수 있다.
- 신부 어머니에게 좋은 몸은 호르몬이 균형을 이루는 것을 의미할 수 있다.
- 신랑 아버지에게 좋은 몸은 콜레스테롤 수치가 떨어지는 것을 의미할 수 있다.

우리는 '무엇'을 이루고 싶은지 분명히 알 뿐 아니라 그것이 '왜' 중요한지도 알아야 한다. '무엇'은 분명하지만 '왜'는 불분명할 수 있다. 나는 이 점을 경험으로 배웠다.

15년 전쯤, 헬스클럽에서 운동하고 있는데 내 친구 바트가 들어왔다. 바트는 대부분의 남자들이 부러워할 만한 몸을 갖고 있다. 당시 나는 아내가 애정을 담아 "아빠 몸매"라고 부르던 몸을 갖고 있었다(나는 "아버지 같은 존재"라는 말이 더 좋다고 말했다). 반면, 바트는 정말 탐이 나는 근육질의 몸이었다.

"어떤 방식으로 운동하고 있어?" 나는 초라해 보이지 않으려고 애쓰면서 바트에게 물었다. 돌이켜 보면, 사람들이 그에게 비슷한 질문을

43,832번은 하지 않았을까 싶다. "그게 왜 궁금한데?" 그의 대답에는 뭔가 꿍꿍이가 있었다.

상대방이 내 질문에 질문으로 답할 줄 미처 예상하지 못한 나는 머뭇거렸다. 나는 역시나 이상적인 형태가 아닌 내 발을 내려다보며 중얼거렸다. "그게 말이야. … 나도 좋은 몸을 갖고 싶어서." 나는 바트의 함정에 된통 걸려들었다는 것을 몰랐다. 그는 즐겁다는 듯 빙그레 웃으며 내게 되물었다. "'좋은 몸'이라는 것이 정확히 무슨 뜻인데?"

나는 속으로는 쩔쩔매면서도 자신감 넘치는 표정을 지으려고 애썼다. "왜 있잖아. 요즘 유행하는 몸…." 하고 말꼬리를 흐렸다. 내가 왜 "유행"이란 표현을 사용했는지 나도 모르겠다. 이제 내 친구는 슬슬 정곡을 찌를 준비를 했다. "몸에 신경 쓰는 것은 좋은 일이야." 이어서 그는 결정타를 날렸다. "하지만 왜? 좋은 몸을 왜 갖고 싶어?"

그는 무슨 뜻으로 "왜?"라고 물은 것일까? 사람이 왜 더 좋은 몸을 원하겠는가? "왜?"를 왜 굳이 알려는 것일까? 그냥 더 좋은 몸을 원하는 것만으로 충분한 것 아닌가? 바트는 내가 평생 잊지 못할 두 가지 교훈을 가르쳐 주었다.

1) '무엇'을 명확히 모르면 그것을 이룰 수 없다. 정의하지도 않은 것을 이룰 수는 없다.
2) '왜'가 충분히 강하지 않으면 '무엇'을 이룰 수 없다. 왜일까? '왜'가 '무엇'을 견인하기 때문이다.

우리는 '왜'로 시작해야 한다.

다니엘은 왜 꾸준하게 기도했을까? 그는 하나님께 헌신했기 때문에 하루에 세 번 하나님의 마음과 연결되기로 결정했다.

새해 결심에 관한 이야기를 해 보자. 좋은 의도로 시작했다가 작심삼일로 끝나는 경우가 왜 그토록 많을까? 미국인을 대상으로 연구한 결과, 새해 결심은 평균적으로 1월 19일에 흐지부지되는 것으로 드러났다.[31] 그 이유는 무엇일까? 그 결심은 헌신하겠다는 것이 아니라 단순한 바람이기 때문이다. 바람은 당장은 강하게 느껴질 수 있지만 대개 피상적이고 일시적이다. 헌신은 더 깊은 이유를 제공해 준다. 매력적인 이유가 없으면 끝까지 꾸준함을 유지하지 못할 가능성이 높다.

내가 왜 대부분의 새해 결심이 헌신이 아니라 바람의 결과라고 말할까? 새해 결심은 새해에 시작되기 때문이다. 생각해 보라. 새해 결심을 하려면 1월 1일이 되기까지 기다려야 한다.

'몸무게를 5킬로그램 줄이겠어', '담배를 끊고 싶어', '운동을 시작해야 해', '애완동물로 도마뱀을 입양해야겠어'라는 생각이 드는 순간이 있다.[32] 그래서 1월 1일부터 실천하기로 결심한다. 처음 그런 생각이 든 날은 9월 29일이나 11월 4일이지만 그 실천은 1월 1일까지 미룬다.

우리는 왜 1월 1일까지 기다릴까? 충분히 강한 '왜'가 없기 때문이다. 진정한 '왜'가 있다면 '1월 1일부터 건강식을 시작해야지. 그전까지는 먹고 싶은 대로 다 먹을 수 있어'라고 생각하지 않는다. 1월 1일이 되면 채소 위주의 식사를 한다. 하지만 1월 19일이 되면 아침에도, 점심에도, 저녁에도 달고 기름진 음식을 마구 먹는다. 우리의 결심은 왜 실패할까?

우리의 '왜'가 충분히 매력적이지 않기 때문이다. 진정한 '왜'가 있다면 1월 1일까지 기다리지 않는다. 그렇지 않은가? 10월에 당신이 당뇨가

심해서 당장 설탕을 끊지 않으면 죽을 것이라고 의사가 경고하는데도 "좋아, 딱 3개월 동안만 매일 달달한 아이스크림을 먹고 1월 1일이 되면 끊겠어"라고 말할 사람은 없다. 이제 강한 '왜'가 생겼기 때문에 당장 결심하고 꾸준히 실천한다.

꾸준함의 영역에서 자라고 싶다면 '왜'로 시작해야 한다.

삶에서 어떤 변화를 이루고 싶은가? 하나님과 더 친밀해지고 싶은가? 더 화목한 가정을 꾸리고 싶은가? 나쁜 습관을 끊고 싶은가? 더 친밀한 우정을 쌓고 싶은가? 재정적으로 더 안정되기를 원하는가?

좋다. 다 좋은 목표다.

하지만 왜? 당신의 '왜'는 무엇인가? '왜'로 시작해야 한다. 그렇지 않으면 아무리 시작이 좋아도 결국 다시 흐지부지된다. (내가 아내와 함께 기도하려고 노력할 때도 '무엇'을 넘어 '왜'까지 나아가야 했다.)

자, 당신의 '왜'는 무엇인가? 하나님과 더 친밀해지기를 원하는가? 하지만 '왜' 그렇게 되기를 원하는가? 이렇게 답할 수 있다. "그래야만 할 것 같아서. 나는 그리스도인이잖아. 좋은 교인들은 다 그렇게 하지 않아?"

이것은 꾸준함을 유지하기에 충분할 만큼 매력적인 '왜'가 못 된다. 다른 이유를 찾아내라. 예를 들어, 마귀의 방해 공작이 지긋지긋한가? 사탄에게 이끌려 하나님에게서 점점 멀어진 지난날이 후회스러운가? 하나님이 그분의 영광을 위해 당신을 창조하셨다는 확신을 얻게 되었는가? 전심으로 그분을 섬기기로 결심했는가? 미래 세대가 하나님의 은혜와 선하심을 알도록 돕고 싶은 마음이 간절한가? 그런 '왜'라면 꾸준함과 헌신을 이끌어 내기에 충분할 수 있다.

더 화목한 가정을 꾸리고 싶은가? 좋은 목표다. 하지만 왜? "아내가 성질이 고약한데, 부부 싸움에 지쳤기 때문에." 이것은 빈약한 '왜'다. 이런 '왜'는 어떤가? "결혼식 때 아내와 하나님 앞에서 서약했다. 그 서약을 지키고 싶다. 내 자녀와 손자들에게 예수님을 모시는 아름다운 가정을 유산으로 남겨 주고 싶다." 이 정도면 정말 좋은 '왜'다.

재정적으로 더 안정된 삶을 목표로 삼았는가? 하지만 왜 그렇게 하려는가? "현재 집에 있는 텔레비전은 55인치인데 70인치 텔레비전으로 바꾸고 싶어. 디즈니 플러스에 가입하고 싶어. 요즘 눈여겨보고 있는 신차가 있어." 이것은 처음의 뜨거운 열정이 가라앉은 뒤에도 동기를 유발해 줄 수 있는 '왜'가 못 된다. 더 좋은 '왜'는? "더 이상 근근이 살아가지 않겠어. 식량이 떨어질까 걱정하던 부모님처럼 살면서 남은 인생을 허비하지 않겠어. 헌금 생활을 똑바로 하고 사람들을 도울 수 있도록 재정적 자유를 얻겠어."

당신의 '왜'는 무엇인가?

의지력이 아니라 '왜'의 힘으로

대개 우리는 결심을 하면 그 결심을 꾸준히 지키기 위해 자신의 의지력을 의존한다. 문제는 내가 1장에서 말한 것처럼 의지력은 점점 약해진다는 것이다. 따라서 저항을 만나면(저항은 항상 찾아오기 마련이다) 결국 우리의 의지력은 무너지고 언제 그랬느냐는 듯이 예전으로 돌아간다. 이것이 우리가 다음과 같이 미리 결정해야 하는 이유다.

의지력(willpower)이 아니라 '왜'의 힘(why-power)을 의지할 것이다.

강한 '왜'가 성공의 열쇠다. 강한 '왜'를 발견하면 자신의 변명을 떨쳐내고 사람들의 부정적인 소리를 뚫고 나아갈 수 있다. 다리오 왕이 하나님께 기도하는 사람을 사자 밥으로 주라는 칙령을 내렸을 때 다니엘이 계속해서 기도할 수 있었던 것은 의지력 덕분이 아니었다. 그로 하여금 멈추지 않게 한 것은 '왜'였다.

저항은 찾아오기 마련이다. 시대는 점점 더 흉악해질 것이다. 하지만 용기를 잃지 마라.

자신의 '왜'를 알면 길을 찾게 된다.

다니엘은 자신의 '왜'를 찾고 나서 계속해서 기도했다. 아내와 나는 우리의 '왜'를 찾고 나서 계속해서 함께 기도할 수 있었다. 우리에게 부족했던 것은 바로 진정한 '왜'였다. 나의 '왜'는 언제나 "나는 목사라서 그렇게 해야 해"였다. 이것은 매우 빈약한 '왜'다.

그러다 우리 가족과 사역의 모든 것이 철저히 하나님의 임재와 능력에 달려 있다는 생각을 하게 되었다. 우리에게는 가정을 위한 은혜, 양육을 위한 인도하심, 리더십을 위한 지혜가 필요했다. 또한 우리가 함께 모여 그분의 이름으로 기도하면 놀라운 일이 일어난다는 예수님의 말씀이 떠올랐다. 더 나아가, 마귀는 하루도 쉬지 않는다는 사실이 전에 없이 심각하게 다가왔다. 그래서 나도 아내와 함께 매일 하나님을 찾아야 한다는 절박감이 일었다.

더 좋은 몸을 만드는 일도 마찬가지였다. 처음에는 남들에게 잘 보이고 싶은 것이 나의 '왜'였다. 물론 그것은 빈약한 '왜'였다. 감사하게도 성경을 읽으면서 내 몸이 성령의 전이라는 사실을 기억하게 되었다(고전 6:19). 나는 겉모양만 잘 가꾸기 위해 노력하는 것이 아니라 내 안에 좋은 것을 넣어 하나님을 영화롭게 하기로 결심했다. 나의 재정이나 기도, 순결한 삶으로 그분을 영화롭게 하는 것처럼 내 몸으로도 그분을 영화롭게 하고 싶었다. 그러자 안 좋은 음식을 절제하고 좋은 습관을 기르기가 훨씬 더 쉬워졌다. 좋은 '왜'를 찾았더니 하나님이 원하시는 행동을 하려는 마음이 훨씬 강해졌다.

더 꾸준한 사람이 되고 싶다면 당신의 '왜'를 정의하라. 깊이 들어가라. 기도하라. 내면을 살피라. 열정에 불을 붙이라. '왜'로 시작하라.

4.

완벽할 수는 없지만
꾸준할 수는
있다

내 몸과 육체적 건강에 대해서 나의 '왜'가 '무엇'을 견인한다. 이러한 '왜'의 힘 덕분에 이제 나는 다음과 같은 분명한 '무엇'을 갖고 있다.

- 몸무게 목표 범위
- 호르몬 수치 목표 범위
- 내가 먹는 음식 종류와 먹지 않는 음식 종류
- 하루 중 내가 음식을 먹는 시간대와 먹지 않는 시간대
- 식사량
- 웨이트 트레이닝과 심혈관 관리를 위한 운동 목표
- 취침과 기상 시간

나는 분명한 '무엇'을 갖고 있다. 나는 무엇을 먹을지와 먹지 않을지, 내 몸의 컨디션을 최고로 끌어올리기 위해 어떻게 할지를 미리 정했다.

나의 '왜'는 무엇인가? 무엇이 나의 '왜'가 아닌지를 말하자면, 나는 '50세 이상 목회자 보디빌딩' 시합에 출전할 계획이 없다. 나의 '왜'는 내 몸으로 하나님께 영광을 돌리는 것이다. 나이에 상관없이 나는 나의 온 마음과 영혼과 힘을 다해 하나님을 섬길 수 있도록 그분이 주신 몸을 잘 관리할 것이다.

내가 이 일을 완벽하게 해내고 있을까? 물론 아니다. 왜일까? 나는 인간이기 때문이다. 그래서 완벽해질 생각도 없다. 오히려 나는 실패를 계획한다. 당신도 그렇게 하기를 바란다.

성공을 원한다면 실패를 계획하라.

이것이 반직관적이라는 것을 잘 안다. 심지어 모순된 말처럼 들릴지도 모르겠다. 하지만 엄연한 사실이다. 우리가 결심한 대로 끝까지 실천하는 데 실패하는 이유 중 하나는 실패를 계획하지 않기 때문이다. 완벽주의는 훌륭한 의사 결정의 걸림돌이다.[33] 실수할지 모른다는 생각에 집중하면, 포기하거나 아예 시도조차 하지 않는다. 드라마 〈디 오피스〉에서 라이언이 "나는 워낙 완벽주의자라서 엉망으로 할 바에야 아예 하지 않는다"[34]라고 한 것과 같다.

완벽의 문제점은 그것이 불가능하다는 것이다.

우리의 발목을 잡는 것은 완벽이 아니라 완벽에 대한 환상이다. 우리는 자기 자신에게 완벽을 요구하고, 다른 모든 사람이 완벽할 것이라고 착각한다. 하지만 현실은 전혀 다르다. 뭔가를 완벽하게 하는 사람은 세상에 없다.

다니엘을 생각해 보라. 성경을 보면 다니엘은 "전에 하던 대로" 하루에 세 번씩 기도를 드렸다고 한다. 그런데 그가 하루 세 번의 기도를 단 한 번도 빼먹지 않았을까? 나는 그렇지 않았을 것이라 확신한다. 왜일까? 그는 인간이었고 그 어떤 인간도 완벽하지 않기 때문이다.

실존했던 인간으로서 다니엘은 우리와 마찬가지로 여러 상황의 방해를 받았다. 왕이 야근을 하라고 할 때가 있었을 것이다. 친구들과 중요한 스포츠 경기를 관람할 때도 있었을 것이다. 차가 막힌 경우(지평선 끝까지 사방이 낙타로 꽉 차 있는 경우)도 있었을 것이다. 피치 못할 일이 생겨서 세 번의 기도 중 한 번을 건너뛸 수밖에 없는 날도 분명 있었을 것이다. 그래서 그는 어떻게 했을까?

그는 하루 세 번 기도의 습관으로 즉시 돌아갔다.

심리학자들은 '전부 아니면 전무'라는 마음가짐을 매우 해로운 인지 왜곡으로 여긴다.[35] 이런 마음가짐은 훌륭한 의사 결정을 방해한다. 우리는 이 걸림돌에 발목 잡힐 때가 너무도 많다. 한 번이라도 실패하면 자신을 실패자로 여긴다. "나는 실패했어. 이제 끝이야. 포기할래."

아니 될 말이다!

꾸준한 것과 완벽한 것 사이에는 큰 차이가 있다. 우리는 실패하게 되어 있다. 살다 보면 누구나 실패를 경험한다. 다시 말해, 우리는 완벽해질 수 없다. 하지만 우리의 목표는 완벽이 아니다. 우리의 목표는 꾸준함이다. 실패를 계획하고, 실패할 때 자신에게 은혜를 베풀 줄 알아야 지혜로운 사람이다. 그렇게 하면 한결같은 방향으로 꾸준히 전진할 수 있다.

내가 아내와 함께 꾸준히 기도하기 시작하자 사람들이 내게 조언을 구했다. 어떤 이들은 자녀를 위해 꾸준히 기도할 수 있도록 도와 달라고 요청했다. 그럴 때마다 나는 다음 세 가지 조언을 제시했다.

1) 간단하게 하라.

2) 짧게 하라.

3) 하루는 빼먹어도 이틀은 빼먹지 말라.

왜 간단하게 해야 할까? 복잡하게 만들면 아예 시작도 하지 않을 수 있기 때문이다.

왜 짧게 해야 할까? 너무 버거운 목표를 세우면 아예 시도조차 하지 않을 수 있기 때문이다. (반드시 짧게 해야 할까? 그것은 아니다. 원하는 시간만큼 기도해도 좋다. 하지만 짧은 기도로 시작해도 대개 기도 시간이 점점 늘어나게 되어 있다.) 처음에는 목표 수준을 낮게 잡고 시작하면서 성공을 즐기라.

왜 하루는 빼먹어도 이틀은 빼먹지 말아야 할까? 당신은 어차피 하루를 빼먹게 될 것이기 때문이다. 어머니가 복잡한 휴대폰 앱 사용법을 다시 알려 달라고 전화하시거나, 당신이 속한 에어기타 밴드가 마침내 경연 대회 준결승에 진출하는 일이 생긴다. 하루를 빼먹을 수밖에 없는 상황을 고려하라. 나는 아내와 함께 기도하는 시간을 가끔 빼먹을 수 있다는 사실을 받아들였다. 내가 최대한 노력해도 어차피 가끔은 빼먹을 수밖에 없기 때문이다. 그런 상황이 발생할 때 나는 그것도 과정의 일부로 받아들이되 연속 이틀은 빼먹지 않도록 조심한다. 하루는 예외다. 큰일이 아니다. 하지만 이삼 일은 습관이다. 하루는 빼먹어도 이틀은 빼먹지 마라.

완벽에 대한 환상은 뭔가를 아예 시작도 하지 못하도록 발목을 잡을 수 있다. "어차피 완벽하게 하지 못할 바에야 아예 시도도 하지 않는 편이 낫다." 아니다. 우리는 완벽하게 하지는 못하겠지만 꾸준하게 할 수는 있다.

히브리서에는 우리가 꾸준한 모습으로 나아갈 수 있도록 용기와 믿음과 희망을 주는 두 구절이 있다. 첫 번째 구절은 4장에 있다. "그러므로 우리에게 큰 대제사장이 계시니 승천하신 이 곧 하나님의 아들 예수시라 우리가 믿는 도리를 굳게 잡을지어다 우리에게 있는 대제사장은 우리의 연약함을 동정하지 못하실 이가 아니요 모든 일에 우리와 똑같이 시험을 받으신 이로되 죄는 없으시니라 그러므로 우리는 긍휼하심을 받고 때를 따라 돕는 은혜를 얻기 위하여 은혜의 보좌 앞에 담대히 나아갈 것이니라"(히 4:14-16).

두 번째 구절은 완벽과 꾸준함을 겸비한 분을 가리키는 구절이다. "예수 그리스도는 어제나 오늘이나 영원토록 동일하시니라"(히 13:8).

나는 아들과 함께 주짓수를 배우기 시작했다. 주짓수에서 높은 띠를 받는 것은 여간 힘든 일이 아니다. 흰 띠로 시작해서 파란 띠와 보라색 띠, 갈색 띠를 거쳐 검은 띠로 간다. 내 사범은 "어느 띠를 따기가 가장 어려울 것 같나요?"라고 물었다. 내가 "당연히 검은 띠죠"라고 대답하자, 사범은 이렇게 말했다. "그렇지 않아요. 가장 어려운 띠는 흰 띠랍니다. 대부분의 사람들이 아예 시작도 하지 않으니까요."

참으로 옳은 말이다. 실제로 나는 수년간 주짓수를 시도조차 하지 않았다. 주짓수를 하고 싶었지만 나이가 너무 많아서 잘하지 못할까 봐 엄두가 나지 않았다.

사범은 이번에는 이렇게 물었다. "검은 띠는 무엇인가요?" 나는 대답했다. "사람들이 보면 슬슬 도망치는 실력자죠." 나는 정답을 말했다고 생각했다. 전에 검은 띠 유단자들과 훈련한 적이 있다. 그들은 정말 무시무시했다. 그들을 보면 도망치는 것이 상책이다. 사범은 웃기는커녕 사뭇 진지한 표정으로 말했다. "아닙니다. 검은 띠는 꾸준하게 훈련한 하얀 띠입니다." 역시, 참으로 옳은 말이다. 검은 띠는 포기하기를 거부한 하얀 띠다.

이 말을 듣고 나서 내가 주짓수 수업을 얼마나 빼먹었을까?

답은 히어로(hero)와 각운이 같은 단어다. 부상을 입기 전까지 내가 주짓수 수업을 빼먹은 횟수는 제로(zero)였다. 물론 나는 당연히 부상을 입었다. 오십 대가 핏불테리어와 장갑차를 섞은 것처럼 보이는 이십 대 사내들과 땀범벅이 된 채 매트에서 뒹구는데 다치지 않을 재간이 없다. 내가 부상당하고 수술을 받은 뒤에 어떤 일이 벌어졌을까? 나는 연습을 빼먹었다. 완벽이 깨졌다.

다이어트를 포기하고 그냥 나쁜 음식을 먹을 때처럼. 늦잠을 자고서 운동을 하러 나가지 않을 때처럼. 빚 청산을 위해 이를 악물고 소비를 줄이던 중에 갑자기 쓸데없는 물건을 살 때처럼. 봐서는 안 되는 뭔가를 볼 때처럼. 유버전 바이블 앱에서 오늘의 말씀 분량을 읽지 않아 일정이 밀릴 때처럼.

나는 부상을 입고 두 달 넘게 주짓수를 할 수 없었다. 그래서 어떻게 되었을까? 나는 다시 건강해져서 체육관으로 돌아와 운동을 다시 시작했다. 그렇다면 완벽은 어떻게 되는 것인가?

나는 완벽하지 않았고 앞으로도 완벽해질 일이 없다. 완벽은 환상일 뿐이다. 나는 항상 실패를 계획했다. 그래서 부상으로 인해 두 달간 쉬었다고 해도 내 계획은 무산되지 않는다. 내 계획은 꾸준한 모습을 보이는 것이었다. 그래서 꾸준한 모습으로 최대한 빨리 돌아갔다. 나는 그렇게 해야만 했다. 내게는 깊은 차원의 '왜'가 있었기 때문이다. 꾸준함은 내게 꼭 필요한 품성이다.

당신에게도 꾸준함이 필요하다. 완벽해져야 한다는 강박관념에 사로잡히지 말라. 완벽주의는 누구에게도 좋은 결과를 안겨 주지 않는다. 하지만 꾸준함은 누구에게나 좋은 결과를 가져다준다.

5.

결과에
집착하지 않고
과정의 지루함을 즐기기

책 제목으로 쓸 만한 문구를 소개해 줄 테니 들어 보겠는가? 단, 미리 경고하는데 좀 지루할 것이다. 잘 들어 보라.

- 지루함은 새로운 흥미진진함이다.
- 지루한 길로 정상에 오르라.
- 지루함을 견디지 못하면 점수를 낼 수 없다.
- 지루해서 지겹다고? 아니다. 지루해서 멋지다.

지루한 시간을 즐기는 것은 결과에 집착하는 것보다 훨씬 더 좋은 전략이다. 왜일까? 결과에 집착하는 태도는 꾸준한 삶을 원하는 사람들에게

독이기 때문이다. 물론 목표를 이루는 것은 매력적이다. 하지만 목표에 집착하면 꾸준함을 잃는다. 따라서 과정을 즐겨야 한다. 과정은 지루할지 모르지만 꼭 그렇지만도 않다. 과정은 인생을 바꾸는 흥미진진한 시간이다.

다니엘이 매일 실천한 세 번의 기도는 자신이 정한 목표를 이루기 위해 억지로 참아 내야 하는 괴로운 시간이 아니었다. 그는 하나님을 사랑했기 때문에 기도를 즐겼다. 또한 기도하면서 하나님과 친밀해지는 것이 좋아서 기도했다. 다니엘은 승진하기 위해서 매일 열심히 일하지 않았다. 그는 단지 하나님께 영광이 되는 삶을 꾸준하게 살았을 뿐이다.

목표에 집착하는 사람이 너무도 많다. "살을 10킬로그램 빼야 해!", "신용카드 빚을 남김없이 청산해야 해!", "이번만은 성경 통독을 꼭 해야 해!" 우리는 이런 '성공'을 추구한다. 이 목표를 이루면 기분이 짜릿할 것이다. 문제는 그날이 생각보다 멀리 있을지도 모른다는 것이다.

- 몸무게가 10킬로그램 줄어들기까지 6개월이 걸릴 수도 있다.
- 신용카드 빚을 완전히 청산하기까지 2년이 걸릴 수도 있다.
- 성경을 통독하기까지 한 해가 온전히 걸릴 수도 있다.

이것이 전혀 나쁜 상황은 아니다. 하지만 목표에 집착하면 그 시간이 영원처럼 느껴질 수 있다. 승리에만 초점을 맞추면 그 승리를 거두지 못한 모든 날은 실패처럼 느껴질 수 있다. 하지만 과정을 즐기면 매일이 승리가 될 수 있다.

멋지지 않은가? 꾸준함의 결과를 보기까지는 대개 시간이 걸린다. 몇 주나 몇 달간 꾸준히 몸 관리를 하지만 몸매는 여전히 꽝이다. 신용카드 빚은 아직 많이 남아 있다. 배우자와는 신혼 초에 품었던 사랑이 다시 타오르지 않는다. 하지만 괜찮다. 미래에 목표를 달성한 순간만 성공이 아니다.

오늘 해야 할 일을 했다면 그것이 바로 성공이다.

이 부분에서 새해 결심의 허점이 또 드러난다. "승진을 한다." "몸무게 15킬로그램을 줄인다." 좋은 일이다. 하지만 이것은 목표다. 이런 목표를 어떻게 이룰 것인가? 필요한 것은 바로 과정이다.

과정을 거치면 진전이 이루어진다

과정을 즐기면 결과는 자연스럽게 따라온다. 계획을 세워 노력해서 어느 정도 진전이 이루어지면 그 과정을 매일 꾸준히 하고 싶어진다. 그리고 꾸준히 하다 보면 어느 날 목표에 도달하게 된다. 반면, 목표에만 집착하면 그 목표를 달성하지 못한 매일이 실패처럼 느껴진다. 그러다 보면 결국 좌절해서 그만두게 되고, 원하는 목표는 물 건너간다. 다음과 같은 사실을 기억하라.

꾸준함은 일회성 행사가 아니라 긴 과정이다.

주짓수를 하면서 내가 목표로 삼은 승리는 더 높은 급수의 띠를 따는 것이 아니다. 그것은 2년쯤 뒤의 일이다. 나의 승리는 체육관에 가는 것이다. 나는 가능한 한 매일 아들들과 주짓수를 하고 싶다. 그래서 나는 꾸준하게 체육관에 간다. 이렇게 꾸준하게 하기 때문에 진전이 나타난다. 진전이 이루어지기 때문에 결국 더 높은 급수 띠를 딸 것이다.

꾸준함은 운동력을 낳는다

이 땅에서 예수님의 사역은 약 3년간 이루어졌다. 요한복음 17장에서 우리는 예수님이 십자가를 지시기 전에 하신 기도를 볼 수 있다. 그 기도에서 예수님은 이런 말씀을 하셨다. "아버지를 이 세상에서 영화롭게 하였사오니", "내가 아버지의 이름을 나타내었나이다", "그들을 보전하고 지키었나이다." 예수님은 어떻게 해서 이런 말씀을 하실 수 있었을까? 세상에 구원을 가져오는 과정에 매일 꾸준하게 헌신하셨기 때문이다.

모닥불 앞에 가만히 앉아 있거나, 다음 마을까지 걸어가거나, 또다시 바리새인들의 강의를 듣는 것과 같은 지루한 순간들이 예수님에게도 많았을 것이다. 하지만 결국 예수님은 이렇게 말씀하실 수 있었다. "아버지께서 내게 하라고 주신 일을 내가 이루어 아버지를 이 세상에서 영화롭게 하였사오니"(4절).

과정은 목표만큼 화려하지 않을 수 있다. 심지어 지루하게 느껴질 수도 있다. 하지만 지루함을 즐기는 법을 배워야 한다. 그러다 보면 '지루함은 새로운 흥미진진함이다!'라거나 '지루해서 멋지다!'라는 제목의 책을 쓰게 될지도 모른다. 어떤 경우든, 삶의 목표를 향해 한 걸음씩 나아가는 과정은 하나님을 영화롭게 할 수 있다.

6.

나는
혼자가
아니다

이제 "나는 꾸준히 노력할 것이다"라고 미리 결정해야 할 때다. 어떻게 해야 꾸준하게 할 수 있을까? 다음과 같이 해야 한다.

- '왜'로 시작하라.
- 실패를 계획하라.
- 과정을 즐기라.

혹시 자기 의심에 시달리고 있는가? 이런 생각을 하고 있는가? '모두 좋은 말이고, 나도 그렇게 하고 싶어. 하지만 내가 할 수 있을지 자신이 없어. 전에도 꾸준하게 해 보려고 노력해 봤지만 뜻대로 되지 않았어.' 꾸준한 사람이 될 자신이 없는가? 그렇다면 진실을 말해 주겠다. 실제로 당신은 꾸준한 사람이 되지 못할 수 있다.

당신은 할 수 없다.

당신 혼자서는.

하지만 당신은 혼자가 아니다.

두 사람이 필요하다(세 명이라면 더 좋다)

올바른 식습관과 운동으로 몸을 잘 관리하는 것은 곧 몸으로 하나님께 영광을 돌리는 일이다. 나는 그런 노력을 처음 시작했을 때 도움이 필요하다는 사실을 알았다. 내 친한 친구들 중에서 몸을 관리하는 일에 대해서 바트만큼 잘 아는 사람은 없었다. 그래서 그에게 도움을 청했다. 그랬더니 그가 이후 몇 주간 영양과 운동에 대해서 거의 석사 과정에 버금갈 만한 정보를 내게 쏟아낼 줄은 미처 몰랐다.

내가 건강으로 하나님을 영화롭게 하는 과정에 돌입하자 갑자기 자신의 '성전'인 몸을 돌보는 일에 진심인 사람들이 눈에 들어왔다. (그들은 항상 내 주변에 있었지만 이전에는 내가 전혀 눈여겨보지 않았던 사람들이다.) 그리고 어쩌다 보니 나는 최상의 건강 상태를 추구하는 새 친구들을 한데 모으게 되었다. 건강을 중시하는 이 그룹은 나를 지지해 주는 팀이 되었다. 이것은 알코올 중독에서 벗어나려는 사람들의 모임과 다르지 않다. 금주에 진심인 사람들은 공동체 안에서 힘을 얻는다. 그들은 혼자서는 술에 취약하지만 함께하면 금주 성공 가능성이 훨씬 더 높아진다는 사실을 알고 있다.

다이어트와 건강에 열정을 품고서 열심히 노력했더니 몸이 확연히 좋아진 것이 느껴졌다. 하지만 눈에 보이는 결과가 점점 줄어들자 의욕도 떨어졌다. 시작한 지 얼마 되지도 않아, 그만두는 것이 더 매력적으로 보이기 시작했다. '너무 힘들어. 디저트를 포기하기에는 인생이 너무 짧아. 이렇게 엄격한 규칙을 따르기 전에도 잘만 살았잖아. 게다가 너는 아빠니까 아빠 몸매인 게 당연하지!'

그때 친구들이 개입해서 이렇게 말해 주었다.

"포기하고 싶을 때는 처음에 이 노력을 왜 시작했는지를 기억해."

다시 말해, 당신의 '왜'를 기억하라. 건강한 몸을 향한 열정으로 함께 모인 친구들이 도와준 덕분에 나는 포기하지 않고 건강을 향한 과정을 계속 이어갈 수 있었다. 이제 내가 바라는 것은 어떤 행동을 하는 것이 아니다. 꾸준함은 나의 정체성이다. 나는 꾸준한 사람이다.

나 혼자서는 할 수 없다. 하지만 나는 혼자가 아니다.

당신도 혼자서는 할 수 없다. 하지만 당신도 혼자가 아니다. 도와주는 친구 한두 명만 있으면 모든 것이 달라질 수 있다. "두 사람이 한 사람보다 나음은 그들이 수고함으로 좋은 상을 얻을 것임이라 혹시 그들이 넘어지면 하나가 그 동무를 붙들어 일으키려니와 홀로 있어 넘어지고 붙들어 일으킬 자가 없는 자에게는 화가 있으리라 또 두 사람이 함께 누우면 따뜻하거니와 한 사람이면 어찌 따뜻하랴 한 사람이면 패하겠거니와 두 사람이면 맞설 수 있나니 세 겹 줄은 쉽게 끊어지지 아니하느니라"(전 4:9-12).

솔로몬은 몇 천 년 전에 이 글을 썼지만 이 글은 오늘날에도 여전히 옳다. 공동체가 목표 달성에 중요하다는 점은 많은 연구를 통해 계속해서 증명되었다.[36] 정신 건강을 얻고, 꾸준함을 방해하는 난관을 다루고 극복하는 능력을 얻고[37], 스트레스와 인생의 장애물을 극복하는 기술을 배우려고 할 때[38] 서로 도와주는 친구들의 존재는 정말 중요하다.

- 사람들은 서로 돕는 공동체가 있을 때 다이어트에 더 잘 성공한다. 이것이 웨이트워처스(WeightWatchers)가 오랫동안 유지된 한 가지 이유다.
- 사람들은 혼자 달릴 때보다 여러 사람과 함께 달릴 때 더 오래 달릴 수 있다.
- 혼자서는 중독을 끊기가 어렵지만 프로그램 안에서 다른 사람들과 함께하면 가능해진다.
- 사람들은 공동체 안에서 영적으로 가장 잘 자란다.

좋은 팀을 이루면 시너지라고 부르는 놀라운 효과가 발생한다. 시너지는 "요소들이 결합되어 상호 작용할 때 개별적인 요소나 기여의 총합보다 더 큰 효과를 만들어 내는 현상"이다.[39] 요컨대, 시너지는 우리가 함께할 때 더 좋아진다는 뜻이다.

자신의 '왜'를 기억하고, 실패를 계획하고, 과정을 즐기면 팀을 이루는 데 도움이 된다. 마음이 맞는 사람들을 모으라. 당신의 군대를 모으라. 혼자서는 할 수 없다. 하지만 잘하도록 응원해 주고 잘못했을 때 지적해 주는 친구가 한두 명이라도 있으면 해낼 수 있다. 두 명이 한 명보다 낫다. 세 명? 더 낫다.

하나님은 하실 수 있다

우리는 각자 "나는 꾸준한 삶을 살 것이다"라고 미리 결정했다. 하지만 좀 더 정확한 표현을 써 보자. "하나님의 도우심으로 나는 꾸준한 삶을 살 것이다." 여전히 당신이 꾸준한 모습을 보일 수 없다고 생각하는가? 당신의 생각이 옳다.

나는 할 수 없다. 하지만 하나님은 하실 수 있다.

구체적으로 생각해 보자. 하나님이 당신에게 어떤 영역에서 꾸준하라고 말씀하시는가? 하나님이 당신에게 다음과 같은 것을 명령하시는가?

- 꾸준하게 예산에 맞춰 생활하라.
- 꾸준하게 빚을 갚아라.
- 꾸준하게 배우자나 자녀와 함께 기도하라.
- 꾸준하게 피아노나 스페인어나 쌍절곤을 연습하라.
- 꾸준하게 교회에 출석하고 교회에서 섬기라.
- 꾸준하게 하나님의 말씀을 읽으라.
- 꾸준하게 건강한 식습관을 유지하라.
- 꾸준하게 포르노를 멀리하라.
- 꾸준하게 정크 푸드를 멀리하라.
- 꾸준하게 좋은 책을 읽으라.

목표는 무엇인가? 일반적인 목표를 말하지 말라. 정확하고도 구체적으로 말하라. 명확하게 정의하지 않은 것을 해낼 수는 없다. 그다음에는 어떻게 해야 하는가? 간단하다. 그것을 꾸준하게 실천하기로 미리 결정하라. 어떻게 해야 꾸준하게 실천할 수 있을까?

> 1) '왜'로 시작하라.
> 2) 실패를 계획하라.
> 3) 과정을 즐기라.
> 4) 팀을 모으라.

자신의 힘과 의지력과 열정이 한계에 이르더라도 두려워하지 마라. 바울이 꾸준하지 못함을 고백하면서 "내가 행하는 것을 내가 알지 못하노니"(롬 7:15)라고 탄식했던 것을 기억하라. 몇 구절 뒤에서 그는 통렬한 물음을 던진다. "오호라 나는 곤고한 사람이로다 이 사망의 몸에서 누가 나를 건져내랴"(롬 7:24). 바울은 어떤 답을 얻었는가? "우리 주 예수 그리스도로 말미암아 하나님께 감사하리로다"(롬 7:25). 그렇다. 우리는 하나님의 도우심으로 꾸준하게 노력하기로 미리 결정해야 한다.

- "하나님의 도우심으로 탄산음료를 마시지 않을 것이다."
- "하나님의 도우심으로 일주일에 세 번 걷기 운동을 할 것이다."
- "하나님의 도우심으로 한 달에 신용카드 사용액을 50달러 이상 줄일 것이다."
- "하나님의 도우심으로 매일 성경책을 읽을 것이다."

우리는 결정을 내려야 한다. 하지만 그 결정을 일관되게 실천하려면 "믿는 우리에게 베푸신 능력의 지극히 크심"을 의지해야 한다. 그 능력은 다름 아닌 "그리스도 안에서 역사하사 죽은 자들 가운데서 다시 살리시고 하늘에서 자기의 오른편에 앉히"신 능력이다(엡 1:19-20).

당신 삶의 어떤 영역에서 꾸준하라고 하나님이 명령하고 계시는가? 정확히 모르겠다면 조용히 기도하는 시간을 가지라. "하나님, 제 삶의 어떤 영역에서 제가 꾸준하기를 원하십니까? 하나님, 보여 주십시오." 그것이 무엇이든 당신은 할 수 있다. 하나님의 도우심으로.

나는 꾸준하게 노력하는가?

1. 당신 삶의 영역 중에서 스스로 생각하기에 꾸준하게 행하고 있는 영역을 최소한 세 가지 말해 보라.

2. 당신 삶의 영역 중에서 스스로 생각하기에 꾸준하게 행하지 못하는 영역을 최소한 세 가지 말해 보라.

3. 질문 1번과 2번의 답을 볼 때 두 목록의 차이점을 만들어 내는 주된 요인은 무엇이라고 생각하는가?

4. 잘하고 싶지만 꾸준하지 못함이 가장 큰 걸림돌로 작용해서 잘하지 못하는 일이 있는가?

5. 당신의 꾸준하지 못한 세 영역을 돌아보고, 각 영역에 대해 올바른 동기를 적어 보라.

6. 혹시 완벽주의자 기질이 조금이라도 있는가? 그것이 당신의 의사 결정에 어떤 영향을 미치는가?

7. 서로 지지해 주는 팀 만드는 것을 고려해 보라. 당신의 '한두 사람'이 될 만한 사람으로 누가 떠오르는가?

7장

"이제는 하던 일을 성취할지니
마음에 원하던 것과 같이 완성하되 있는 대로 하라"
_ 고린도후서 8:11

"나는 포기하지 않을 것이다"

상황이 힘들어져도, 일단 시작한 일은
반드시 마무리하기로 미리 결정하다

나를 위한
하나님의 계획은
끝나지 않았다

고등학교 때 나는 여러 스포츠를 했지만 가장 잘한 종목은 테니스였다. 나는 한 대학 팀의 관심을 끌었고, 그 대학은 내가 주 챔피언십 토너먼트에서 시합하는 모습을 보기 위해 스카우터를 보냈다. 스카우터는 관중석에 앉아 내가 준결승전에서 한 번도 패한 적 없는 최고 순위 선수와 경기하는 모습을 지켜 보았다. 나는 인생 최고의 경기를 펼쳐 상대방을 6-3, 6-2로 이겼다. (내 자랑을 하는 것이다. 하지만 명심하라. 타락 전에는 교만이 기승을 부린다.) 그 자리에서 스카우터가 나와 계약을 맺었다.

스카우터는 떠났고, 나는 계속해서 2주 전에 내가 크게 이겼던 선수와 결승전을 치렀다. 그리고 그는 나를 이겼다. 스카우터가 내 마지막 경기를 봤더라면, 나는 NAIA(미국대학선수협회) 최상위급인 이 대학의 팀에 들어갈 기회를 얻지 못했을 것이다. 나는 그 대학에 입학한 후, 내 테니스 실력이 한참 부족하다는 사실을 뼈저리게 깨달았다.

나는 테니스 장학생으로 그 대학에 들어갔다. 그곳에서 첫날 팀 동료와 연습 시합을 했고, 나는 6-0, 6-0으로 대패했다. 나는 한 경기도 이기지 못했다. 단 한 경기도. 그 순간 나의 창피함과 굴욕감은 말로 다 표현하지 못할 정도다. 내가 이 수준의 팀에서 뛸 만한 실력이 안된다는 사실을 모두가 똑똑히 보았다.

당시 나는 그리스도인이 아니었고, 그래서 내 행동은 전혀 그리스도인답지 못했다. 나는 고함을 지르고 욕을 하고 라켓을 세차게 내팽개쳤다. 예비 라켓마저 집어던지고서 수치심에 씩씩거리며 코트를 도망치듯 빠져나갔다. 팀 동료 중에 내 고등학교 시절 감독을 아는 친구가 있었다. 그 친구가 감독에게 전화를 걸어 이 일을 알렸다.

두 시간 뒤, 나는 기숙사에 앉아 소리를 지르며 내가 아는 모든 욕을 쏟아내고 있었다. 나는 테니스를 그만두기로 마음먹었다. 그렇게 나는 못난 모습을 보이고 있었다. 내 모자란 실력에 대한 수치심으로 제정신이 아니었다. 그때 누가 내 기숙사 문을 두드렸다. 문을 열어 보니 내 고등학교 시절 감독인 엘린저 선생님이 차로 두 시간 반을 달려와 문 앞에 서 있었다. 감독님은 내 룸메이트의 침대 위에 걸터앉아 말했다. "너, 이런 녀석이었니? 나는 네가 쉽게 포기하는 녀석이라고 생각하지 않았는데…."

나는 감독님께 그냥 가서 할 일이나 하시라고 말했다. (당시 나는 그리스도인이 아니어서 말버릇이 없었다.) 나는 세상을 향해 분노를 쏟아냈다. 하지만 그 순간, 나를 향한 감독님의 깊은 애정을 깨닫고 입을 다물었다. '감독님은 나와 잠시 이야기를 나누기 위해 모든 일을 멈추고 100킬로미터가 넘는 거리를 차로 달려오셨어.' 나는 이 상황에 단순한 테니스 시합보다 훨씬 더 많은 것이 걸려 있다는 사실을 깨달았다.

감독님은 거의 예언에 가까운 말을 해 주셨다. 나는 그 말을 평생 잊지 못할 것이다. "크레이그, 오늘은 네 인생에서 정말 중요한 날이야. 네가 그것을 깨달을 수 있도록 내가 여기에 와서 너를 만날 수 있어서 참 다행이야. 오늘은 네가 어떤 사람이 될지 결정하는 날이야. 상황이 조금 힘들어진다고 해서 포기할 거야? 아니면, 이왕 시작한 일을 끝까지 마무리하겠니? 시련이 있다고 다 그만둘 거야? 아니면 이 시련을 극복해 보겠니?" 마치 시간이 멈춘 것처럼, 감독님의 물음이 내 귓가에서 계속 맴돌았다.

자, 당신에게 묻고 싶다. 당신은 어떤 사람이 되려는가?

당신은 테니스 라켓을 죄다 부수고 기숙사에서 감독을 욕한 적은 없을지 모르지만 뭔가 중요한 일을 그만둘까 고민했던 적은 분명 있을 것이다. 혹시 바로 지금 '포기'라는 단어를 떠올리고 있는가?

- 목표를 정하고 그 목표를 향해 열심히 달려갔지만 큰 걸림돌을 만나 제동이 걸렸다. 그때부터 별로 진전이 나타나지 않았다. 좌절감이 쌓이기 시작했다. 낙심이 밀려왔다. 그래서 점점 포기하고 싶어진다.
- 회복하려고 노력해 온 관계가 있다. 갈등으로 인한 상처를 치유하기 위해 먼저 손을 내밀었다. 하지만 잘 풀리지 않았다. 오히려 전보다 더 상황이 안 좋아졌다.
- 부부 관계를 유지하려고 노력하는데, 배우자가 협력하지 않고 서로 싸우다가 지쳐 가고 있다.
- 자녀가 예수님께 돌아오기를 위해서, 병을 치유받기 위해서, 재정적

인 안정을 위해서, 중독의 사슬을 끊기 위해서 기도하고 또 기도하고 있다. 하지만 기도 응답이 없어 점점 희망이 꺾이고 있다.

- 심한 우울증에 시달려 왔다. 고통은 가라앉지 않는다. 삶을 포기하고 싶지는 않지만 얼마나 더 버틸 수 있을지 모르겠다.

포기하려는 사람들과 이야기해 보면 그들은 하나같이 이렇게 말한다. "이젠 끝이야." 당신도 그런 심정인가? 그렇다면 중요한 사실 한 가지를 기억하기 바란다.

죽지 않았다면 아직 끝이 아니다.
당신을 위한 하나님의 계획은 아직 끝나지 않았다.

낙심해서 포기하고 싶은 심정은 충분히 이해한다. 하지만 하나님이 당신을 통해서 하시려는 일이 아직 남아 있다.

- 당신이 줄 수 있는 사랑이 남아 있다
- 당신이 시작해야 할 사역이 있다
- 당신이 소망을 전해 주어야 할 사람들이 있다
- 당신이 친구가 되어 주어야 할 사람들이 있다

더 이상 뭘 하기에는 너무 지쳤는가? '뭘 더 하라고? 그러기엔 너무 지쳤어. 더는 아무것도 할 수 없어.' 그렇다면 데이비드 앨런이 《쏟아지는 일 완벽하게 해내는 법》에서 한 말을 생각해 보라. "사람들이 느끼는 스트레스의 상당 부분은 해야 할 일이 너무 많기 때문이 아니다. 시작한 일을 마무리하지 않기 때문이다."[40] 당신도 그런 것이 아닐까? 해야 할 일이 너무 많은 것이 아니라 하나님이 부르신 일을 아직 끝내지 못해서 힘든 것이 아닐까?

미처 마무리하지 못한 일이 있는가? 하나님이 당신에게 하라는 마음을 주셨는데 아직 끝내지 못한 일이 있는가? 그렇다면 바울이 고린도 교인들에게 준 조언을 마음에 새기기 바란다. "너희가 시작한 일을 마무리하는 것이 좋으니라"(고후 8:10, NLT).

시작한 일을 마무리하는 것이 왜 그토록 중요한가? 과거에 그만둔 일로 후회하고 있는가? 정말 중요한 뭔가를 마무리하지 못하고 포기해서 괴로워하고 있는가? 그렇다면 이것이 왜 그토록 중요한지를 알 것이다. 당신은 그런 기분을 더 이상 느끼고 싶지 않을 테니까 말이다.

하지만 여기서 끝이 아니다. 더 중요한 문제가 있다. 지금 당장이 문제가 아니라 남은 일생 전체가 걸려 있다. 우리가 무엇을 하느냐에 따라 우리가 어떤 사람이 될지가 결정된다. 왜 그런가?

우리가 내리는 모든 결정은 우리의 미래를 정하는 투표다.

오늘의 결정은 우리가 내일 어떤 사람이 될지에 투표하는 것과 같다. 포기하기로 선택하면 우리는 시작한 일을 마무리할 능력이 없는 사람이 되는 데 투표한 것이다. 반면, 주님 안에서 끝까지 인내하기로 하면, 마무리를 잘하는 사람이 되는 데 투표하는 것이다.

그날의 내 기숙사로 돌아가 보자. 감독은 이렇게 말했다. "나는 네가 쉽게 포기하는 녀석이라고 생각하지 않았어. 오늘은 네가 어떤 사람이 될지 결정하는 날이야." 그러고 나서 이렇게 물었다. "너는 어떤 사람이야? 상황이 조금 힘들어진다고 해서 포기할 거야? 아니면 이왕 시작한 일을 끝까지 마무리하겠니? 시련을 만나면 다 그만둘 거야? 아니면 이 시련을 극복할 거야?"

그 질문에 나는 눈앞의 상황에서 벗어나 앞을 바라보았다. 그 순간 바로 답을 알 수 있었다. 나는 어떤 사람이 되고 싶은지 알았다. 그 순간 나는 다음과 같이 미리 결정했다.

일단 하기로 했으면, 중도에 그만두지 않을 것이다.

그 순간이 내게 얼마나 중요했는지는 말로 다 표현할 수 없다. 끝까지 인내하겠다는 결심은 단순히 테니스에 관한 문제가 아니었다. 그것은 바로 인격에 관한 문제였다. 마음가짐의 문제였고 헌신의 문제였다. 나는 삶의 모든 영역에서 한번 시작한 일은 끝까지 마무리하는 사람이 되기로 결심했다.

나는 테니스 코트로 돌아가서 끝까지 견디기 위해 몸부림을 쳤다. 가장 먼저 연습을 시작해서 코트를 가장 늦게 떠났다. 쉬는 날에도 구슬땀을 흘리며 연습했다. 따라가야 할 길이 멀었기 때문에 누구보다도 열심히 훈련하기로 결심했다. 솔직히 첫해에는 겨우 살아남았다. 두 번째 해에는 조금 나아졌다. 그리고 세 번째 해에는 무패를 자랑했다. 네 번째 해에는 대학교 전체에서 올해의 선수상을 수상했다.

이런 성과를 거둔 것은 내가 남들보다 재능이 우월했기 때문일까?

전혀 아니다. 이런 성과를 거둔 것은 내가 그만두지 않았기 때문이다. 하나님의 도우심으로 나는 모든 일에 같은 태도로 임할 수 있었다.

당신은 내가 분투하는 모습은 볼 수 있어도,
내가 그만두는 일은 볼 수 없을 것이다.

나는 일단 하기로 했으면 중도에 그만두지 않는 사람이다. 나는 끝까지 마무리하는 사람이다.

어떤 사람이 될 것인가? 우리가 오늘 내리는 결정은 내일 어떤 사람이 될 것인지에 대해 투표하는 것이다. 무슨 일이든 시작하기 전에 그 일을 그만두지 않기로 결심하라. 오늘은 다음과 같이 미리 결정해야 할 때다.

나는 마무리하는 사람이 될 것이다.

이 결정을 내릴 준비가 되었는가? 그렇게 하면 훨씬 더 많은 것을 이룰 수 있을 것이다. 뭐든 끝까지 마무리하는 태도야말로 하나님을 기쁘시게 하고, 우리의 목표를 이루고, 성공을 거두기 위한 가장 중요한 열쇠이기 때문이다.

2.
그릿(grit), 그만둘 법한 상황에서 버티기

평범한 성과를 내는 사람과 놀라운 일을 성취하는 사람을 가르는 결정적인 요인은 무엇일까? 자신의 잠재력을 온전히 이루는 사람과 항상 허우적거리고 형편없는 성과만 거두는 사람의 차이점은 무엇인가? 재능이나 지능이나 지식은 결정적인 차이가 아니다. 열쇠는 바로 인내에 있다.

인내는 위대함으로 가는 길이다.

앤절라 더크워스는 탁월한 학자다. 더크워스는 하버드와 옥스퍼드를 졸업하고 성공한 사람들의 비결을 오랫동안 연구했다. 아래와 같은 사람들의 삶을 조사했다.

- 웨스트포인트 육군사관학교에서 살아남고 두각을 나타낸 사람들
- 열악한 빈민촌 학교의 가난한 학생들과 아이비리그 대학의 부유한 학생들
- 수백만 달러를 번 사업가들
- 전국 철자 맞추기 대회에서 우승한 아이들

성공하는 사람들은 왜 성공하는가? 더크워스가 찾은 열쇠는 바로 이 것이다. 그릿(grit)! 그릿은 그만두기를 거부하는 인격적 강점이다. 그릿은 역경 속에서도 끝까지 인내하는 것이다. 더크워스는 이렇게 말한다.

"의욕은 흔하지만 인내는 드물다."

더크워스는 성공하는 사람들은 목표를 세우고 덜 중요한 목표는 기꺼이 포기한다고 설명한다. 그들은 아침에 눈뜰 때마다 목표를 향해 자세를 잡고 그쪽으로 한 걸음 내딛는다. 그들은 목표를 이룰 것이라고 막연히 희망하지 않는다. 목표 달성에 관한 공상만 하고 있지 않다. 그들은 목표에 시선을 집중하고 실질적으로 노력한다.[41] 성공하는 사람들은 그릿으로 인해 성공한다. 이 사실은 당신과 나에게 정말 좋은 소식이다. 이 사실의 의미는 다음과 같다.

- 재능이 크게 뛰어나지 않아도 괜찮다.
- 인맥이 부족해도 큰 문제가 아니다.
- 고등 교육을 받지 않았다 해도 성공은 불가능하지 않다.

이는 누구든 한 발자국씩 꾸준히 앞으로 내디디면 난관을 극복하고 목표를 이루어 하나님께 영광이 되는 놀라운 삶을 살 수 있다는 뜻이다. 이것이 우리가 마무리하는 사람이 되기로 미리 결정해야 하는 이유다.

일단 하기로 했으면, 중도에 그만두지 않을 것이다.

왜냐하면 평범한 삶과 놀라운 삶을 가르는 차이는 그릿이기 때문이다. 삶의 모든 영역에서 이 점을 확인할 수 있다. 정치권에서는 넬슨 만델라가 생각난다. 그는 무려 27년간 옥살이를 한 후에 남아프리카공화국 대통령이 되어 조국에 유례없는 변화를 가져왔다.

음악계에서는 U2가 역사상 가장 성공한 밴드다. U2가 보유한 22회 그래미상 수상 기록을 깬 밴드는 아직까지 없다. U2의 앨범은 무려 1억 5천만 장 이상 팔렸으며, 2005년 U2는 로큰롤 명예의 전당에 올랐다. U2가 워낙 엄청난 재능을 소유했기 때문에 이런 일을 쉽게 해냈을까? 전혀 아니다. U2의 시작은 너무나 초라했다. 매니저인 폴 맥기니스가 매주 주는 25파운드로 겨우 입에 풀칠만 했으니까 말이다. 밴드의 버스 값은 맥기니스의 책상 위에 놓인 동전통에서 훔쳐야 했다.[42] U2에게 음악의 길은 결코 쉽지 않았다. 그들은 수많은 밴드들처럼 포기할 수도 있었다. 하지만 그들은 그릿이 있었다.

지금은 사람들이 어떻게 생각하든, 윌 스미스는 주연 작품 8편이 연속으로 미국 박스오피스 1억 달러를 돌파한 유일한 배우다. 그는 골든 글로브와 아카데미 수상 후보에 각각 다섯 번과 두 번 올랐으며, 네 번의 그래미상을 수상했다. 그는 어떻게 해서 그토록 큰 성공을 거둘 수 있었을까? 천부적인 연기 재능? 전혀 아니다. 그에게 직접 설명을 들어 보자. "내가 볼 때 내가 남들과 뚜렷이 다른 점은 하나뿐입니다. 나는 러닝머신 위에서 죽게 될 것을 두려워하지 않는다는 것입니다. 나는 노력에 관해서는 절대 남에게 뒤지지 않을 겁니다. 당신은 나보다 재능이 뛰어날지 모릅니다. 당신이 나보다 더 똑똑할 수 있습니다. 당신이 나보다 더 섹시할지 모릅니다. 당신은 이 모든 장점을 지녔을지 모릅니다. 아홉 가지 영역에서 당신이 나를 앞지를 수 있습니다. 하지만 우리가 함께 러닝머신 위에 오르면 둘 중 하나는 확실합니다. 당신이 먼저 나가떨어지거나, 내가 죽을 겁니다. 아주 간단하죠."[43]

우리는 하나님 나라를 포함한 삶의 모든 영역에서 이 점을 확인할 수 있다. 하나님 나라를 위해 놀라운 영향력을 발휘한 인물들의 삶을 조사해 보라. 존 웨슬리, 윌리엄 캐리, 마더 테레사, 찰스 스펄전, 해리엇 터브먼, 마틴 루터 킹 주니어, 그 외에도 수많은 위대한 인물이 아무런 성과도 없이 수년을 보냈지만 포기하지 않았기에 결국 난관을 극복했다. 그들은 하나님이 주신 궁극적인 목표를 추구하기 위해 덜 중요한 목표들을 포기했다. 그들은 아침에 눈뜰 때마다 목표를 향해 자세를 잡고서 그쪽으로 한 걸음 내딛었다. 어떤 일이 벌어져도 그들은 그만두기를 거부했다.

그릿은 그들을 위대함으로 이끌었다.

사도 바울은 그릿의 완벽한 예다. 성경에서 우리는 말년에 감옥에 갇혀서 처형을 기다리고 있는 그를 볼 수 있다. 그 감옥에서 그는 영적 아들이자 제자인 디모데에게 애정 어린 편지를 쓴다. 그는 디모데에게 강해지라고 격려한다. "내 아들아 그러므로 너는 그리스도 예수 안에 있는 은혜 가운데서 강하고"(딤후 2:1).

바울은 디모데에게 고난을 예상하되 그것을 극복하고 맡은 일을 끝까지 마치는 자가 되라고 권면한다. "그러나 너는 모든 일에 신중하여 고난을 받으며 전도자의 일을 하며 네 직무를 다하라"(딤후 4:5).

바울은 디모데에게 인내를 권면한다. 왜일까? 자신이 겪은 일을 떠올렸기 때문이다. 바울은 거부와 배신, 핍박, 매질, 돌질, 투옥을 겪어야 했다. 그는 디모데도 비슷한 일을 겪을 줄 알고서 그에게 용기를 불어넣었다. "힘든 일이 닥치겠지만 그만두지 마라. 남들은 다 포기하겠지만 너는 포기해서는 안 된다."

바울이 이런 말을 할 수 있었던 것은 자신이 포기하지 않고 끝까지 인내함으로 결국 목표를 이루어 냈기 때문이다. 그의 다음 글을 보라. "전제와 같이 내가 벌써 부어지고 나의 떠날 시각이 가까웠도다 나는 선한 싸움을 싸우고 나의 달려갈 길을 마치고 믿음을 지켰으니 이제 후로는 나를 위하여 의의 면류관이 예비되었으므로 주 곧 의로우신 재판장이 그날에 내게 주실 것이며…"(딤후 4:6-8).

죽음을 앞두고서 이런 글을 쓸 수 있는 삶이 얼마나 멋진가? 바울은 기본적으로 이렇게 말하고 있다. "나는 충성되고 영향력 있는 사람이 되기로 미리 결정했다. 이제 삶의 끝자락에 이른 지금 나는 그 일을 해냈다." 수년 전 그는 자신의 삶에 대해서 내린 결정을 고백했다. "내가 달려갈 길과 주 예수께 받은 사명 곧 하나님의 은혜의 복음을 증언하는 일을 마치려 함에는 나의 생명조차 조금도 귀한 것으로 여기지 아니하노라"(행 20:24).

이제 경주의 결승선 앞에서 바울은 디모데에게 말한다. "나는 해냈다. 나는 하나님이 주신 일을 해냈다. 나는 시작한 일을 마무리하는 사람이다." 바울이 당신을 만나면 디모데에게 해 준 조언을 당신에게도 그대로 해 주리라 나는 확신한다. 힘든 일이 찾아올 것이다. 도중에 고난을 겪을 것이다. 하지만 포기하지 마라. 당신은 시작한 일을 마무리하는 사람이다. 일단 하기로 한 일은 도중에 그만두지 마라. 바울은 다른 편지에서 이렇게 썼다. "우리가 선을 행하되 낙심하지 말지니 포기하지 아니하면 때가 이르매 거두리라"(갈 6:9).

우리는 지치지 말아야 한다. 포기하지 말아야 한다. 인내를 발휘하여 위대함을 이루어야 한다. 시작한 일을 마무리하는 자가 되어야 한다. 다음과 같이 하기로 미리 결정해야 한다.

일단 하기로 했으면, 중도에 그만두지 않을 것이다.

우리는 그릿을 키워야 한다. 그 방법에 관해서 앞으로 이야기하겠지만 먼저 사람들이 중도에 그만두는 이유부터 살펴보자.

3.

내 선택 사항에
'포기'란
없다

    중도에 그만둔 사람들의 이름을 댈 수 있는가? 물론, 수없이 많은 이름을 댈 수 있을 것이다. 우리 모두는 꿈, 다이어트, 결혼, 하나님, 커리어, 중독에서 벗어나는 일을 중도에 포기한 사람들을 알고 있다. 피아노 레슨이나 채소 먹기를 포기한 사람들의 숫자는 다 헤아리지 못할 정도다. 인내가 위대함으로 가는 길이라면 왜 그토록 많은 사람이 포기하는 것일까? 처음부터 포기할 생각으로 시작하는 사람은 아무도 없다. 그렇다면 왜 우리는 결국 포기하는 것일까?

    영화 〈아폴로 13〉을 기억하는가? 나사(NASA)는 임무 개시 이틀 만에 기계선의 산소 탱크가 망가진 아폴로 우주선의 우주비행사 세 명을 무사히 지구로 귀환시키기 위해 애를 쓰고 있다. 성공 확률은 매우 낮아 보인다. 아니, 불가능해 보인다. 영화의 한 장면에서 나사의 한 관리자가 모든 문제를 나열하자 다른 관리자가 이렇게 대답한다. "나사 역사상 최악의 재난이 될 수 있어." 그러자 비행 책임자 진 크랜츠가 끼어든다. "외람된 말씀이지만, 저는 이번이 나사 역사상 최상의 순간이 될 것이라 믿습니다." 나중에 그는 팀원들에게 이렇게 선언한다. "실패는 우리의 선택 사항 중에 없다."[44]

포기하는 이유

사람들이 중도에 그만두는 한 가지 이유는 그만두는 것을 하나의 선택 사항으로 인정하기 때문이다. 아마도 이것이 결혼한 부부의 약 절반이 결국 갈라서는 이유 중 하나일 것이다. 이혼한 부부들을 조사해 보면 온갖 이유가 있지만, 그들 모두의 공통점은 최소한 한 사람이 이혼의 가능성을 허용했다는 것이다. 이혼을 아예 선택 사항으로 고려조차 하지 않는 부부들은 어떻게든 난관을 헤쳐 나가고 가정을 지킬 방법을 찾는다. 이혼을 하나의 선택 사항으로 고려하는 부부는 서로의 차이점을 참을 수 없을 것 같을 때 헤어지는 편을 선택할 가능성이 더 높다.

비단 결혼만 그런 것이 아니다. 아마도 굳게 결심하고 다이어트를 시작했다가 겨우 일주일 만에 포기한 적이 있을 것이다. 하지만 당신에게 너무 중요한 목표라서 실패를 아예 용납할 수 없는 경우도 있었을 것이다.

사람들이 중도에 그만두는 것은 그만두는 것을 하나의 선택 사항으로 고려하기 때문이다. 물론 모든 것을 절대 중도에 그만두어서는 안 된다는 말은 아니다. 전략적인 차원에서 뭔가를 그만두어야 할 때도 있다.

- 자녀들과 더 많은 시간을 보내기 위해 현재의 직장을 그만두고 시간 여유가 더 많은 직장으로 옮겨야 할 수도 있다.
- 더 의미 있는 목표를 추구하기 위해 전공을 바꿔야 할 수도 있다.
- 나와 교제하는 사람이 나를 예수님에게서 멀어지게 만들고 있다. 그렇다면 하나님이 더 좋은 사람을 보내 주실 줄 믿고 그 관계를 끊는 것이 현명할 수 있다.

내가 그만두지 말라고 말할 때는 어리석게 고집을 부리라는 뜻이 아니다. 우리는 선택적인 그릿을 발휘할 수 있어야 한다. "네 눈은 바로 보며 네 눈꺼풀은 네 앞을 곧게 살펴 네 발이 행할 길을 평탄하게 하며 네 모든 길을 든든히 하라 좌로나 우로나 치우치지 말고…"(잠 4:25-27).

하나님이 부르신 일은 너무도 중요한 일이니 중도에 그만두어서는 안 된다. 그 일을 포기하는 것은 선택 사항 중에 없다.

안개를 뚫고 보다

플로렌스 채드윅은 영국 해협을 최초로 헤엄쳐서 왕복한 여성으로 유명해졌다. 그 후에 그녀는 또 다른 목표를 세웠다. 1952년 7월 4일, 그녀는 카타리나섬에서 캘리포니아 해안으로 헤엄치기 시작했다. 하지만 안타깝게도 이번에는 성공하지 못했다.

무엇이 그녀를 막았을까? 차가운 물이나 상어는 아니었다. 열여섯 시간 헤엄으로 인한 탈진도 아니었다. 그녀를 막은 것은 바로 안개였다. 안개가 자욱하게 내리자 더 이상 해변을 볼 수 없었다. 그래서 포기했다. 열여섯 시간이나 헤엄치고 배에 올랐을 때 목표 지점까지 채 1.5킬로미터도 남지 않았음을 알게 되었다. 이럴 수가! 나중에 채드윅은 땅이 보였다면 성공했을 것이라고 말했다.

두 달 뒤 채드윅은 두 번째로 도전했다. 이번에도 안개가 짙게 깔렸지만 이번에는 성공할 수 있었다. 왜일까? 채드윅은 안개를 예상했고 헤엄치는 내내 머릿속으로 해안의 이미지를 그렸다고 했다.[45]

우리는 왜 그만두고 싶은 유혹을 느끼는가? 미래를 볼 수 없기 때문이다. 목표를 세우지만 그것이 도달 불가능해 보일 때가 많다. 하지만 불가능해 보여도 상관없다. 왜일까?

- 우리는 지루함을 즐긴다. 우리는 해야 할 일을 매일 꾸준히 하는 것을 승리로 여긴다.
- 우리는 '왜'의 힘으로 전진한다. 명심하라. 우리는 '왜'로 시작하며 끝까지 '왜'를 바라본다. 우리는 우리가 무엇을 위해 싸우는지 안다.
- 우리는 보상이 있음을 안다. "우리가 선을 행하되 낙심하지 말지니 포기하지 아니하면 때가 이르매 거두리라"(갈 6:9). 끝까지 인내하는 사람은 큰 보상을 바라본다. 그들은 보이지 않는 것을 본다.

베드로가 예수님을 세 번 부인하고 자신의 죄를 깨달았을 때는 가룟 유다가 스스로 목숨을 끊은 지 얼마 되지 않은 때였다. 아마도 베드로의 머릿속에 그 일에 관한 충격이 여전히 생생했을 것이다. 베드로가 요한복음 21장에서 부활하신 주님께 "내 양 떼를 먹이라"라는 임무를 받을 수 있었던 것은 자괴감을 느끼면서도 목숨을 끊지 않고 끝까지 포기하지 않았기 때문이다. 그는 죄책감에 사로잡혀 포기하는 우를 범하지 않았다. 베드로에게 '예수님'은 안개를 뚫고 해변을 보게 하는 데 충분한 '왜'였다.

힘들지만 가치 있는 일

사람들은 왜 중도에 그만둘까? 힘들기 때문이다. 그런데 개인적으로 성장하거나 관계를 좋게 만들거나 세상에 더 큰 영향을 미치기 위한 길은 다 힘들다. 다음과 같이 하고 싶은가?

- 선교 여행을 가고 싶은가? 필요한 돈은 생각만큼 쉽게 모이지 않을 가능성이 높다.
- 상담을 받고 부부 관계를 회복하고 싶은가? 배우자는 상담 센터에 가지 않겠다고 고집을 부릴지 모른다.
- 주일 아침에 교회에서 봉사를 하고 싶은가? 뭔가 일이 생겨서 제시간에 교회에 가기가 불가능해지는 경우가 많을 것이다.
- 빚을 청산하고 정한 예산대로 살고 싶은가? 오래지 않아 자동차가 고장 나고 당장 수리비를 내기도 힘든 상황이 벌어질 것이다.
- 욕을 끊고 싶은가? 아이의 레고 조각을 밟고 자신도 모르게 욕이 튀어나오는 상황이 반드시 발생할 것이다.

이런 일이 벌어질 때 이상하게 생각하지 마라. 옳은 길은 항상 힘들다. 예수님은 이 길이 어려울 것이라고 분명히 말씀하셨다. "… 세상에서는 너희가 환난을 당하나…"(요 16:33). 이 길은 힘들다. 그렇다면 어떻게 해야 할까? "… 모든 무거운 것과 얽매이기 쉬운 죄를 벗어 버리고 인내로써 우리 앞에 당한 경주를 하며"(히 12:1). 어떻게 이렇게 할 수 있을까? "믿음의 주요 또 온전하게 하시는 이인 예수를 바라보자…"(히 12:2).

흥미로운 사실이 있다. 이 구절의 헬라어 원문을 보면 "경주"로 번역된 단어는 '아고나'(agona)다. '아고나'는 영어 '고통'(agony)의 어원이다. 따라서 위 구절은 기본적으로 이런 의미다. "인내로써 우리 앞에 당한 고통을 맞으며."

옳은 길은 언제나 힘들지만 '언제나' 고생할 가치가 있다. 당신의 '왜'를 기억하라. 예수님은 그렇게 하셨다. 히브리서의 그다음 구절은 이렇게 말한다. "그 앞에 있는 기쁨을 위하여…"(히 12:2). 예수님은 다가올 기쁨으로 인해 고통을 감내하셨다.

옳은 길은 언제나 힘들지만 '모든 사람'이 힘들다. 당신만 힘든 것이 아니다. 그런데 끝까지 인내하는 사람들은 신세 한탄을 그만두고 역경을 받아들이는 법을 배운 사람들이다. 에릭 웨이헨마이어에 관해서 들어 본 적 있는가? 그는 열네 살에 시력을 잃었다. 그럴 때 우리는 신세 한탄을 하며 노력하기를 그만둔다. 그렇지 않은가? 하지만 에릭은 그렇게 하지 않았다. 그는 계속 노력해서 고등학교의 레슬링 챔피언이 되었다. 모든 대륙에서 최고봉인 일곱 개의 산을 정복했다. 그를 포함해서 이 업적을 이룬 사람은 역대로 150명밖에 없다. 그는 앞이 안 보이는 채로 이 엄청난 일을 해냈다.[46]

심각한 장애를 안고 있는 사람이 그토록 엄청난 업적을 이룬 것이 뜻밖인가? 전혀 뜻밖이지 않다. 가장 큰 성공을 거둔 사람들 중에는 가장 큰 난관을 마주한 사람들이 많다. 예를 들어, 19세기부터 제2차 세계대전 당시까지 영국 수장의 67퍼센트와 미국 대통령들의 1/3이 어릴 적에 부모를 잃었다는 사실을 아는가?[47] 성공한 기업가들의 약 1/3이 난독증으로 고생했다는 사실을 아는가?[48]

말콤 글래드웰은《다윗과 골리앗》에서 엄청난 난관을 극복해 낸 수많은 사람들의 이야기를 소개한다. 그는 이런 난관을 "바람직한 어려움"이라고 부르면서 혹독한 환경이 사실은 걸림돌이 아니라 기회라고 설명한다.[49] 왜일까? 혹독한 환경에서는 그릿을 키울 수밖에 없기 때문이다. (이런 통계를 접하고 나자, 나는 목사 안수를 거절당한 것이 더 이상 억울하지 않았다. 당신은 어떤가? 당신의 발목을 잡았다고 생각했던 큰 장애물을 만난 것이 아직도 억울한가?)

글래드웰은 장애나 불리한 환경을 극복한 사람들이 환경에도 불구하고 성공한 것이 아니라 환경 '때문에' 성공했을지 모른다고 말한다. 당신도 그렇게 될 수 있다. 힘들겠지만 하나님이 당신 편이다. 로마서 8장 37절에 따르면 그 어떤 역경에서도 당신을 사랑하시는 하나님으로 인해 당신은 넉넉히 이길 수 있다. 우리를 사랑하시는 하나님! 바로 이것이 중도에 그만두지 않기 위한 열쇠다. "예수를 바라보자"(히 12:2). 그러면 끝까지 인내할 수 있다.

4.
넘어진 나를 업고
결승선을 통과하시는
하나님

내 아내 에이미가 한 콘퍼런스에서 내 옆에 앉아 있다가 갑자기 내 쪽으로 몸을 기울이더니 더없이 진지한 목소리로 속삭였다. "하나님이 학대받은 여성들을 위한 쉼터 사역을 저에게 시작하라고 하시네요." 혹시 목사의 아내는 항상 이런 말을 한다고 생각하는가? 전혀 그렇지 않다. 이 목사의 아내는 더더욱 그렇지 않다. 아내의 선언에서 두 가지 점이 특이했다. 첫째, 아내는 하나님이 뭔가를 시작하라고 말씀하셨다는 말을 전에는 한 번도 한 적이 없었다. 둘째, 아내가 뭔가에 관해 그토록 확신에 찬 모습은 처음이었다.

하나님은 아내가 학대받은 여성을 위한 쉼터 사역을 시작하기를 원하셨다. 아내는 하나님이 자신의 마음에 그 비전을 불어넣으셨다고 확신하고 그 뜻대로 행하기 시작했다. 조사하고 연구하고 지혜를 구한 끝에 이 사역의 첫 집에 맞는 전반적인 위치, 규모, 유형, 가격을 분명히 파악할 수 있었다. 유일한 문제점은 그 조건에 맞는 실제 집을 찾을 수 없다는 것이었다. 하나님이 인도하시는 일인 것은 분명해 보였지만 그분의 공급하심은 당장 나타나지 않았다.

아내는 찾고 또 찾았다. 하지만 몇 달간 계속해서 막다른 골목에만 이른 끝에 결국 아내는 감정적으로 무너져 내렸다. 아내는 확신을 잃고 울먹였다. "아무래도 하나님의 음성이 아니었나 봐요. 그만둬야 할지도 모르겠어요."

혹시 지금 당신도 내 아내와 같은 심정인가? 포기하고 꿈을 버리기 직전인가? 그만두고 싶은 유혹을 느끼고 있다면 당신의 삶이 누구를 위한 것인지 기억하려고 노력하라.

하나님을 위한 인내

우리는 마무리하는 사람이 되어야 한다. "일단 하기로 했으면, 중도에 그만두지 않을 것이다." 우리는 달려야 할 경주가 있으며, 그 경주를 끝까지 마쳐야 한다. 바울의 말을 기억하는가? "내가 달려갈 길과 주 예수께 받은 사명 곧 하나님의 은혜의 복음을 증언하는 일을 마치려 함에는 나의 생명조차 조금도 귀한 것으로 여기지 아니하노라"(행 20:24).

바울은 인생의 끝자락에서 디모데에게 그렇게 말했다. 바울은 경주를 잘 마쳤다. 그는 어떻게 경주를 무사히 마칠 수 있었을까? 그는 자기 자신을 위해서 경주를 하지 않았다. 그는 "나의 생명조차 조금도 귀한 것으로 여기지 아니하노라"라고 말했다. 이는 사실상 이런 선포다. "내가 주인공이 아니다. 나의 바람이 중요한 것이 아니다. 나의 꿈이 중요한 것이 아니다. 나의 미래가 중요한 것이 아니다. 나의 인기가 중요한 것이 아니다."

"나의 생명조차 조금도 귀한 것으로 여기지 아니하노라." 하나님이 시작하라고 부르신 일을 그만두고 싶은 유혹을 느낀다면 아마도 그것은 하나님과 그분이 주신 경주를 하는 것보다 다른 뭔가를 더 중시하고 있는 탓일 것이다. 우리는 하나님과 우리 삶을 향한 그분의 뜻 앞에 뭔가를 두려는 유혹에 시달린다. 당신에게는 그 뭔가가 무엇인가? 그것을 인정하고 나서 더 이상 그것에 발목 잡히지 않기로 선언해야 한다. 바울의 고백을 당신의 고백으로 삼으라.

"내가 달려갈 길과 주 예수께 받은 사명을 마치려 함에는 나의 ＿＿＿＿＿＿조차 조금도 귀한 것으로 여기지 아니하노라"

당신의 경우에는 이 빈칸에 무엇이 들어가야 할까?

- 나의 개인적인 안위조차 조금도 귀한 것으로 여기지 아니하노라.
- 나의 주변 사람들의 이목조차 조금도 귀한 것으로 여기지 아니하노라.
- 나의 소셜 미디어 팔로우들조차 조금도 귀한 것으로 여기지 아니하노라.
- 나의 재산조차 조금도 귀한 것으로 여기지 아니하노라.
- 나의 개인적인 꿈조차 조금도 귀한 것으로 여기지 아니하노라.

내 유일한 목표는 달려갈 길과 주 예수님께 받은 사명을 마치는 것이다. 우리는 그분께 헌신하고 중도에 그만두지 말아야 한다. 우리는 마무리하는 사람이 되어야 한다. 우리는 하나님을 위해 경주하는 사람이 되어야 한다. 힘들고 지칠 때마다 우리가 누구를 위해 경주하는 것인지를 기억하며 다음 발걸음을 내디뎌야 한다. 오늘 경주를 완주할 필요는 없다. 단지 오늘 한 걸음만 더 내디디면 된다. 앤절라 더크워스가 발견한 사실을 기억하는가? 그릿을 가진 사람들은 아침에 눈뜰 때마다 목표를 향해 자세를 잡고서 그쪽으로 또 한 걸음을 내딛는다.

아침마다 일어나서 한 라운드를 더 싸워야 한다. 1892년 9월 7일, "신사 짐"(Gentleman Jim) 코벳(Corbett)은 단연 역대 최고 복서인 존 L. 설리번(John L. Sullivan)과 싸우기 위해 링에 올랐다. 설리번은 맨손 권투에서 마지막 헤비급 챔피언이자 글러브를 끼고 하는 권투에서 헤비급 초대 챔피언이었다. 그날 링에 오를 때 설리번의 전적은 50승 무패였다. 설리번은 커리어 전체를 통틀어 딱 한 번만 패했다. 그날의 경기가 바로 그의 유일한 패전 경기였다.

코벳에게는 링 위에서의 모토가 있었다. "한 라운드만 더 싸운다." 코벳은 자신이 가장 재능이 뛰어난 최고의 복서라고 여기지 않았다. 하지만 그는 어떤 경우에도 포기할 줄 모르는 남자였다. 그날 그는 존 설리번에게 다운을 당했다. 하지만 계속 다시 일어났다. "한 라운드만 더 싸운다."

당시에는 어느 한쪽이 더 이상 싸울 수 없는 상태가 될 때까지 시합을 계속 진행했다. 그래서 라운드의 숫자가 꽤 많아질 수 있었다. 이 시합은 무려 21라운드까지 갔다. 21라운드에서 코벳은 마침내 존 설리번을 다운시키고 헤비급 세계 챔피언 자리에 올랐다.[50]

우리는 다운될 수 있다. 아니, 살다 보면 누구나 다운되는 순간을 맞는다. 하지만 우리는 다시 일어나서 한 라운드만 더 싸우면 된다. 한 걸음만 더 내딛으면 된다.

학대받는 여성을 위한 쉼터를 시작한다는 내 아내의 비전은 어떻게 되었을까? 아내도 짐 코벳처럼 했다. 아무리 봐도 그만두는 것이 현실적으로 보였지만, 아내는 또 한 걸음을 내디뎠다.

후보로 생각했던 수많은 집이 물 건너간 뒤에 아내는 또 다른 전화를 받았다. 그때 비로소 아내는 그 '완벽한 집'에 관한 이야기를 듣게 되었다. 우리를 위한 완벽한 집이었다. 한 가지 조건만 빼면 말이다. 즉 그 집의 가격은 우리가 감당할 수 있는 범위 이상이었다. 그 점만 빼면 완벽했다. 마치 사역을 위해 맞춤 제작된 집과도 같았다.

우리는 새로 리모델링된 집에 들어가 집주인인 자넷을 만났다. 자넷은 이윤을 남기고 팔 생각으로 그 건물을 매입했다고 설명했다. 하지만 리모델링 도중에 건물 안에 가구도 채우라는 하나님의 음성을 느꼈다. 그것은 인간적으로는 말도 안 되는 일이었다. 하지만 그녀는 하나님의 음성을 따라 일반 규격의 주방을 설치하고, 거실 외의 공간들을 방으로 개조하여 몇몇 방에 트윈 침대와 벙커 침대를 놓았다. 이 방 네 개짜리 집은 여성 여덟 명이 편하게 지내기에 충분했다. 단체 식사와 단체 모임을 위한 공간도 마련되어 있었다. 또한 건물 관리인을 위한 별도의 공간도 있었다.

자넷은 그 과정을 설명하며 눈물을 보였다. "원래는 꽤 많은 이윤을 남기고 이 집을 팔 생각이었어요. 하지만 이 집은 상처받은 여성들을 돕기 위해 사용되어야 한다는 생각을 떨쳐 낼 수 없었어요." 이 말이 끝날 때는 우리 모두가 울고 있었다. 그 순간, 자넷은 결심했다. "아무래도 이 집과

가구까지 모두 두 분이 시작하는 첫 쉼터로 기부해야 할 것 같아요."

실로 하나님이 인도하셨다. 하나님은 완벽한 타이밍에 공급해 주셨다. 왜일까? 그것은 아내가 끝까지 그만두지 않았기 때문이다. 현재 우리의 브랜치15(Branch 15) 사역은 오클라호마 전역의 여러 도시에 쉼터를 두고 인신매매, 마약 중독, 육체적 학대, 복역에서 벗어나 건강한 삶으로 돌아가려는 여성들을 돕고 있다.

한 걸음 더 내디뎌라! 이에 관한 가장 완벽한 사례는 누구일까? 물론 예수님이시다. 예수님은 날마다 다음번 발걸음을 내딛으셨다. 그분이 십자가 위에서 마지막으로 하신 말씀을 들어 보라. "예수께서 신 포도주를 받으신 후에 이르시되 다 이루었다 하시고 머리를 숙이니 영혼이 떠나가시니라"(요 19:30).

바울이 했던 말, 그리고 내가 하고 싶은 말, 그 말을 예수님이 하나님 아버지께 하고 계셨다. "아버지께서 나를 보내며 하라고 하신 모든 일을 제가 다 해냈습니다. 경주를 마쳤습니다." 예수님은 어떻게 그렇게 하실 수 있었을까? 예수님은 자신을 위해 경주하시지 않았다. 아버지를 위해 경주하셨다. 매일, 매주, 매달, 매년, 고통스러운 순간 속에서도 다음번 발걸음을 내딛으셨다.

- 사람들이 예수님을 미워할 때 그분은 다음번 발걸음을 내디디며 오히려 사랑으로 그들을 대하셨다.
- 사람들이 예수님의 뺨을 칠 때 그분은 다음번 발걸음을 내디디며 다른 쪽 뺨을 대셨다.
- 언덕 위로 십자가를 지고 가다가 쓰러지실 때 예수님은 다시 일어나

다음번 발걸음을 내디디셨다.

- 사람들이 예수님을 십자가에 못 박고 조롱했을 때 예수님은 다음번 발걸음을 내디디며 말씀하셨다. "아버지 저들을 사하여 주옵소서 자기들이 하는 것을 알지 못함이니이다"(눅 23:34).

- 예수님은 죄와 죽음과 지옥을 이기신 뒤, 다음번 발걸음을 내디디며 무덤에서 나오셨다.

처음부터 예수님은 이렇게 미리 결정하셨다. "나는 준비할 것이다. 나는 헌신할 것이다. 나는 충성할 것이다. 나는 영향력을 발휘할 것이다. 나는 후하게 베풀 것이다. 나는 꾸준할 것이다. 나는 시작한 일은 반드시 마무리하는 사람이기 때문에 중도에 그만두지 않을 것이다."

자, 이제 '당신'은 어떻게 할 것인가? 다운을 당할 때마다, 포기하고 싶은 생각이 굴뚝같을 때마다, 또 다른 한 걸음을 내딛기로 결정하라.

- 기도를 한 번 더 하라.
- 전화를 한 번 더 걸라.
- 선물을 하나 더 주라.
- 한 번 더 용서하라.
- 1킬로미터를 더 달리라.
- 한 번 더 만나 달라고 부탁하라.
- 성경을 한 구절 더 암송하라.
- 상담 센터를 한 번 더 찾아가라.
- 술을 하루 더 참으라.

- 십대 자녀와 한 번 더 부드러운 대화를 시도하라.
- 그 꿈을 계속해서 꾸라.
- 포기하지 말라.

또 다른 발걸음을 내디뎌야 한다. 우리는 우리 자신을 위해 경주하는 것이 아니기 때문이다. 우리는 하나님을 위해 경주하고 있다. 하지만 지쳐서 단 한 걸음도 더 내디딜 수 없을 것만 같을 때는 어떻게 해야 하는가? 우리가 열심히 베풀었지만 아무도 신경 쓰지 않는다면? 우리가 열심히 기도했지만 아무런 결과도 나타나지 않는다면? 열심히 사랑을 쏟았지만 결국 이용만 당했다면? 더 이상 달릴 수 없을 것만 같을 때는 어떻게 해야 하는가? 그럴 때는 하나님이 우리와 '함께' 달리고 계신다는 사실을 기억해야 한다.

하나님과 함께하는 경주

1992년 바르셀로나 하계 올림픽에 영국 선수인 데렉 레드몬드가 출전했다. 그는 400미터 경주에서 유력한 우승 후보였다. 출발은 더할 나위 없이 좋았다. 하지만 경기 중간에 햄스트링 파열로 땅바닥에 쓰러졌고 극심한 고통이 시작되었다.

그의 꿈은 산산조각이 났다. 수년간 혼신의 힘을 쏟아 훈련하고 희생하고 헌신하며 쌓은 탑이 일순간에 무너져 내렸다. 하지만 그는 포기할 생각이 없었다. 그는 극심한 고통 중에도 억지로 일어나 결승선을 향해 절뚝거리며 걸어갔다. 스포츠 역사상 가장 감동적인 이 순간, 그의 아버지가 관중석을 넘어 트랙으로 달려갔다. 부상당한 아들에게 말했다. "함께 이 경주를 마치자." 그러고는 아들을 거의 업다시피 해서 결승선을 통과했다.[51]

우리에게는 우리를 사랑하시며 항상 우리의 편이 되어 주시는 하늘 아버지가 계신다. 그분은 이렇게 약속하신다. "… 내가 지었은즉 내가 업을 것이요…"(사 46:4). "너희 안에서 착한 일을 시작하신 이가 그리스도 예수의 날까지 이루실 줄을" 우리는 확신할 수 있다(빌 1:6). 지치고 실망할 때 그만두지 말고 하나님께 부르짖어야 한다.

"하나님, 도무지 이해할 수 없습니다. 왜 이런 일이 벌어지는 것입니까? 하지만 당신을 믿겠습니다. 하나님, 당신을 붙들겠습니다. 끝까지 버티겠습니다. 당신을 놓지 않겠습니다. 포기하지 않겠습니다."

힘들 때는 하나님을 생각하고 하나님이 당신을 생각하신다는 사실을 기억하라. "그는 그 앞에 있는 기쁨을 위하여 십자가를 참으사"(히 12:2). 이 구절에서 그 '기쁨'이 무엇인지 생각해 본 적이 있는가? 그 기쁨은 바로 '당신'이다. 예수님은 바로 당신을 위해서 십자가로 가셨다. 바로 당신이 그분으로 하여금 경주를 하고 십자가를 감내하게 만든 상이었다.

예수님은 우리에게 시선을 고정하셨다.
이제 우리도 예수님께 시선을 고정해야 한다.

예수님은 그분의 경주를 하셨다. 이제 우리는 우리의 경주를 하고 있다. 우리는 "믿음의 주요 또 온전하게 하시는 이인 예수를 바라"보며(히 12:2) "인내로써 우리 앞에 당한 경주를"(히 12:1) 해야 한다. 이렇게 하면 어떤 일이 일어날까?

- 예수님께 시선을 고정하면 우리 마음이 강해진다.
  "너희가 피곤하여 낙심하지 않기 위하여 죄인들이 이같이 자기에게
  거역한 일을 참으신 이를 생각하라"(히 12:3).

- 예수님께 시선을 고정하면 우리 자신이 아니라 하나님을 의지하게
  된다.
  "우리가 그리스도로 말미암아 하나님을 향하여 이 같은 확신이 있으
  니 우리가 무슨 일이든지 우리에게서 난 것같이 스스로 만족할 것이
  아니니 우리의 만족은 오직 하나님으로부터 나느니라"(고후 3:4-5).

- 예수님께 시선을 고정하면 그분의 능력으로 무엇이든 할 수 있고 담
  대한 사람이 큰 상을 받을 줄 알기에 담대함을 얻게 된다.
  "그러므로 너희 담대함을 버리지 말라 이것이 큰 상을 얻게 하느니라
  너희에게 인내가 필요함은 너희가 하나님의 뜻을 행한 후에 약속하
  신 것을 받기 위함이라"(히 10:35-36).

당신은 하나님을 위해, 그리고 하나님과 함께 경주하고 있다. 당신
은 절대 혼자 경주하는 것이 아니다. 하나님은 당신을 사랑하시며 당신을
업어 주실 것이다. 그러니 예수님께 시선을 고정하라. 예수님은 마무리를
하시는 분이다. 당신도 마무리하는 사람이 되어야 한다.

나 는 포 기 하 지 않 는 사 람 인 가 ?

1. 지금까지 당신이 마무리한 가장 큰 목표는 무엇인가?

2. 당신의 삶에서 마무리하지 못한 목표는 무엇인가?

3. 인생의 마지막 순간에, 당신이 지내온 세월을 돌아보며 "내가 이 일을 해냈어!"라고 자랑하고 싶은 한 가지는 무엇인가?

4. 그만두기를 고집스레 거부해 왔지만 자신의 행복과 건강을 위해 이제 그만두어야 할 일은 무엇인가?

5. 그만두고 싶지 않지만 불리한 환경이 계속해서 당신을 괴롭히고 있는가? 삶의 어느 영역에서 그러한지 설명해 보라.

6. 다음 빈칸을 채워 보라. "내가 달려갈 길과 주 예수께 받은 사명을 마치려 함에는 나의 _____조차 조금도 귀한 것으로 여기지 아니하노라."

7. 당신 자신의 말로 다음 문장을 완성해 보라. "하나님, _____을 하기로 결심했습니다. 하나님께 시선을 고정하고 이 일을 끝까지 마무리하겠습니다."

이제 미리 결정할 때다.
"나는 어떤 사람이 될 것인가?"

당신은 무엇을 놀랍도록 잘하고 싶은가? 정말로 진지하게 생각해 보라. 정말 잘하고 싶은 것을 딱 하나만 고르라면 무엇을 고르겠는가? 내가 고른 것을 곧 이야기하겠지만, 먼저 코비 브라이언트의 이야기를 소개하고 싶다.

코비 브라이언트는 농구를 놀랍도록 잘했다. 지금까지 NBA에서 프로 선수로 뛰었던 약 5천 명 중에서 브라이언트는 최고의 농구 선수 5-10위 안에 꾸준히 꼽힌다. 브라이언트는 농구를 어떻게 그토록 잘했을까?

브라이언트는 그것이 사전 결정의 힘이었다고 말했다. 그는 이탈리아에서 보낸 어린 시절부터 농구를 사랑했지만 미국에 와서 보니 자신의 농구 실력이 또래 아이들보다 훨씬 뒤진다는 사실을 알았다.[52] 그는 다른 아이들과 경쟁이 되지 않았지만 농구를 포기할 생각은 눈곱만큼도 없었다. 그는 장기적으로 실력을 차근차근 키워 가기로 결심했다. 매년 그는 한 가지 점을 개선하는 데 초점을 맞추기로 미리 결정했다.

고등학교 때 그는 학교에 가기 전 아침 5시부터 7시까지 체육관에서 연습했다. 그는 꾸준히 노력했다. 그 결과, 그는 점점 다른 선수들을 따라잡아 결국은 독보적인 존재가 되었다. 그가 정한 계획은 이러했다. "월요일: 더 나아진다. 화요일: 더 나아진다. 수요일: 더 나아진다." 이 계획대로 3, 4, 5년간 꾸준히 반복하면 "원하는 수준에 이를 것이다."[53] 그는 과정을 즐기는 것이 중요하기 때문에 "결과는 전혀 중요하지 않다"고 말했다.[54]

그가 고등학교 때 다른 선수들을 따라잡기 위해 애쓸 때만 그렇게 노력했다고 생각하기 쉽다. 전혀 그렇지 않다. 그는 고등학교에서 NBA로 직행할 정도로 엄청난 성장을 이루었다. 하지만 프로로 뛰는 동안에도 어떤 기술을 집중적으로 개선해서 상대 선수들을 따돌릴지 미리 정하고 계속 연습했다. NBA 전 레이커스 감독 바이런 스콧은 정식 연습 2시간 전에 브라이언트가 컴컴한 체육관에서 홀로 연습하는 모습을 자주 봤다고 말했다. 그는 어둠 속에서 브라이언트를 지켜보면서 이런 결론을 내렸다. "저 녀석은 위대해질 거야."[55]

레이커스에서 브라이언트와 함께 뛰었던 존 셀레스탠드는 브라이언트가 심지어 부상을 당해서 뛸 수 없을 때도 항상 체육관에 가장 먼저 나왔다고 말했다.[56] 브라이언트는 미국 올림픽 팀에서 뛰었는데, 새벽 4시 15분부터 아침 11시까지 개인 연습을 하면서 8백 번의 슛을 마치기 전에는 체육관을 나가지 않았다.[57]

브라이언트는 어떤 선수로 기억되고 싶으냐는 질문에 이렇게 대답했다. "나를 기대 이상의 성적을 거둔 사람으로 생각해 주면 정말 좋을 것 같다. 그것은 내가 많은 노력을 해내서 내 잠재력을 남김없이 끌어냈다는 뜻이다."[58]

브라이언트를 위대한 선수로 만든 것은 무엇이었을까? 나는 사전 결정이라고 말하고 싶다. 브라이언트는 "계약"이라는 표현을 사용했다. 매년 그는 실력을 한 차원 더 끌어올리기 위해 무엇을 할지 자기 자신과 계약을 맺었다. NBA 시절 그는 매년 여름 오프 시즌 연습을 위해 자신과 계약을 맺었다.

브라이언트는 미리 결정한 뒤에도 끊임없는 내적 갈등을 겪었다고 인정했다. 내면의 목소리는 그만두라고 속삭였다. 지나치게 자신을 혹사하는 것이라고 속삭였다. 무릎이 너무 욱신거리니 단 하루만이라도 쉬라고 속삭였다.

하지만 브라이언트는 그런 목소리에 귀를 기울이지 않았다. "나 자신과 타협하지 않았다. 계약 체결은 이미 끝났다. 여름이 시작되었다. 나 자신과 그 계약을 맺었으니 그대로 할 것이다."[59] 코비 브라이언트가 미리 생각하고 미리 결정한 모습에 나는 깊은 감명을 받았다. 그것이 그가 역대 최고의 농구 선수로 성장한 비결이다.

사전 결정의 힘은 사람들을 성공가도 위에 올린다.

브라이언트는 농구에 사전 결정의 힘을 사용했다. 그렇다면 나는?

나는 인생살이를 놀랍도록 잘하고 싶다.

나는 하나님을 위해 내 인생을 놀랍도록 잘 살고 싶다.

35,000개의 결정

우리는 35,000이라는 숫자와 함께 이 여행을 시작했다. 이것은 우리가 보통 하루에 내리는 결정의 개수다. 이 숫자는 지금 다시 봐도 여전히 엄청난 숫자다. 이 숫자는 보기만 해도 피곤해진다. 내일 다시 35,000개의 결정을 한다고 생각하면 아침에 눈뜨기 싫어질 정도다. 하지만 좋은 소식이 있다. 그 소식은 바로 '7'이라는 숫자다.

우리는 일곱 개의 중요한 사전 결정을 하고 나면, 35,000개의 결정 중 중요한 결정들이 자동적으로 이루어져서 예수님이 제시하시는 풍성한 삶의 길에 저절로 들어선다는 사실을 배웠다. 이 사실을 생각하면 모세가 숨을 거두기 전에 이스라엘 백성에게 제시했던 선택이 떠오른다.

바하르(Bahar)

모세는 자신이 수십 년 동안 인도한 이스라엘 백성 앞에서 말할 기회가 이번밖에 없다는 사실을 직감했다. 그가 했던 많은 연설 중에서 이것이 마지막이자 가장 중요한 연설이다. 그래서 그는 단도직입적으로 요지를 말한다. "보라 내가 오늘 생명과 복과 사망과 화를 네 앞에 두었나니"(신 30:15).

모세는 백성에게 간청한다. "… 너와 네 자손이 살기 위하여 생명을 택하고 네 하나님 여호와를 사랑하고 그의 말씀을 청종하며 또 그를 의지하라 그는 네 생명이시요…"(신 30:19-20). 여기서 "택하고"라는 말은 "여러 선택 사항이 있으니 그중 하나를 고르라"라는 말처럼 들린다. 하지만 "택하고"로 번역된 히브리어 단어는 더 깊은 의미가 있다. 여기서 모세는 히브리어 '바하르'를 사용했다. 이 단어가 성경에서 사용될 때는 거의 대부분 신학적 의미를 지닌다.[60] 이 단어는 이 선택이 근본적이고도 영원한 의미를 지닌다는 사실을 표현한다.[61] 흥미롭게도 이 단어는 주로 하나님이 우리를 선택하시는 것을 표현할 때 사용된다. 즉 하나님이 자신의 것으로 선택하신 사람이라고 말씀하실 때 사용된다.[62] 몇 가지 예를 들어 보겠다.

- "여호와께서 자기를 위하여 야곱 곧 이스라엘을 자기의 특별한 소유로 택하셨음이로다"(시 135:4).
- "오직 유다 지파와 그가 사랑하시는 시온 산을 택하시며"(시 78:68).
- "다윗을 택하여 내 백성 이스라엘을 다스리게 하였노라"(왕상 8:16).
- "여호와께서 내게 여러 아들을 주시고 그 모든 아들 중에서 내 아들 솔로몬을 택하사 여호와의 나라 왕 위에 앉혀 이스라엘을 다스리게 하려 하실새"(대상 28:5).

하나님은 우리를 선택하셨다.
이제 하나님은 우리도 그분을 선택할 것인지 묻고 계신다.

모세는 죽을 날이 얼마 남지 않았다. 말에 사족을 달 시간이 없었다. 그래서 이스라엘 백성에게 단도직입적으로 물었다. 하나님을 선택할 것인가? 그것이 생명의 길이다. 반드시 그렇게 해야 하는 것은 아니지만, 그렇게 하지 않으면 죽음의 길로 들어서게 될 것이다.

모세는 마지막 연설을 하고 숨을 거두었다. 이어서 여호수아가 이스라엘의 지도자 자리를 이어받았다. 그도 곧 삶의 끝자락에 이르렀다. 전임자였던 모세와 마찬가지로 여호수아도 이스라엘 백성에게 마지막 말을 했다. 그 역시 단도직입적으로 말했다. "만일 여호와를 섬기는 것이 너희에게 좋지 않게 보이거든 너희 조상들이 강 저쪽에서 섬기던 신들이든지 또는 너희가 거주하는 땅에 있는 아모리 족속의 신들이든지 너희가 섬길 자를 오늘 택하라 오직 나와 내 집은 여호와를 섬기겠노라"(수 24:15).

모세와 마찬가지로 여호수아도 '바하르'에 관해서 말하기를 원한다. 왜일까? 정말로 중요한 것은 우리의 선택이기 때문이다. 모든 선택이 중요하지만 근본적이고도 영원한 의미를 지닌 몇몇 선택들이 있다. 그중에서도 가장 중요한 선택은 이것이다.

하나님을 선택할 것인가?

하나님은 당신을 선택하셨다. 자, 당신은 하나님을 선택할 것인가? 여호수아는 이스라엘 백성에게 각자 알아서 선택하라고 말한다. 하지만 여호수아와 그의 가족은? 그들은 미리 결정했다. 하나님을 선택하기로 결정했다.

삶을 결정하는 7가지 사전 결정

우리는 두 개의 숫자로 이 여행을 시작했다. 35,000과 7이 그 숫자들이다. 나는 생명의 길로 가게 해 주는 일곱 가지 사전 결정을 제시했다. 이 결정들이 왜 필수적인가? 이 결정들을 내리는 것은 "그를 의지하라 그는 네 생명이시요"라는 모세의 말에 따르는 것이기 때문이다(신 30:20).

이 책의 첫머리에서 나는 삶을 결정하는 일곱 가지 사전 결정을 내릴 준비가 되었는지 여러분에게 물었다. 이 결정들이 왜 그토록 중요한지 알았으니, 이제 당신 인생의 방향을 결정할 차례다.

내가 물론 모세나 여호수아는 아니지만 이제 이 책에서 나의 마지막 말을 당신에게 전하고자 한다. 워낙 중요한 말이기 때문에 단도직입적으로 말하겠다.

마귀와의 전쟁에서 지고, 유혹에 굴복하고, 하나님께 죄를 짓고, 후회하는 삶이 이제 지긋지긋한가?

좋은 영적 의도는 있지만 끝까지 실천하지 못하는 삶이 이제 지겨운가?

하나님이 당신을 위해 더 많은 것을 예비하고 계심이 마음 깊이 느껴지는가? 단순히 당신이 행복해지거나 성공하는 것이 하나님 뜻이 아님을 느끼고 있는가? 하나님이 당신에게 충성을 원하신다는 것을 느끼고 있는가?

사람들과 이 세상의 패턴에 너무 쉽게 영향을 받고 있는 자신의 모습이 싫은가? 소금과 빛이 되어 매일 사람들을 예수님께로 인도할 준비가 되었는가?

이기적인 삶이 지겨운가? 이제 후히 베푸는 마음으로 살 준비가 되었는가?

꾸준하지 못한 자신의 모습이 싫은가? 이제 자신의 의지를 의지하지 않고, 지금까지 가끔씩만 하던 일을 꾸준하게 할 준비가 되었는가?

일단 하기로 했으면 중도에 그만두지 않기로 결단하겠는가?

이제 결정해야 할 때다. 계속해서 지금처럼 살고 싶은가? 그렇다면 계속해서 지금처럼 하라. 지금까지 살아온 대로 평생 살고 싶다면 지금까지 하던 대로 하면 된다. 하지만 다른 삶을 원한다면, 단순히 눈앞의 상황에 반응하는 삶을 버리고 미리 결정하는 삶으로 나아가라. 이제 인생을 바꿔 줄 일곱 가지 사전 결정을 내려야 할 때다.

준비되었는가?

그렇다면 시작하자. 다음과 같이 미리 결정하자.

1. 나는 거룩함을 지킬 것이다.
2. 나는 하나님을 최우선으로 섬길 것이다.
3. 나는 하나님께 충성할 것이다.
4. 나는 선한 영향력을 발휘할 것이다.
5. 나는 힘껏 베풀 것이다.
6. 나는 꾸준히 노력할 것이다.
7. 나는 포기하지 않을 것이다.

한 가지 깨달아지는 것이 있다. 모세와 여호수아는 이스라엘 백성에게 하나님을 선택하라고 설득했다. 그것이 힘든 선택이었을지 모르지만 한번 곰곰이 생각해 보라. 그들은 하나님이 자신을 선택하셨다는 것을 이미 알고 있었다. 이 얼마나 감격스러운 일인가? 그들은 자신이 선택받았다는 것을 알기에 하나님을 선택할 수밖에 없었을 것이다.

마찬가지로, 하나님은 우리에게 이 일곱 가지 사전 선택을 하라고 요구하신다. 하지만 사실 하나님이 먼저 우리 모두에 대해서 이 일곱 가지 사전 선택을 하셨다.

하나님은 준비하셨다. 예수님은 우리가 경험하는 모든 유혹을 경험

316

하셨지만 한 번도 죄를 짓지 않으셨다. 이것이 예수님께서 무고한 희생으로 십자가에서 우리의 죄를 짊어지실 수 있었던 이유다.

1) 예수님은 준비하셨다. 예수님은 무엇이든 하나님이 그분을 위해 예비하신 일을 할 수 있도록 준비하셨다.

2) 예수님은 헌신하셨다. 예수님은 이 땅에 내려와 우리를 위해 돌아가실 만큼 하나님의 뜻에 철저히 헌신하셨다.

3) 예수님은 충성하셨다. 예수님은 지금도, 앞으로도 영원히 충성하실 것이다. "우리는 미쁨(충성, 신실)이 없을지라도 주는 항상 미쁘시니 자기를 부인하실 수 없으시리라"(딤후 2:13).

4) 예수님은 영향력 있는 분이셨다. 예수님은 역사상 가장 영향력 있는 사람으로 꼽히셨다.[63] 그분이 먼저 당신의 삶에 영향을 미치지 않으셨다면 지금 당신은 이 책을 읽고 있지 않을 것이다.

5) 예수님은 후하게 베푸는 분이셨다. 우리가 후한 것은 후하신 하나님의 형상을 따라 지음받았기 때문이다. 유일한 아들을 내주신 것보다 더 후한 행위가 또 있을까?

6) 예수님은 꾸준한 분이셨다. 예수님은 "어제나 오늘이나 영원토록 동일"하시다(히 13:8). 우리가 항상 예수님을 온전히 믿을 수 있는 것은 예수님의 절대적으로 꾸준한 모습 때문이다. 우리도 그분을 닮아 그와 같이 꾸준한 삶을 살아야 한다.

7) 예수님은 마무리하는 분이셨다. 세상이 창조되기 전에 거룩하신 삼위일체 하나님은 우리를 어떻게 구원할지 계획하셨다(엡 1:4-5). 이 결정에 따라 예수님은 하늘의 영광을 버리고 이 땅에 오셔서 우리를 위

해 돌아가셨다. 예수님은 이 계획에서 벗어나고 싶은 유혹을 느끼셨지만 결국 그 유혹을 뿌리치고 십자가 위에서 "다 이루었다"고 선언하셨다(요 19:30).

하나님이 우리를 위해 이 일곱 가지 사전 결정을 내리셨다는 사실을 알면 우리도 그분을 위해 같은 결정을 내리고 싶을 수밖에 없다. 자, 이제 선택할 준비가 되었는가? 당신이 원하는 삶을 살기로 선택할 것인가? 더 중요하게는, 하나님이 원하시는 삶을 살기로 선택할 것인가?

어떻게 할 것인가? 여느 사람들처럼 할 수도 있다. 매일 아침 눈을 떠서 35,000가지 결정을 내리기 위해 애를 쓰면서 최선의 결과가 나오기를 희망할 수 있다. 아니면, 미리 생각할 수 있다. 인생의 가장 중요한 영역에서 하나님을 영화롭게 하기로 미리 결정할 수 있다.

선택은 당신의 몫이다. 하나님의 도우심으로 당신은 미리 선택할 수 있다. 여호수아처럼 "오직 나와 내 집은 여호와를 섬기겠노라"라고 선언할 수 있다.

나는 하나님을 선택할 것인가?

1. 하나님이 당신에게 하나님을 선택하라고 요구하시기 전에 하나님이 먼저 당신을 선택하셨다는 사실이 당신에게 어떤 영향을 미치는가?

2. "나는 ＿＿＿＿＿＿＿ 할 것이다"라는 일곱 가지 선언을 생각할 때 어떤 선언이 가장 이해하기에 어려운가?

3. "나는 ＿＿＿＿＿＿＿ 할 것이다"라는 일곱 가지 선언 중에서 무엇이 당신에게 가장 큰 영향을 미쳤는가?

4. 당신에게 무엇이 필요한지 하나님께 구체적으로 구하는 동시에 하나님을 위해서 무엇을 하겠다고 구체적으로 결단하는 기도문을 써 보라.

주

1. Asha C. Gilbert, "Man Thought He Had Water Stuck in His Ear and Used a Blow Dryer. Turns Out It Was a Cockroach," *USA Today*, 2022년 1월 13일, www.usatoday.com/story/news/world/2022/01/13/man-finds-roach-ear-new-zealand/6513642001/.

2. Heidi Zak, "Adults Make More Than 35,000 Decisions Per Day. Here Are Four Ways to Prevent Mental Burnout," Inc., 2020년 1월 21일, www.inc.com/heidi-zak/adults-make-more-than-35000-decisions-per-day-here-are-4-ways-to-prevent-mental-burnout.html.

3. Grant A. Pignatiello, Richard J. Martin, and Ronald L. Hickman Jr., "Decision Fatigue: A Conceptual Analysis," *Journal of Health Psychology* 25, no. 1 (2020년 1월): 123–35, www.ncbi.nlm.nih.gov/pmc/articles/PMC6119549/.

4. Chip Heath and Dan Heath, *Decisive: How to Make Better Choices in Life and Work* (New York: Crown Business, 2013). 칩 히스와 댄 히스, 《후회 없음》(부키 역간).

5. C. S. Lewis, *Mere Christianity* (San Francisco: HarperSanFrancisco, 2001), 132. C. S. 루이스, 《순전한 기독교》(홍성사 역간).

6. Ray Dalio, *Principles: Life and Work* (New York: Simon and Schuster, 2017), ix, 255. 레이 달리오, 《원칙 Principles》(한빛비즈 역간).

7. P. M. Gollwitzer, C. Gawrilow, G. Oettingen, "The Power of Planning: Self-Control by Effective Goal-Striving," *Self Control in Society, Mind, and Brain* (Oxford: Oxford Univ. Press, 2010), 279–96.

8. Jochen P. Ziegelmann, Aleksandra Luszczynska, Sonia Lippke, Ralf Schwarzer, "Are Goal Intentions or Implementation Intentions Better Predictors of Health Behavior? A Longitudinal Study in Orthopedic Rehabilitation," *Rehabilitation Psychology* 52, no. 1 (2007), 97–102.

9. "Why Do We Overestimate Our Self-Control? The Restraint Bias, Explained," The Decision Lab, 2023년 6월 8일 확인, www.thedecisionlab.com/biases/restraint-bias/.

10. Kate Brombley, "All Is Discovered! Fly at Once!" *Study of Fandom* (blog), 2014년 7월 31일, arthurcdoyle.wordpress.com/2014/07/31/all-is-discovered-fly-at-once/.

11. Michael Winnick, "Putting a Finger on Our Phone Obsession," People Nerds, 2023년 6월 8일 확인, dscout.com/people-nerds/mobile-touches.

12. Sam Whiting, "Muni Driver Keeps an Eye Out for Her Passengers," *San Francisco Chronicle*, 2013년 9월 8일, www.sfchronicle.com/entertainment/article/muni-driver-keeps-an-eye-out-for-her-passengers-4797691.php.

13. Sadie Robertson Huff, "Are You an Influencer? Sadie Robertson Huff at Liberty University Convocation 2022," Sadie Robertson Huff, 2022년 1월 20일, YouTube video, www.youtube.com/watch?v=FL8Jw6ZFCAM&feature=youtu.be.

14. Aaron Earls, "Christians Don't Share Faith with Unchurched Friends," Lifeway Research, 2021년 9월 9일, research.lifeway.com/2021/09/09/christians-dont-share-faith-with-unchurched-friends/.

15. Annabel Fenwick Elliot, "Window Seat or Aisle—What Does Your Choice Say about You?" *Telegraph*, 2019년 3월 18일, www.telegraph.co.uk/travel/comment/window-versus-aisle-debate/.

16. Harriet Sherwood, "Religious Children Are Meaner Than Their Secular Counterparts, Study Finds," *Guardian*, 2015년 11월 6일, www.theguardian.com/world/2015/nov/06/religious-children-less-altruistic-secular-kids-study.

17. Samantha Vincenty, "How to Deal with Selfish Friends, Family, and Partners," Oprah Daily, 2019년 10월 14일, www.oprahdaily.com/life/relationships-love/a29416336/dealing-selfish-people/.

18. Sarah Cox, "Muscular Men Less Likely to Support Social and Economic Equality, Study Suggests," Brunel University London, 2017년 5월 22일, www.brunel.ac.uk/news-and-events/news/articles/Muscular-men-less-likely-to-support-social-and-economic-equality-study-suggests.

19. Helen Fields, "Mulling Over a Decision Makes People More Selfish, Study Suggests," *Science*, 2012년 9월 19일, www.science.org/content/article/mulling-over-decision-makes-people-more-selfish-study-suggests.

20. Shankar Vedantam, "Does Studying Economics Make You Selfish?" NPR, 2017년 2월 21일, www.npr.org/2017/02/21/516375434/does-studying-economics-make-you-selfish.

21. Brad Tuttle, "Study: The Rich Really Are More Selfish," *Time*, 2011년 8월 12일, business.time.com/2011/08/12/study-the-rich-really-are-more-selfish/.

22. Alexander Soutschek et al., "The Dopaminergic Reward System Underpins Gender Differences in Social Preferences," *Nature Human Behaviour* 1 (2017년): 819–27, doi.org/10.1038/s41562-017-0226-y.

23. "Women Are More Selfish Than Men and More Likely to Bad-Mouth Their Friends Says Study," *Daily Mail*, 2011년 6월 5일, www.dailymail.co.uk/news/article-1394507/Women-selfish-men-likely-bad-mouth-friends-says-study.html.

24. Ryan W. Carlson et al., "Motivated Misremembering of Selfish Decisions," *Nature Communications* 11 (2020), www.nature.com/articles/s41467-020-15602-4.

25. 이 연구는 Arthur Brooks, "Why Giving Makes You Happy"에 인용되었다. *New York Sun*, 2007년 12월 28일, ww.nysun.com/article/opinion-why-giving-makes-you-happy.

26. Bill Fay, "Demographics of Debt," Debt.org, 2023년 7월 21일, www.debt.org/faqs/americans-in-debt/demographics/.

27. Dave Ramsey, "Live Like No One Else—Dave Ramsey's Story," The Ramsey Show Highlights, 2014년 8월 15일, YouTube video, www.youtube.com/watch?v=r1NJzEYARlM.

28. "The Eight Benefits of Praying with Your Spouse," iMom, 2023년 6월 8일 확인, www.imom.com/8-benefits-praying-spouse/.

29. Zig Ziglar, "How to Think Correctly," Let's Become Successful, 2020년 5월 31일, YouTube video, www.youtube.com/watch?v=Qe0J997dYxc.

30. Roger Kahn, *The Boys of Summer* (New York: Harper Perennial, 2006), 224.

31. Jeff Haden, "A Study of 800 Million Activities Predicts Most New Year's Resolutions Will Be Abandoned on January 19: How to Create New Habits That Actually Stick," Inc., 2020년 1월 3일, www.inc.com/jeff-haden/a-study-of-800-million-activities-predicts-most-new-years-resolutions-will-be-abandoned-on-january-19-how-you-cancreate-new-habits-that-actually-stick.html.

32. 이 이야기는 실화다. Johnathan David, "Bearded Dragons as Emotional Support Pets," Council for Disability Awareness, 2020년 8월 6일, blog.disabilitycanhappen.org/bearded-dragons-as-emotional-support-pets/.

33. Martin Seif and Sally Winston, "Behind Chronic Indecisiveness: Perfectionism," *Psychology Today*, 2021년 11월 25일, www.psychologytoday.com/us/blog/living-sticky-mind/202111/behind-chronic-indecisiveness-perfectionism.

34. *The Office*, season 6, episode 11, "Shareholder Meeting," Charles McDougall 감독, Justin Spitzer 각본, 2009년 11월 19일 NBC에서 방송.

35. "Cognitive Distortions: All-or-Nothing Thinking," Cognitive Behavioral Therapy Los Angeles, 2023년 6월 8일에 확인, cogbtherapy.com/cbt-blog/cognitive-distortions-all-or-nothing-thinking.

36. Natalie Burg, "To Be Successful, You Need More Than Just Goals—You Need Friends," *Forbes*, 2018년 12월 3일, www.forbes.com/sites/colehaan/2018/12/03/to-be-successful-you-need-more-than-just-goals--you-need-friends/?sh=447338ae7454.

37. "The Importance of Having a Support System," Mental Health First Aid, 2020년 8월 6일, www.mentalhealthfirstaid.org/2020/08/the-importance-of-having-a-support-system/.

38. "Manage Stress: Strengthen Your Support Network," American Psychological Association, 2022년 10월 21일 마지막 업데이트, https://www.apa.org/topics/stress/manage-social-support#:~:text=Experts%20say%20that%20almost%20all,esteem%20and%20sense%20of%20autonomy.

39. Dictionary.com, s.v. "synergy," 2023년 6월 8일 확인, www.dictionary.com/browse/synergy.

40. Mission, "The Most Popular Productivity Pieces of Wisdom from David Allen," Medium, 2017년 12월 4일, https://medium.com/the-mission/the-most-popular-productivity-pieces-of-wisdom-from-david-allen-72ffe70ac7b9.

41. Angela Duckworth, *Grit: The Power of Passion and Perseverance* (New York: Scribner, 2018), 58. 앤절라 더크워스, 《그릿》(비즈니스북스 역간).

42. "U2: The Rock 'n Roll Money Trail," *Independent* (Ireland), 2009년 3월 6일, www.independent.ie/entertainment/music/u2-the-rock-n-roll-money-trail-26519131.html.

43. Will Smith, "Will Smith Motivation," Young Urban Project, 2020년 10월 4일, YouTube video, youtu.be/EUtaTkDJs-k.

44. IMDb, *Apollo 13* (1995), Gene Kranz (Ed Harris) 인용 대사들, www.imdb.com/title/tt0112384/characters/nm0000438.

45. "Florence Chadwick," *Wikipedia*, 2023년 5월 18일 마지막 편집, https://en.wikipedia.org/wiki/Florence_Chadwick#Biography.

46. "About," Erik Weihenmayer (website), 2023년 6월 8일 확인, erikweihenmayer.com/about-erik/.

47. Robert Krulwich, "Successful Children Who Lost a Parent—Why Are There So Many of Them?" NPR, 2013년 10월 16일, www.npr.org/sections/krulwich/2013/10/15/234737083/successful-children-who-lost-a-parent-why-are-there-so-many-of-them.

48. Brent Bowers, "Study Shows Stronger Links between Entrepreneurs and Dyslexia," *New York Times*, 2007년 11월 5일, www.nytimes.com/2007/12/05/business/worldbusiness/05iht-dyslexia.4.8602036.html.

49. Graham Winfrey, "Malcolm Gladwell on Why You Need Adversity to Succeed," Inc., 2014년 11월 12일, www.inc.com/graham-winfrey/malcolm-gladwell-on-why-entrepreneurs-need-adversity-to-succeed.html.

50. "'Gentleman Jim' Corbett Knocks Out John L. Sullivan, 1892," Eyewitness to History, 2023년 6월 8일 확인, www.eyewitnesstohistory.com/corbett.htm.

51. "Derek Redmond's Emotional Olympic Story," Olympics, 2011년 10월 31일, YouTube video, youtu.be/t2G8KVzTwfw.

52. Goalcast, "Kobe Bryant—Advice on How to Leave Your Mark," Facebook, 2020년 3월 14일, www.facebook.com/goalcast/videos/197096971705583/.

53. Goalcast, "Kobe Bryant."

54. Goalcast, "Kobe Bryant."

55. Scott Davis와 Connor Perrett, "Kobe Bryant's Work Ethic Was Unmatched, Here Are Twenty-Four Examples," Insider, 2023년 1월 26일 업데이트, www.businessinsider.com/kobe-bryant-insane-work-ethic-2013-8.

56. Davis and Perrett, "Kobe Bryant's Work Ethic."

57. Davis and Perrett, "Kobe Bryant's Work Ethic."

58. Davis and Perrett, "Kobe Bryant's Work Ethic."

59. Goalcast, "Kobe Bryant."

60. *Theological Wordbook of the Old Testament*, R. L. Harris, G. L. Archer Jr., B. K. Waltke 편집 (Chicago: Moody Press, 1980), s.v.231 *bahar*.

61. *Theological Wordbook of the Old Testament.*

62. *Theological Wordbook of the Old Testament.*

63. Steven Skiena and Charles B. Ward, "Who's Biggest? The Hundred Most Significant Figures in History," *Time*, 2013년 12월 10일, ideas.time.com/2013/12/10/whos-biggest-the-100-most-significant-figures-in-history/.